언더그라운드 사랑법

시인 강중훈

살맛 나는 세상을 꿈꾸는
어느 시인의 고백

언더그라운드
사랑법

시인 강중훈

시에세이 **034**

강중훈 에세이
언더그라운드 사랑법

초판 1쇄 인쇄 | 2025년 4월 25일
초판 1쇄 발행 | 2025년 4월 30일

지은이 강중훈
펴낸이 문정영
펴낸곳 시산맥사
편집주간 김필영
편집위원 최연수 박민서
등록번호 제300-2013-12호
등록일자 2009년 4월 15일
주소 03131 서울특별시 종로구 율곡로 6길 36. 월드오피스텔 1102호
전화 02-764-8722, 010-8894-8722
전자우편 poemmtss@hanmail.net
시산맥카페 http://cafe.daum.net/poemmtss

ISBN 979-11-6243-579-3 (03810) 종이책
ISBN 979-11-6243-580-9 (05810) 전자책

값 18,000원

* 이 책은 전부 또는 일부 내용을 재사용하려면 반드시 저작권자와 시산맥사의 동의를 받아야 합니다.
* 이 책은 교보문고와 연계하여 전자북으로 발간되었습니다.
* 본문 페이지에서 한 연이 첫 번째 행에서 시작될 때에는 〈 표기를 합니다.
* 저자의 의도에 따라 작품의 보조 동사와 합성 명사는 띄어쓰기가 달라질 수 있습니다.

프롤로그

시인과 언어

●

　태풍이 몰아친다. 창을 열면 창밖은 온통 바람과 비와 눈물이며 고독이다. 이런 걸 아름다움이라고 한다면 맞아 죽을 짓이다. 그러나 나는 곧잘 이런 짓을 한다. 이렇게 아름다운 비와 바람과 눈물의 고독을 본 적이 있는가. 창을 닫아두면 갑갑하다. 바람의 외침이 그렇고, 그걸 보고 있는 눈물이 그렇다.

　한목소리로 쏟아내는 비바람의 아우성, 비바람 속에선 아무것도 들리지 않는다. 오로지 천둥과 번개만이 그의 고독을 외칠 뿐이다. 그래서 나 또한 두렵고 괴롭다.

　나는 그를 그냥 바라볼 수밖에 없는 두려운 고독의 이방인이다. 이방인에겐 눈물이 필요하다. 눈물만큼 용기도 필요하다. 용기만큼 고독도 필요하다. 발 구르며 천둥 치는 밤, 누구라도 그에게 말을 걸지 않으면 더 미쳐 날뛸 것만 같아서 나는 창을 열고 그에게 말을 걸어야 한다. 언제까지나 어둠 속에 갇혀있을 수는 없다. 문제가 풀릴 때까지 닫힌 문을 열어둬야 한다. 열린 창으로 비바람이 들이치는 것은 풀리지 않은 날것들의 원성이며 아픔이다.

보이지 않고 풀리지 않은 양심의 두께로 인해서 하늘도 눈이 어두워 두렵다, 그래서 우렁차게 그의 양심을 꺼내 보이려고 한다. 더불어 내 양심도 꺼내 보여야 한다. 이렇게 시원한 걸, 이렇게 달콤한 걸, 이렇게 자랑스러운 걸, 열심히 창을 열고 마음으로 바라보면서 소리쳐 울 때가 그것이 깨달음이라는 걸 느낄 때다. 그것이 아름다움이라는 걸 눈으로 확인하게 될 때다. 그다음의 소리엔 귀를 닫아도 좋다.

그렇지만 그것이 바보스러운 논리라는 것도 깨닫게 될 것이다. 진실 앞에서 꼼짝 못 하듯 태풍도 그렇게 지나간 자리, 창의 열기가 뜨겁다. 그 뜨거움의 열기에 나의 몸을 맡긴다. 내 눈이 깊이와, 넓이와, 높이의 한계만큼 열기도 무한대로 열어두어야 한다. 닫혀있는 곳에선 깨달음이 없다. 증오가 다녀간 증거를 내보일 때다.

      내 삶의 철학을 심어준 것은 무엇일까?
      저주와 적개심(Hostplity)과 증오(Animosity)로 비롯된
      원한을 뛰어넘을 수 있는 긍정적(Curse) 사고,
      용서와 화해와 사랑의 축복이다.
      끈질긴 삶의 추구에서 비롯된
      그믐달 저녁 안개다.

      그러므로 외람되거나 주제넘어서도 안 된다.
      드러내놓아서도 안 된다.

솔직하게 아파야 하고 아름답게 슬퍼야 한다.
아픔을 상처 낼 줄도 알아야 한다,
그래서 꿈을 꾸자.
꿈속에서라도 꿈을 꾸자.
또 다른 곳에서 마주할 너와 나의 표정을 위해,
비누질도 하고 수염도 다듬고
까만 양복에 하얀 와이셔츠
부르진 넥타이도 매고,

씨익 웃다가
우리들의 언어를 위해 거울 속으로 사라지자.
따지고 보면 아무것도 아닌 것을 가지고 또다시 따지려 드는
꿈을 꿀지라도….

2022. 11. 5.

성산포 터진목 4·3학살추모제 현장에서
강중훈

CONTENTS :

프롤로그 · 5

해연풍
...

개미용 한 불빛	18
성산교 꼬마 과학자들아	20
굿판에 묻어나는 도공(陶工)들의 영혼	23
개나리꽃의 의미	25
매미울음에 목매다는 마을(오조리 노래 1)	27
역사란 무엇인가?	30
웃기는 일	33
'계심다리'와의 전쟁	35
간시궐(乾屎橛)	37
가난이 편안이여	40
산불거·수불거(山不居·水不居)	43
'히여뜩'한 소리	46
오라, 이중섭거리로!	48
뉘 집 혼백 바쁘시겠네	50
제나 잘콴!	53
뻐꾸기 뻐꾹 대면?	56

올린 그디 안 가키여!	58
아침부터 웬 악다구니?	60
명경(明鏡) 마을 오조리(오조리 노래 2)	62
앞바르(오조리 노래 3)	65
기러기당장(오조리 노래 4)	67
생태관광 벨트	69

길에서 길을 찾다
...

나의 여행 수첩	72
성산항 25시	74
MICE에 불이 붙다	77
비난해야 할 것과 비난받아야 할 것	80
수수(授受)의 법칙	83
그곳에 '제주인의 꽃' 있었네	86
존재, '있다'와 '없다'	89
길에서 길을 찾다	92
일출봉 섬 될라	95
새야, 새야, 동박새야!	98
질문 같지 않은 질문 하나	101

제주4·3 그리고 그녀의 트라우마	104
'모리셔스' 그 잊혀진 기억	107
윤선도의 현대판 오우가(五友歌)	110
부끄러운 자화상	113
'카누, 카약 경기장'이라는 이름의 난장	117
세계 문학인에게는 너무나 낯선 제주	120
아직도 구천을 헤매고 계십니까	122

메멘토 모리
...

'제주문학관' 건립계획의 허와 실	126
오조리(吾照里) 마을은 안녕하신가	131
제주4·3 그리고 '제주의 봄'	134
어느 노부부의 슬픈 설맞이	137
성산포의 시계는 지금 몇 시일까?	140
대통령님, 제주도의회의장의	143
그대 진정 제주를 사랑하는가	146
사랑의 언어로 제2공항을 말하라	149
새해 첫날 아침에 만난 이상한 풍경들	152
왜 우리는 마지막 카드를 먼저 꺼내려 하는가?	155

떠나는 이를 위한 기도(祈禱)	158
현곡(玄谷) 양중해(梁重海) 기념관	161
'4·3의 기억'과 작가 오영수	165
'테우민속보존회'와 '테우'이야기	168
제2공항에 '삭다리불'이라도 지피자	171
메멘토 모리(Memento mori)	175
시몬, 너는 좋으냐. 낙엽 밟는 소리가	178
'비자림로'의 꿈	181
뒤집히게 웃기는 일	184
성산포항과 한도교의 조건	187
'기억의 목소리'	191
이 가을이 주는 잠언	194
누구든 죄 없는 사람이 먼저 저 여자를 돌로 쳐라!	198
어느 정치인의 '팔리지 않은 소설'	201
뉘 집 쇠테우리의 일기	204
생의 마지막 5분!	207
감춤 혹은 내보임의 우주	210
'2023 詩의 날'	213
노부부를 춤추게 한 겨울 농부	216
상처 입은 히포크라테스 정신	219
연안습지보호지역 '오조리'에 영광 있으라	222
그대는 누구를 존경하고 사랑하는가	225

까치에게 쫓겨난 신령님	228

대상과 배경
...

억새꽃, 그의 정체	232
저 외롭고 외로운 전설의 화전마을	235
2002년, 실로 걱정된다	238
누구냐, 제주인을 '부유한 노예'로 만드는 자	241
그림이 있는 지도	244
너희가 출일(出日)을 아느냐	247
성년의 날에 떠오른 단상(斷想) 하나	250
섬을 주제로 한 에토스와 파토스	253
테우 이야기	256
이솝우화 같은 이야기	259
떴다 떴다 비행기	262
우리를 우울하게 하는 것들	265
김영갑 그리고 그 은은한 황홀	268
마을이여, 안녕!	271
대상과 배경	274
관광객이 제주를 찾는 이유	277

아름다운 삶의 의미	280
용사, 그대 이름은 영웅	283
바오름아! 바오름아!	286
존재의 의미	289
제주 제1의 관광지?	292

순수, 그 아름다운 은유
•••

성산포 지역은 산남인가 산북인가	296
백경(白鯨)	299
톨스토이의 「이반 일리치의 죽음」	302
내가 만난 일본 시인 '혼다 히사시'	307
관심 밖의 것을 관심권으로	310
간밤 뉘 혼백 다녀갔을까	313
꼴찌만이 뒤돌아볼 수 있는 여유	316
'성냥팔이 소녀'의 마음으로	319
순수, 그 아름다운 은유(隱喩)	322
추도사(追悼辭)	326
노인, 그 자랑스러운 청춘	329
또 한 사람의 부끄러운 나	331

『제주행정동우』그 창간과 의의 333
군고구마처럼 남은 生을 詩처럼 살 수 있다면 336
점등인, 그대 자랑스러운 성산인이여! 342

꿈꾸는 섬
•••

눈물은 여유로운 자의 사치 346
섬에서 또 다른 섬을 꿈꾸다 351
'모리셔스' 그 사탕수수 그루터기에 숨겨진 아픔 같은 356
긴카쿠사(金閣寺), 그곳엔 무엇이 있었나 366
먼 훗날 누군가 '4·3'에 관해 묻거든 371
문학은 4·3의 상처를 어떻게 치유하는가 387
'가을사람'에게 띄우는 편지 389
가을에는 이 사람이 그립다 392
이상문, 시루떡을 닮은 나의 문우여! 395
이보시게 뙤미 장꿩! 398
'전국 계간문예지편집인대회' 환영사 401
내 친구 '오헌봉' 회장 403
해병대를 자원입대한 작은 손주에게 띄우는 글 406
삐뚤거리는 거리의 '시(詩)' 409

| 어머니의 재봉틀 | 411 |
| 4·3행불자 신원확인 감축사(感祝辭) | 418 |

내가 만난 '르 클레지오'

•••

'르 클레지오'와 오조리 마을	426
'르 클레지오' 그는 제주인에게 누구인가	430
…여행자는 우수에 젖는다	434
비통한 추억을 말하기 위하여 4·3이라 이름 지은 곳	439
'르 클레지오'의 장편「혁명」	442

해연풍

개미용 한 불빛

...

  50대의 늦깎이 대학생, 어느 날 주말 강의실에서 제주 출신 L 교수께서 던진 질문 한마디가 기억된다. '개미용 하다'는 말의 뜻을 아는 학생 있나요? 나는 그 뜻을 안다. 그렇지만 젊은 학생들은 도무지 무슨 뜻인지 어리둥절한 눈치다. L 교수께서는 다음 말을 이으신다.

  "옛날 어느 산골 마을에 사는 외할머니댁을 찾아가던 어린 손자가 길을 잃어 밤길을 헤매는 데 멀리 '개미용 하게 보이는 불빛'이 있어서 길을 찾았다"라는 요지의 옛날얘기를 하면서 '개미용 하다'는 말의 뜻에 대해서 질문을 주신 것이다. '개미용 하다'는 이 말의 참뜻은 무엇일까. 희미하다? 가물가물하다? 아슬아슬하다? 희끄무레하다?…? 이 모두가 맞는 말이긴 하지만 더 깊은 뜻은 '가느다랗게 보이는 희망의 불빛'과도 같은 뜻이다. 이처럼 제주말이 주는 의미는 내재적 의미가 있는 정적이고 감동적일 만큼 우리에게 시사하는 바가 크다.

  이 섬에 제주 사람이 발붙여 살아온 역사는 한마디로 질곡의 역사라고 해도 과언이 아니다. 밤낮없는 왜구의 침탈, 관리들의 수탈, 중앙정부로부터 버림받은 유배인과 함께해온 유배인 아닌 유배인의 역사 등이 그것이다. 이러한 역사 속에 견디며 살아온 제주 사람들에게 '개미용 한 불빛'은 어떤 불빛으로 설명될까. 이 불빛은 구원의 불빛일 수도 있고 '이어도'

와 같은 이상향일 수도 있을 만큼 다양한 의미를 내재하고 있다. 그만큼 제주말은 투박하면서도 정적이면서 믿음, 소망, 사랑이 담겨있는 간절함이 있다. 바로 그 점이 제주인의 참모습이다.

이제 한반도의 외로운 섬일 수밖에 없었던 이 유배의 땅에 하루에도 수십 회씩 연륙을 잇는 항공기가 오르내리고 있고 소련의 고르바초프 서기장이 찾아와 평화의 씨를 뿌리고 갈 만큼, 또 1세기 동안, 이 제주섬을 지배했던 몽골리안들이 이제는 거꾸로 우리의 풍요를 보기 위해 또는 살길을 찾기 위해 다녀갈 만큼 제주의 불빛은 밝고 맑다. 그런데도 대문이, 도둑이, 거지가 없다던 이 섬에 이상한 불빛이 스멀스멀 스며들고 있음은 또 무슨 연유일까.

어느 정치가의 말처럼 서로를 취모구자(吹毛求疵) 하노라 밝히는 불빛은 아닌지, 남을 위해서가 아니라 나만을 위한 과욕의 불빛은 아닌지, 포용과 용서, 기도와 사랑의 불빛이 아닌 모함과 질투, 거부와 배타의 심지에서 이글거리는 불빛은 아닌지. 바라건대 한울님이시여, 우리에게 저 '개미용 한 불빛'을 잃지 않게 하시고 그 불빛이 꺼지지 않게 함은 물론 더욱 밝게 사는 법을 깨닫게 이끌어 주시옵소서. 나를 닮은 50대의 늦깎이 대학생에게도 깨달음의 빛을 함께 주소서.

(제주신문 '해연풍' 1994.6.26.)

성산교 꼬마 과학자들아

...

「성산포」하면 일출봉이 떠오른다. 제주의 동쪽 끝 바닷가의 명산이다. 아침에 해가 뜬다고 해서 붙여진 이름이다. 영주십경 중에 제1경이라고 할 만큼 일출의 경관이 가히 장관이다. 그렇지만 일출 경관 하나만으로 일출봉이 제주 제1경일 수는 없다. 일출봉에서 그 주변을 둘러보면 알 수 있다. 50만 평에 달하는 항아리 모양의 성산만(灣) 내수면이 일출봉을 받쳐주고 있음이다,

며느리가 건너가다 숨졌다는 슬픈 사연의 담긴 '며느리다리'라는 이름의 외돌다리, 조용한 저녁 밤하늘에 달이라도 뜨는 날이면 수면 위로 비친 또 다른 달 쌍월(雙月), 그 달빛에 취한 문인 묵객들이 쉬어가는 쌍월동산과 그 앞에 출렁이는 은빛 금빛의 물결 사이로 떼 지어 노니는 철새들과 귀뚜라미 울음소리와 그 소리에 홀린 영혼까지 환생하게 만드는 곳이 그곳이다.

어디 그뿐이랴, 내수면 둑을 건너 속칭「갯시왓」에서「통밭알」까지 이어지는 질펀한 갯벌을 맨발로 걷다 보면 모래 속에 숨어 살던 이름 없는 조개와 고둥들까지 몰래몰래 기어 나와 발바닥을 간지럽히고 조개무리와 더불어 이어지는 「고별감빠진소」 물댕기 밭에는 새끼 복상어, 멸치 새끼, 복쟁이 새끼들까지도 일출봉 주변을 감싸들며 감동으로 이끌어

가는 곳이라서 그렇다.

밀물 때면 씨알 굵은 갓 돔까지도 양껏 낚아 올리던 짜릿한 쾌감과 철새들이 철 따라 찾아오는 오조리양어장과 옥녀의 구슬픈 사랑이 담긴 전설이 오롯이 남아있는 옥녀봉(食山峰)이 있다. 어디 그뿐이랴. 이 옥녀봉이 일출봉을 위해 존재하듯 슬픈 설화에 목 놓아 울어대는 매미 소리는 일출봉의 존재 의미를 더욱 새롭게 한다. 더구나 사랑하는 이를 잃은 슬픔에 머리 풀고 앉아 일출봉을 향해 넋두리 넋두리하는 여인의 상인 듯한 식산봉과 족지물 죽은디물의 정기 어린 용천 물과 일출봉을 향해 용출된 바위는 장수의 위용인 듯 당당하다. 이처럼 주변의 모든 것들은 일출봉을 일출봉 이상의 제주 제1경으로 받쳐주고 있으므로 제주 제1경이라 불리게 되는 것이다. 그런데 이 일출봉 주변이 점점 매력을 잃어가고 있다는 소식이다.

지난 7월 15일 성산초등학교 과학반 어린이들이 성산만 물막이 공사로 인한 생태계 변화를 탐구한 데서 얻은 결과가 이를 입증한다. 성산만이 오염돼서 생태계의 변화를 가져온다는 진단이 그것이다. 이 문제의 발생 원인은 성산만 물의 유통을 한 방향으로 흐르도록 갑문 시설을 했기 때문이라는 지적이다. 이를 두고 어느 일간지는 사설에서 이 고장 어린이들이 어른들에게 경종을 울려주는 일이라고 지적했다. 필자 역시 이 고장 출신이어서 심한 자괴감을 느낀다. 정말 꼬마 과학자들은 옳은 걸 지적했다.

성산만 갑문 공사를 할 때 지역주민들은 양방향 갑문 시설을 주장했었다. 성산~고성(동남)을 잇는 속칭 터진목 쪽으로도 또 하나의 갑문을 시설해서 남·북쪽으로 바닷물이 자유롭게 유통될 수 있게 해야 한다는 주장이었다. 그렇지만 시공 당시 관계 당국은 대 주민설명회에서 한 방향 물막음공사를 하더라도 환경문제는 염려될 것이 없다고 했었다.

성산초등학교 꼬마과학자들아, 지금 우리 어른들은 할 말이 없다. 한 마디로 유구무언이다. 진실로 고향을 걱정하는 건 너희들뿐이다. 누군가는 제대로 된 환경영향평가를 해봐야 할 법도 한데 관계기관 역시 답이 없구나. 아름다운 성산만을 살리는 것은 곧 영주십경을 살리는 길이며 우리 고장 더 나아가서는 제주를 살리는 것임을 너희들을 통해서 깨닫는다. 장하다, 성산초등학교 꼬마과학자들아. 우리 어른들이 한없이 부끄럽다.

(제주신문 '해연풍' 1994.8.12.)

굿판에 묻어나는 도공(陶工)들의 영혼

...

　며칠 전 제주도민속예술단이 일본 사가현을 다녀왔다. 한 · 일 시도현(市道顯)문화교류사업의 일환이다. 제주 전통민속문화를 알리는 공연을 위해서 필자도 함께했다. 첫 번째 공연장소는 사가현 남쪽 산골 깊숙한 비요(秘窯) 마을에 있었다. 비요라는 의미는 '도자기를 굽는 비밀의 가마'라는 뜻이다. 이마리 · 아리타요(窯) 축제장이다. 이곳은 4백 년 전 우리 도공들이 끌려와 가마를 굽던 옛 마을인 나베시마 번요(藩窯)이기도 하다. 우리가 찾아간 곳은 이들 도공이 두고 온 가족과 고국을 그리다 이름 없이 죽어간 무연고 8백80여 기의 묘가 올라다보이는 산자락이다. 그분들의 넋을 달래기 위해서라도 이곳에서 한판 굿을 펼치고 싶어서다. 실로 4세기 만에 망혼을 달래주는 해원굿임을 일본인들에게도 일깨워주기 위함에서다.

　행사가 끝난 후 어느 골동품 전시장에서 깨지다 남은 접시 한 점을 만났다. 4백 년 전 이곳에 끌려온 어느 도공이 고국에 있는 가족을 그리다 낙서처럼 무심으로 적어서 구워낸 접시의 시(詩) 한 편이다. "淸, 心中/ 神佛/ 母, 天下/ 戀 戀"(헤아려 주십시오, 욕심이 없나이다/ 신령님이여, 부처님이시여/ 세상에 다시없는 그리운 어머님/ 사랑하는 이여, 사랑하는 이여) 조각난 접시 파편에 남은 이 한 편의 시를 읽으며 4세기 전 망향 도공들의 아픔이 내 가슴에 못으로 박혀 도무지 다음 발길을 옮길 수 없다.

우리 민족의 아픈 흔적이 곳곳에 배어있는 이곳을 접하는 우리 마음이 편치 않음을 우리를 초청한 일본의 당국자도 모를 리 없을 거다. 그런데도 그들이 우리를 이곳으로 불러드린 속마음은 무엇일까. 과거 아픈 역사를 되풀이하지 않고 가까운 이웃이고자 함에 있다고 말한다. 그렇지만 한 발짝 뒤로 서서 보면 그들의 속내가 보인다. 이들은 오래전 에도(江戸)시대부터 우리 도공들이 빼어난 도예를 이용해서 유럽 귀족의 마음을 매혹시킨 경험이 있고 얼마 전에는 국제교류의 창을 열어 사가현에 세계인들을 끌어드림으로써 관광산업의 재미를 톡톡히 얻어낸 경험이 있다.

지금도 독일 마이센 궁전을 이곳에 재현시켜 독일 등 유럽인들의 눈길을 사가현에 끌어들임으로써 국제 관광 시대의 첨단을 달리고 있다. 머지않아 1997년에는 또다시 이곳에서 가마(窯) 불꽃 상징인 '세계 불꽃 박람회'도 개최하려 하고 있다. 세계관광인들을 끌어드리기 위한 전략 치고는 반칙 없는 전략이다. 이번에 우리를 초청한 속내도 여기에 있다. 우리의 공연이 한바탕 끝날 무렵이다. 내 땅 까마귀는 어디서도 반갑다는 제주도 구좌읍이 고향인 재일교포 현중택 부부가 우리의 공연 소식을 듣고 찾아주셨다.

'어떵허난 이 산골 동내까지 추자와 집데가! 오랜만에 제주타령 굿 듣당 보난 눈물이 다 납데다! 경헌디 일본사름덜 허는 걸 봅써. 돈이엔 허난 눈벌겅, 코벌겅케 이 산꼭대기꼬장 세계사람 몬딱 불러드령 관광노름 하젠하는 걸! 이제 우리 제주도에서도 이 노름판 잘 보앙 가서 제발 무시거 허쟁허민 데모만 하쟁 마랑 요부륵 소부룩 제주섬을 관광 섬으로 만들어 보젠덜 헙써!' 노부부의 저녁 초대를 받은 아리타의 밤은 4백 년 전 한국 혼들의 눈물로 빚은 제사상이 되고 말았다.

(제주신문 '해연풍' 1994.11.25.)

개나리꽃의 의미

...

요즘 내무부행정연수원 울타리에는 노란 개나리가 한창이다. 다른 나무들은 널따란 정원에 터를 잡아 짚으로 잘 감싸여서 넉넉한 겨울을 거들먹거리며 호강하며 지냈건만 이제 그들은 꽃잎은커녕 잎사귀 한 잎 변변치 못하다. 그러나 울타리 저쪽에 내팽개쳐졌던 개나리는 다른 누구보다 먼저 봄의 전령으로 겨우내 얼어붙은 연수원 정원을 온통 노란 수채화로 물들여 녹인다.

봄소식은 사흘에 한 번씩 날아드는 고향 제주의 신문지면에서도 한 묶음씩 묻어 나온다. 그 봄소식 역시 제주의 척박한 땅에서 겨우내 자란 유채꽃이어서 더욱 자랑스럽다. 도일주역전경주대회에 참가한 주자의 힘찬 레이스 사이에서도, 탑동 야외음악당의 열린 음악회에서도 봄은 여지없이 노란 꽃으로 물들여졌다.

"내가 그의 이름을 불러 주었을 때/ 그는 나에게로 와서/ 꽃이 되었다"라고 한 김춘수의 시구(詩句)가 말해주듯 꽃은 꽃이어서 아름다운 것이 아니라 그 꽃이 갖는 의미가 아름다울 때 꽃이라 부르고 싶어지는 것이다. 그런데 요즘 그 아름다움에 못지않은 꽃바람이 솔솔 불고 있다. 변화와 개혁을 통해서 세계의 중심국가로 가려는 신한국 창조의 세계화, 지방화라는 꽃이다. 그래서 그런지 세상이 온통 세계화의 물결로 가득하다.

도로변에도, 공사장에도, 뒷골목 시장통에도, 학교 앞에도, 청소 차량에도 세계화를 외치는 플래카드와 현수막들로 야단이다. 또 외국어교육이다. 해외연수다, 외국 관광객 유치전략 등 어느 것 하나 세계화·지방화의 실천전략으로 합당치 않은 것이 없다. 이 시점에 문득 기억되는 게 있다. '가장 지방적인 것이 세계적인 것'이라고 한 괴테의 말, '작은 것이 아름답다'라고 한 독일 슈마허의 말이다. 외국어교육도 좋고 해외연수도 좋고 관광객 유치전략도 좋다. 그러나 이보다 더 중요한 것은 우리만이 알고 있는, 제주만이 가지고 있는 가장 제주다운 것이 무엇일까 하는 점이다. 혹여 가장 제주다운 것들이 겨우내 관심 없이 버려졌던 개나리처럼 어느 구석진 곳에서 버려져 떨고 있지는 않은가 하는 점이다.

영화 「쥐라기 공원」은 5억 달러의 수입을 올렸다고 한다. 현대자동차의 1년간 매출액보다도 높다는 계산이다. 「쥐라기 공원」은 아무도 관심 두지 않았던 공상과학영화다. 그렇지만 별 볼 일 없다고 여겼던 작품이 큰일을 만든 것이다. 별 관심 없이 여겼던 공상 영화산업이 빛을 발한 것이다. 다른 각도의 문화예술이 그 가치성을 발한 것이다. 지방적인 문화, 지방적인 예술, 관심 밖의 문화와 예술을 다시 생각해 봐야 할 때다.

새삼스럽게 추억되는 게 있다. 6·25 전쟁 중에도 마을마다 조그만 음악제, 연극제가 열렸고 학교에서는 저마다 학교 예술제가 열렸다. 이 작은 것들이 지방적이 아니라고 누가 말할까. 우리의 모든 삶의 모습이 문화며 예술이다. 그것이 괴테가 말한 '지방적인 것'이며 슈마허가 주장한 '작은 것이 아름다움'이다. 우리 모두의 생활 속에서 무심했던 작은 것을 찾자. 그것이 세계화로 가는 꽃이며 길임을 깨닫자.

(제주신문 '해연풍' 1995.4.12.)

매미울음에 목매다는 마을(오조리 노래 1)

...

　한동안 물난리로 피해를 본 수해 주민들 생각에 마음이 어둡더니 폭우가 지난 뒤 파란 서울 하늘을 보는 순간 상쾌해지는 마음의 변덕스러움은 가을이라는 계절 탓일까. 그런데 가을의 문턱인데도 내무부 연수원 정원의 매미 떼들은 여름 한 철보다 더 극성이니 그 사연이 궁금하다.

　지난여름 모처럼의 휴가는 나를 고향 오조리로 줄달음질하게 했다. 팔십이 훨씬 넘기신 고령의 어머님을 뵐 생각으로 마음은 벌써 오조리에 가 있었다. 제주공항에서 성산포 오조리로 가는 버스에 의지한 나의 머릿속은 고향의 풍경으로 가득하다. 그런데 언제나 내리고 타던 버스정류장이 바뀌었다. 예전의 장소에서 1km나 떨어진 곳이었다.

　오조~성산 간 해안도로가 개통되면서 관광객 편의를 위해 시외버스 노선을 변경시켰다는 것이다. 마지막 여름이 기승을 부리는지 모처럼 고향집 찾아드는 나에게도 예외 없이 불볕이다. 마지막 더위를 알리려는 듯 울어대는 매미들의 울음 속에도 더위 이상의 의미가 있는 듯이 들린다. 예전의 고향마을이 아니라는 발악인 듯해서 모처럼 고향을 찾은 발걸음이 편치 못하다.

　변한 것은 버스정류장뿐이 아니다. 오랜만에 만난 동내 아이들도 낯설다. 반가운 김에 말을 걸었다. '너 누게네 집 아인디(너 누구 집 아이지)?' 예전 같았으면 고개를 굽석하고 '나 누구네 집 아들 마심!'이라고 예절 바른 인사가 돌아오곤 했었는데 돌아온 대답은 '아랑 무시거 허쿠과?(알아서 뭐 하러 구요?)'라는 퉁명스러운 대답뿐이었다. 순간적으로 고향의 예절문화까지 바뀌고 말았구나, 하는 생각에 당혹감과 무안함이 쏟아진다.

50대를 쉰 세대라고도 부른다. 우스갯소리로 몸에서 쉰내 나는 세대라고도 한다. 그렇다면 쉰내 나는 소리 한번 해봐야겠다. 적어도 우리가 어려서부터 배운 건 예절 하나에 가풍을 걸었다. 그걸 못 지키면 '호래자식'이란 말까지 들었다. 그 덕에 일찍 아버지를 잃고 자란 나 역시 어머니에게 듣던 말은 '아비 없는 호래자식 말 듣지 말아라'였다. 그걸 못 지키는 날이면 어머님의 회초리는 사정이 없었다. 인간은 생각하는 동물이다. 생각한다는 것은 변화한다는 것에 대한 대비다. 따라서 인간의 가치변화도 생각이 유도하는 바에 따라 달라진다.

버스정류장이 옮겨졌어도 요즘은 저마다 자가용을 갖고 있으니 버스정류소가 이동되든 말든 별 관심이 없다. 소수 버스이용자의 애환을 알 리가 없고 '예절'이 무너졌어도 내게 피해 없으니 관심 밖이다. 도대체 무엇이 우리 사회를 이렇게 이기적인 사회로 만들고 말았을까. 요즘 세상은 IC칩 하나로 세상을 요리한다. 바코드가 우리의 이름을 대신한다. PC통신, 천리안, 재택근무제 등의 편리함 속에서 인간의 정서는 메마르고 이웃 간의 정은 단절되고 있다. 만나지 않아도 모든 것을 해결해낼 수 있는 무인화(無人化), 무정화(無情化)사회, 그러나 만남으로써 인류의 역사는 생명력이 생성되고 복원된다. 이건 인류 창세의 법칙이다. 얼굴을 마주할 때 정겹고 나누는 대화에서 서로의 마음을 열게 하며 잡은 손은 상대의 따뜻함을 느끼게 한다. 여름이 다 가는 마지막 고비에 고향 매미들이 떼를 지어 아우성치는 이유를 이제는 알 것 같다.

(제주신문 '해연풍' 1995.9.6.)

역사란 무엇인가?
- 미네소타에서 온 할머니

•••

　며칠 전 서울올림픽 개최 7주년이 지났다. 나는 언제나 이때만 되면 그 당시 어느 일간지에 실렸던 '미네소타에서 온 할머니'에 대한 기사가 기억된다. 한국전쟁에 참전했다가 전사한 남편이 잠들어 있는 한국 땅을 찾는 것이 소원이시던 이 미네소타의 할머니다. 그는 올림픽 개최지가 서울로 확정되었다는 소식을 전해 듣고 그때부터 7년간 성냥공장에서 품을 판 2천 달러를 가지고 올림픽 관광객 틈에 끼어 한국 땅을 밟았다는 내용이다.

　이 기사가 잊히지 않은 이유는 남의 나라의 자유와 평화를 지켜주려다 산화한 남편을 그리며 40년 가까이 혼자 살아오신 이 애절한 망부의 정절이다. 경기장마다 세계인들의 발길이 물결치고 있을 무렵 값싼 비닐샌들을 끌고 컵라면으로 끼니를 때우면서 남편이 묻혀있는 부산 유엔군 묘지를 홀로 찾은 그날, 그토록 그리던 남편은 차가운 돌덩이 하나였다. 40년 세월의 차가운 묘비 위에 쓰러진 노파를 내려다본 그때 대한민국 하늘의 표정은 어떠했을까.

　그래도 죽은 자는 산 자에게 이렇게 속삭였을 것이다. '여보, 내 죽음이 헛되지 않았음을 당신은 분명히 보고, 느끼시겠지요!'라고. 그렇다. 분명히 결실은 있는 법, 세계평화의 잔치인 올림픽은 성공적이었고 우리의 국력은 지금 OECD 가입의 문을 두드릴 만큼 세계의 부국으로 부상했다. 그래서 그런지 거리에는 X세대의 신사고가 흥청거리고 심지어는 미시족의 화려함 마저 넘실대는가 하면 이로 인해 쉰이 넘은 세대에게는 자괴감을 넘어 어지러움 마저 들게 한다.

 E·H 카는 그의 강연록에서 '역사란 무엇인가'라는 물음에 '현재와 과거의 대화'라고 답했다. 이는 현대인들이 어두운 과거를 응시하지 않는 한 미래를 얻기란 어렵다는 뜻으로 해석된다. 그런 의미에서 한국전쟁은 우리가 기억하지 않으면 안 될 어두운 과거다. 기억 그 자체가 과거와의 대화다. 동족 간의 살육, 기아와 빈곤, 이산의 아픔들과의 대화가 그것이다. 그런데 지금 우리는 그러한 역사를 어떠한 눈으로 응시하고 있으며 대화하고 있는가.

 불교에서 말하는 오탁악세(五濁惡世-온갖 불법적이고 더러운 것으로 가득 찬 죄악의 세상)가 역사를 끌고 간다. 부모를 살해하는 패륜아, 부(富)가 곧 적(賊)이라는 지존파와 같은 의식이 있는 무리, 남의 집 울타리 넘듯이 북한으로 월북하여 판문점을 영웅처럼 걸어 나오는 자칭 통일의 꽃들에게서 혼돈의 오늘을 맞는다.

 그러나 분명한 것은 닭장집, 벌집, 토끼장 집 등으로 불리는 집에서 살 만큼 형벌 같은 가난을 이고 사는 달동네 사람들, 망향의 눈물을 몰래몰래 삼키고 사는 실향민들이 현존한다는 사실이다. 더불어 남편이 잠든 땅 대한민국을 찾고 싶어 성냥공장 날품을 팔고 있을 미네소타 할머니와 같은 이들이 있으므로 대한민국이 존재한다는 깨달음의 역사를 잊어선 안 된다는 사실이다. 그것이 현재와 과거와의 대화이며 우리에게 약속된 미래인 것이다.

(제주신문 '해연풍' 1995.10.12..)

웃기는 일

...

　지난여름 필자는 내무부연수원 해외연수 차 영국으로 가는 길에 환승지인 스위스 취리히공항 대합실에서 환승시간을 기다리고 있었다. 노랑머리 검은 머리, 키도 크고 코도 큰 사람, 혹은 눈마저 큰 사람 등 갖가지 인종의 집합실 같은 대합실에서 웬 꼬마 녀석 두 아이가 장난질에 정신없다. 그러다 결국 한 녀석이 내 발등을 밟고 말았다. 녀석은 잠시 머쓱한 모습을 보이더니 내 맞은편에 앉은 부모인 듯한 젊은 서양인에게 달려가 무슨 얘긴가 나눈 후 내게 다가와 머리를 굽힌다. 실수로 그랬단 표정이다. 나 역시 괜찮다는 미소로 녀석의 손을 잡아줬다. 이를 넌지시 바라보던 녀석의 부모가 자리에서 일어나 죄송하다는 묵례를 한다. 나 역시 뭘 그만한 걸 가지고 그러느냐는 식의 묵례를 건넸다. 따뜻한 예절과 덕성에 가슴 뭉클한 순간이었다.

　그런데 며칠 전 김포공항 대합실에서 제주행 비행기 탑승을 위해 대기하고 있을 때다. 우연케도 그때와 비슷한 상황이 벌어졌다. 내 옆자리에 서울 말씨의 꼬마 두 녀석이 세상모르게 장난질이 한창이다. 내 어깨 쪽으로 건너뛰기도 하고 넘어지기도 하노라 주변이 여간 소란스럽지 않다. 건너편 부모는 그들만의 대화에 취해 아이들의 버르장머리에는 관심도 없다. 한참 후 아이들이 떠드는 소리에 자신들이 대화가 방해를 받았던지 그제서야 나를 쳐다본다. 그리고 나를 향해 '아저씨, 그 애들 야단 좀 쳐주세요.' '얘들아, 그 아저씨가 너희들 혼내준대!' 몇 마디 던지고는 이내 그들의 대화에 정신이 없다.

어이가 없다. 나보고 자기네 아이들 버릇 고쳐 달라는 거다. 그것도 모자라 멀쩡하게 앉아있는 나더러 자기들 아이를 혼내주라는 거다. 1년 사이에 내가 겪은 동·서양의 문화, 부모들이 갖는 정신적 차이는 무엇일까. 루스 베네딕트(Ruth Benedict) 여사는 서양의 문화는 '죄의 문화요 동양의 문화는 수치의 문화'라고 했다. 즉 서양의 문화가 개인의 잘못에 대한 책임을 분명히 질 줄 아는 문화라면 동양의 문화는 주변을 의식하는 도덕 숭상의 문화라고 할 수 있다.

유럽의 아이가 저지른 실수는 곧 자기 잘못에 대한 책임으로 이어졌으며 그 부모는 그 아이들 스스로 잘못을 사죄하도록 함으로써 잘못에 대해 깨우침을 실천시킨 데 반해 한국의 부모는 베네딕트 여사가 바라본 도덕 숭상의 문화는커녕 자기 아이들을 꾸짖어야 할 자신의 책임마저 남에게 전가하고 있다.

부모가 자기 책임을 잃고 사는 사회, 책임이 무엇인지 알면서도 실천 못 하는 부모 밑에서 자란 아이들의 장래, 그 아이들이 이끌어갈 다음의 우리 사회가 염려스럽다. 우리 모두 좀 정신 차리자.

(제주신문 '해연풍' 1995.11.28.)

'게심다리'와의 전쟁

...

필자의 직장 여직원모임에서는 매달 우리가 지켜야 할 덕목 한가지씩을 청사 벽면에 부착하여 오가는 이들에게 깨달음을 준다. 이번 달에도 예외 없이 덕목 한 구절을 붙여 놓아 우리의 눈길을 끌게 한다. '중상(中傷)하는 사람은 무기를 사용하는 사람보다 죄가 무겁다. 무기는 가까이 있지 않으면 상대를 다치게 할 수 없으나 중상은 멀리서도 사람에게 상처를 입힐 수 있기 때문이다'라는 탈무드의 구절이다.

중상이란 무슨 뜻일까. 국어사전을 열었다. '사실무근의 악명을 씌워서 남의 명예를 손상하는 일'이라고 적혀있다. 그 글을 읽으며 느낀 게 있다. 오죽했으면 여직원들이 이런 덕목의 글을 부착했을까, 하는 씁쓸한 생각이 든다. 흔히 요즘 사회를 상처뿐인 사회라고 한다. 시기하고 질투하고 모함하여 상대에게 상처를 입힘으로써 만족해하는 사회다. 외형적 상처를 입힌 것은 그나마 보상이라도 청구할 수도 있지만, 중상을 입은 당사자는 앉아서 당하기만 한다.

예부터 제주 사회 어른들이 하시던 말이 있다. '심백이랑 하더라도 게심이랑 먹지 말라'라는 말이다. '심백'은 선의의 경쟁을 뜻하지만 '게심'은 곧 질투와 심술을 뜻함이다. 이는 다시 모략으로 이어지는 심보라는 뜻이다. 사촌이 논을 사도 배가 아프다는 의미라든지 배고픈 건 참아도 배

아픈 건 못 참는다는 뜻도 남 잘되면 괜히 배가 아플 만큼 못 참는다는 것이 '게심'인 것이다. 이처럼 '게심'은 이웃 간 동료 간에 얼마나 많은 불신과 알력을 조장하고 있는가. 그리고 우리 주변에 이처럼 많은 게심다리가 생기는 원인은 뭘까.

얼마 전 어느 기업체 대표가 지나는 말처럼 하던 말이 기억된다. '부하 직원 중에 일을 열심히 하는 직원도 마음에 들지만, 그보다 더 관심이 가는 쪽은 귀에 솔깃한 정보를 남몰래 제공해주는 직원을 더 가까이 두고 싶다'라는 말이다. 이 얼마나 놀랍고 무서운 세상인가. 후자의 그 직원은 기업의 대표 귀에 솔깃한 정보를 더욱 많이 들려드리려 애를 쓸 것이며 그 대표는 그의 정보가 거짓인지 진실인지를 떠나서 솔깃함으로 그 정보를 진실인 양 얻어듣는다는 뜻이다.

이처럼 베일 속에 감춰진 그릇된 정보는 '게심'이라는 독버섯으로 성장해서 우리 조직, 우리 사회를 좀먹는다. 여직원들이 내건 덕목이 치유되지 않고 또 이사회에 번진다면 이제 우리는 '게심다리와의 전쟁'이라도 선포해야 할 때가 왔다고 보아도 좋다.

(제주신문 '해연풍' 1996.2.28.)

간시궐(乾屎橛)

• • •

지난해 필자는 서울에서 경기도 수원까지 가는 버스에서 스님 한 분과 자리를 함께할 기회가 있었다. 한 시간여에 달하는 여행의 지루함도 달랠 겸해서 장난기 어린 한 마디를 스님께 던졌다. '스님, 어떤 것이 부처입니까' 스님이 대답 대신 '간시궐(乾屎橛)'이라는 글을 적어 주신다. 이미 알고 있는 뜻이었음에도 짐짓 '아니 이건 뒷간 볼 때 쓰는 막대기란 뜻 아닙니까. 혹시 저를 시험하려는 것 아닌가요?' 웃으며 되물었더니 '그러면 당신이 부처요?'라고 스님께서도 역시 미소로 답을 준다.

본시 '간시궐'이란 예전에 절에서 스님들이 뒷간을 보고 난 후 뒤를 닦는 막대기였다. 세상에 가장 유쾌하고 행복할 때를 가리켜 뒷간을 보고 난 후라고 한다. 그렇지만 뒤를 보고 난 후 그 뒤를 닦아내지 않았을 때의 불쾌함이란 상상조차 하기 싫은 상황이다. 그때까지 느꼈던 유쾌하고 행복한 느낌과는 극렬하게 교차하는 경지에 이른다. 이 찰나의 열쇠를 쥐고 있는 것이 바로 '간시궐' 즉 뒤를 닦아내는 도구다.

스님께서는 바로 그 불쾌함을 씻어내는 행위 역할이 간시궐이니 그게 부처가 아니고 무엇이겠느냐는 것이다. 뒤를 닦는 도구인 간시궐의 진리, 그 막대기에서 느끼는 해탈함이 곧 깨달음임을 스님은 일깨워 주신 것이다. 지난 몇 달 동안 국가적으로는 2002년 월드컵 유치 열기로, 우리

도민들에게는 2000년 ASEM 제주유치 열기로 후끈했었다. 국민이 하나 된 결과는 월드컵을 일본과 공동개최라는 국가적 승리를 가져왔다. 그렇지만 안타깝게도 ASEM 제주 유치는 서울이라는 거함에 좌초되고 말았다.

월드컵을 유치하는데 국민의 하나 된 힘이 중요했던 것처럼 ASEM 유치 노력에 우리 도민이 보여준 모습은 어떠했을까. 과거에 찾아보지 못했던 뜨거운 대화합의 오케스트라였다고 볼 수 있다. 언론·민간단체·기업체 등 도민 모두가 저마다의 인연을 찾아 손과 발과 입이 되었다. 더구나 유치지역 선정의 마지막까지 제주 유치의 당위성을 강조하던 우리 모두의 눈물겨운 노력은 드라마였다. 하지만 그 드라마는 드라마로 끝이 나고 말았다. 실로 슬프고 가슴 아픈 일이다.

그렇지만 이 시점에서 우려되는 것은 ASEM 유치무산에서 오는 도민적 실망감이다. '그것 봐라!'라는 맥 빠진 비아냥거림이 그것이다. 실망한 나머지 간(乾)은 없고 시궐(屎橛)만 남은 실로 보잘것없는 막대기 사회로 전락하지나 않을까, 하는 우려다. 그렇지만 우려할 필요는 없다. 간시궐의 의미가 무엇인가. 외형보다는 내면의 깊이가 있다면 그것이 부처가 아닐까.

모처럼 도민이 하나 됨을 보여준 ASEM 유치의 열기, 그것은 비록 성사되진 않았을지라도 성사된 것 이상의 승리이며 우리 도민이 보여준 가능성인 것이다. 이것이 열반이며 정상이다. 이럴 때 우리가 보여줄 것은 '장하다 제주인이여!'라고 외치는 일이며 이 열기가 월드컵 경기가 제주에서도 개최될 때 이것이 제주 미래를 달구는 제2의 용광로가 될 것이다. ASEM은 갔지만 '월드컵 제주'는 있다. 이 또한 우리에게 찾아온 기회이기 때문이다.

(제주신문 '해연풍' 1996.6.5.)

가난이 편안이여

...

연일 삼십 도를 웃도는 더위가 기승이다. 속옷만 걸치고 싶어도 마주 보이는 이웃집 시선 때문에 죄 없는 선풍기만 돌려댄다. 보다 못한 아내가 참견한다. '작산 사람이 그것도 못춤안, 경허명 옛날에 조밭 검질은 어떵 매명 살아시쿠?' 나이깨나 먹은 사람이 그것도 못 참겠느냐는 뜻이다. 옛날 한여름 뙤약볕에서도 진종일 조밭에 나가서 김을 매던 시절을 잊었느냐는 거다. 그렇지만 별수 없기는 아내도 마찬가지인가 보다. 오십 넘은 왕 가죽(늙은 가죽)을 선풍기에 들이댄다.

참으로 세상은 많이도 호강스러워졌다. 예전 같으면 지금쯤 농촌에선 어른들은 물론 방학인 아이들까지도 어른들 틈에 끼어 밭에서 김매는 수고로 지겨운(?) 방학을 보내고 있을 때다. 그러다가 김매는 시기가 끝나기 무섭게 또 다른 천국인 제주 바다로 뛰어든다.

낚싯대에 끌려오는 바다, 바위틈마다 널린 각종 해산물, 이 모든 것들은 그간의 수고를 일순에 씻어주기에 충분하다. 요즘도 그때의 추억을 종종 맛본다. 그러나 막상 그곳에 도착하면 기대는 순식간에 사라진다. 관광이라는 이름의 돈맛에 예전의 순수함이란 없다. 소년기의 바다는 1종 공동어장이라는 이름으로 어촌계원이 아니면 고둥 하나도 잡지 못한다.

풍성한 낚시 어장은 "유어선"이라는 이름의 유료 낚싯배가 아니면 명함도 못 내민다. 어린 아들과 함께 제주 바닷가를 찾았다가 무안당한 어느 관광객 이야기가 이를 더욱 실감 나게 한다. 난생처음 제주 바다를 찾은 꼬마 관광객은 바위틈에서 조그만 소라 한 마리를 잡는 행운을 얻었다. 소년은 어쩔 줄 몰라 하며 멀리 있는 그의 아버지를 소리쳐 찾았다. 이때 나이 들어 보이는 해녀 할머니 한 분이 알아들을 수 없는 제주말로 소리를 지르며 쫓아와 꼬마의 손에 잡힌 소라를 빼앗아 바다에 도로 던져버렸다.

꼬마는 영문도 모른 채 주저앉아 울음을 터트렸고 그 아버지 또한 어리둥절할 뿐이었다. 나중에 안 일이지만 그 바다는 해산물 채취가 금지된 1종 공동어장이었으며 할머니는 그날 1일 어장감시원이었다. 이런 사정을 알 수 없는 꼬마에겐 아름다운 제주 바다의 풍광도, 난생처음 소라를 잡았다는 기쁨도 매정한 할머니로 인해 산산조각이 나 버렸던 것이다. 그날 모든 관광 일정을 취소하고 제주를 떠나버린 그들 가족의 가슴에 제주도는 어떤 모습으로 각인됐을까.

예부터 제주인심을 바다인심이라고 했다. 바다는 누구에게나 넉넉함을 안겨줬다. 그만큼 바다는 누구의 소유도 될 수 없는 우리 모두의 것이었다. 자기가 잡은 해산물일지라도 이웃에게 고루 나누어줄 만큼 후한 인심이 '바다인심'이었던 거다. 어렵고 가난하지만, 어렵고 힘들지만, 정을 나누어 주고받았던 그 시절이 차라리 행복이며 화평인 삶이었다. 이를 두고 우리는 '가난이 팬안(평안)이여!'라는 말로 대신했음이다. 그런데 그러한 시절을 누구보다도 몸소 겪으며 살아오신 할머니마저 그 정을 잃고 말았으니 이 세상은 어떻게 돌아가는 걸까.

오늘도 제주 바다엔 어제처럼 관광객들로 들끓고, 어느 바닷가에선가 또 다른 꼬마가 그런 황당함을 당하고 있지나 않은지 삼복만큼 마음이 답답하다.

(제주신문 '해연풍' 1996.7.30.)

산불거·수불거(山不居·水不居)

...

　벌써 백로(白鷺), 팔월절이 됐다. 그러고 보니 아침저녁 소슬함이 여름 내내 열려있던 창마저 슬그머니 닫히고, 시원한 여름밤을 지낼 수 있도록 나이 드신 어머님께서 만들어 주신 홑 베 이불마저 그간의 감사함을 잊은 채 이불장 밑으로 슬그머니 숨어 버렸다. 이렇게 간사하고 배은망덕함이 더 없다.

　충청도 시골에 살고 있는 친구에게서 가을을 알리는 편지가 왔다. 자기네 집 앞 논에도 가을이 익고 있다는 소식과 함께 아침 풀잎에 매달린 이슬을 볼 때면 지난 팔월 제주에서 보낸 뜨거웠던 여름이 생각난다는 소식이다. 특히 나에게서 얻어들은 이야기 중에 '순비기나무'에 관해서다. '팔월 더위와 당당히 맞서서 싱싱하게 피워낸 해안가 모래밭 순비기나무와 그것들이 피워낸 꽃의 검질김에서 또 다른 제주인의 강인한 근원'을 발견할 수 있어서 좋았다고도 했다. 더구나 그림 같은 해안선과 하얗게 부서지는 바다포말, 그와 함께하는 낚시꾼들의 여유 그 모든 것들은 이름 그대로 평화 그 자체였다고도 했다. 그래서 그는 제주를 영원히 사랑하지 않으면 안 되는 사람이 되어버렸다고 했다.

　그렇지만 그는 한 가지 안타까운 점도 지적했다. '일주도로'를 따라서도 충분히 조망할 수 있는 제주의 해안 풍광임에도 웬 '해안관광도로'가 그렇게 많으냐는 것이다. 도로가 많아서가 아니라 그 도로를 만든다고 사라진 자연 그대로의 해안선 라인과 주변 풍광이 안타깝다는 것이다. 그러면서 그는 옛 어른들께서 말씀하신 산불거·수불거(山不居·水不居)의 뜻을 제주인들이 새겨들었으면 한다고 덧붙였다. 산이나 물 가까이에는 되도록 살지 말라는 뜻이다. 왜 그랬을까. 위험해서였을까. 그보다는 선인들께서는 이미 산이나 바다에 붙어살면 그로 인해 자연 파괴를 동반한다는 것을 깨우쳐 주기 위함에서다. 더불어 가까이 있는 조급함보다 멀리 있어 여유를 갖자는 의미도 함께 함이다. '여유' 그 자체가 멀리서 조망하는 즐거움인 것을 우리의 선인들이 깨우쳐 줌인 거다.

지방행정을 다루는 내가 입회한 어느 마을 지역개발 설명회에서 있었던 일이다. 관광개발을 하려면 우리 마을 '해안관광도로'부터 개설해달라고 주문하던 주민의 목소리가 기억난다. 해안관광도로가 개통되면 관광객을 상대로 해변식당을 차려 관광수입을 올리겠다는 욕심이다. 이러한 의견에 지역주민 누구도 토를 다는 사람이 없다는 것에 놀라웠다. 산불거 수불거의 가르침이 생각나는 대목이다. 관광객을 위한 도로를 만든다고 파헤쳐졌을 때 상처 입을 주변의 경관을 상상해보자는 의견도 있을 법한데 그런 의견은 누구에게도 없다.

해안관광도로개설에 투자되는 예산으로 마을 주변의 자연환경을 다듬고 가꾸어서 관광객이 해안과 그 바다를 한꺼번에 조망할 수 있는 쉼터 같은 것을 만들어 달라는 의견 같은 것이다. 아니면 차라리 조그만 오솔길을 잘 다듬어서 마을과 바다를 잇는 제주 바닷가의 자연과 그 여유 공간을 만들어 달라는 요구도 있을 법한데 말이다. 친구가 보내준 편지를 접으며 '관광개발이라는 미명아래 왠지 몸살을 앓고 있는 제주의 해안변 모습이 안타깝다는 자네의 생각이 옳다'라는 한 줄의 답도 못써 보내는 내 양심이 너무나 부끄럽다.

(제주신문 '해연풍' 1996.09.13.)

'히여뜩'한 소리

...

 '아니, TV 광고 등 홍보라는 홍보는 다 했는데 예매처 실적이 고작 다섯 장?' 이것은 지난달 있었던 모차르트의 걸작 오페라 「피가로의 결혼」 공연무대가 열리기 닷새 전, 행사를 유치한 제주도문화진흥원 직원 긴급 회의 장면이다. 회의가 끝난 후 30여 명 직원은 9백 석의 입장예매권을 5일 이내에 판매해야 한다는 절박한 심정으로 이른바 '전 직원 매표요원화' 작전에 돌입했다. 각급 기관·단체는 물론 심지어 사돈에 팔촌까지 찾아다니며 예술세일을 전개했다.

 우리나라에선 30년 만에 처음으로 공연되는 작품이기에 그만큼 지방마다 유치경쟁이 치열했다. 그렇지만 제작자인 예술의 전당 측은 희망지역 모두를 순회할 수가 없었다. 다행히 우리의 끈질긴 섭외 끝에 제주에서의 공연을 얻어낼 수 있었다. 그것도 하루도 아닌 이틀씩이나 예술의 전당 측은 배려해 줬다. 입장권마저도 3만 원 이상인 것을 제주라는 특수성을 고려해서 그 절반으로 가능토록 배려해 줬다. 그만큼 우리 제주도민들의 예술적 감성을 인정해 줬다는 의미도 된다.

 이처럼 어렵게 유치한 공연임에도 관객이 없다면 그들에게 우리의 체면은 무엇이며 또 우리와 유치경쟁을 했던 다른 지방에서는 얼마나 우리를 조롱할 것인가 하는 생각에 조바심은 컸다. 직원들 역시 뒤따를 도민적 자존심에 모두는 발 벗고 나섰다. 흔히들 오페라를 종합예술이라고 한다. 문학, 연극, 음악 더구나 음악은 관현악까지 동원된 예술이어서 그렇다. 이러한 종합예술을 제주도의 무대에 올려놓을 수 있었다는 것은 어느 음악가의 평이 아니더라도 도민들에게 안겨준 커다란 선물이 아닐 수 없었다.

그만큼 우리 도민들도 이 무대에 대한 열기가 뜨거울 거라고 기대했다. 그렇지만 오페라 공연무대가 제주역사 이래 처음이라는 점에서 그만큼 도민들이 인식 부족도 뒤따랐다고 볼 수 있을 것이다. 참석을 권유하러 간 우리에게 '바빠 죽겠는데 히여뜩한 소리(정신나간 소리) 하지 말라!' 이 정도면 그래도 다행이다. 몇몇 기관, 단체장은 아예 설명조차 들으려 하지 않는다. 드린 초대장마저도 부속실 직원에게 '마, 느나 강 보라!(자! 네가 나 대신 가서 관람해라)' 던지듯 주고 만다.

그렇지만 예상과는 달랐다. 평시민인 도민들은 참으로 현명했다. 우려했던 것과는 달리 객석은 모자랄 만큼 만석이었다. 아름다운 섬 제주에 걸맞게 예술의 혼이 살아 숨 쉬는 무대였으며 숨죽이며 함께 관람한 제주도민과의 종합예술이며 하모니였다. 이 가을 초청장을 받고도 참석지 않은 귀하신(?) 분들과 '히여뜩한 소리'라고 귀를 닫던 일명 높은 분들께도 다음 기회에는 꼭 참석하시어 그분들의 닫힌 마음을 예술의 혼으로 여시고 아름다운 영혼으로 삶을 즐기시길 기대한다. (제주신문 '해연풍' 1996.11.5.)

오라, 이중섭거리로!

...

인터넷 열풍이 전 세계로 휩쓸고 있다. 언어 정치학적 차원에서 본다면 인터넷문화가 세계문화를 잠식하고 있다는 말과도 통한다. 다시 말해서 인터넷은 영어가 아니면 소통이 안 되기 때문이다. 따라서 영어권인 미국이 인터넷의 헤게모니를 잡고 있다는 뜻이며 세계가 영어문화권에 잠식당하고 있음이라고도 할 수 있다. 어떤 의미에서 세계문화는 영어문화권에 잠식당하고 있음을 의미한다고 할 수도 있다. 그렇지만 이를 펼쳐서 넓고 크게 본다면 세계인이 공유하는 문화의 개방일 수도 있다.

개방의 의미에서 해석할 때 우리의 형편은 어떤가. 제주대학교 조영배 교수는 '열린 문화운동'이란 칼럼에서 진정한 의미의 열림이란 '열림이 있게 만든 닫힘이 있을 때 가능하며 그 문을 열려면 먼저 그 대문 안에 자신이 들어가 있어야 한다'라고 주장했다. 들어가 있음으로 밖을 나가려는 욕구가 생기는 것이며 밖을 나가려는 욕구는 갇혀있으므로 답답하거나 밖의 세상이 궁금해서 혹은 갇혀있는 내면의 세계를 밖의 세계에 보여주고 싶을 때를 의미한다.

다행히 우리 고장에도 제주다운 문화를 특장화하여 자신 있게 보여주려는 움직임이 일고 있다. 야수파 화풍과 비극적이고 향토적인 작품으로 한국 근대미술의 한 획을 그은 천재화가 이중섭이 다녀간 삶이 현장이다. 서귀포는 6·25 한국전쟁 당시 이중섭의 피난처다. 이곳 서귀포에 당시 그의 삶의 모습을 보여주기 위한 '이중섭거주지 복원사업'이 일고 있다.

허리를 구부려야 들어갈 수 있는 한 평 반 정도의 헐어빠진 셋방과 바닷게, 해초가 주식일 만큼 비참한 삶 속에서도 향토색 짙은 '황소', '서귀포 바다가 보이는 풍경', '게와 아이들' 등 30여 점의 명작들을 남길 정도로 이중섭에게 서귀포는 그의 생애 중 가장 예술혼을 불태울 수 있었던 고장이기도 하다.

이중섭거주지 복원사업이 단순한 그가 살던 집을 복원한다는 데만 의미가 있는 것은 아니다. 예술은 창조를 의미한다. 이제 서귀포시가 그의 예술혼을 살려 '이중섭거주지' '이중섭 거리' 또는 그를 기리는 각종 문화행사 등 연상 작용의 문화사업을 구상한다는 것은 닫혀있음을 열게 하는 길 트기며 새로움을 있게 하는 창조일뿐더러 문화의 공유화다.

이처럼 제주적인 것들을 찾아내고 자신 있게 다듬어서 특장화 할 때 인터넷 시대의 제주는 가장 세계적인 고장으로 빛날 것이다. 비록 이중섭이 제주가 낳은 화가는 아닐지라도 그가 다녀간 흔적을 찾아내고 다듬고 껴안아서 '우리 함께'라는 의미를 담았을 때 닫힘은 열림이며 개방이고 문화의 공유인 것이다. 세계인이여 오라, 이중섭거리로!

(제주신문 '해연풍' 1996.12.27.)

뉘 집 혼백 바쁘시겠네

...

　한동안 '노동법' 문제다. '한보' 사태다 하면서 전국이 시끄럽고 냉랭하다. 겨울의 한파마저 전국을 얼음으로 끼얹은 듯하다. 제주 역시 예외는 아니다. 세파의 혼탁함을 덮기라도 하려는 듯 온 천지가 겨울 눈발이 되어 하얗다. 그렇지만 한라산은 다르다. 한라산에 내린 눈발의 의미는 항간의 어지럽고 혼탁함을 덮는다는 의미 외에도 우리에게 전하려는 메시지가 있을 것 같아서다. '눈꽃축제'가 한창인 한라산을 보면 안다. 이는 분명 서설이다. 처음 열리는 한라산눈꽃축제다. 그러므로 저 한라산에 가득 내린 눈발이 서설이 아닐 수 있을까.

　축제 기간 내내 제주를 찾은 관광객들을 즐겁게 해주는 것 말고도 전국의 어지러운 세파까지도 덮을 만큼 포근하기에 그렇다. 관광이란 보여주고자 하는 자의 처지에서 보면 '관광객의 욕망을 충족시키고자 하는 사업'이다. 여기서 말하는 욕망은 욕심과는 달라서 느끼고자 하거나 누리고자 하는 간절함이 함께함이다. 눈꽃축제가 모든 관광객에게 즐거움을 줬다면 이는 분명 누리고자 하는 욕망에 즐거움을 더한 성공한 축제다.

　처음 개최되는 행사였음인지 미숙한 점도 없지는 않았다. 교통문제, 축제에 가족이 함께 즐길 수 있는 프로그램 등 아쉬운 점이 한둘이 아니었다. 초등학생의 심정으로 첫 번째 개최된 행사라서 그런 점은 있으나 다녀가는 관광객들은 저마다 좋았다는 평이다.

등산객 인파를 헤집고 내려오는 길에 서울에서 왔다는 가족 단위 관광객과 합류하게 됐다. 그들이 대화가 가슴에 와닿았다. "엄마, 우리 또 오면 안 돼?", "응, 그래, 그렇게 하자. 재밌었지?" 그러면서 엄마가 남편에게 질문을 던진다. "여보! 언제 우리 다시 와요? 이번 설 연휴 때 오면 어때요?", "그럴까? 그런데 설날 차례상은 어떻게 하지?", "그거야 호텔에서 지내면 되잖아요, 요즘은 차례상 꾸며주는 것도 호텔패키지상품으로 나온다는데…."

듣고 보니 차례(茶禮)를 어디에서 올리건 그게 대수인가 하는 생각이 들기도 했다. 임도 보고 뽕도 딴다는 말처럼 관광도 즐기고 차례도 올린다니 그것참 기발한 생각이다. 요즘처럼 바쁜 세상에 이 얼마나 기발한 착상인가. 이런 의미에서 본다면 설날 차례를 어디에서 올리는가는 그덧 중요치 않다. 다만 우리의 전통문화인 설의 의미가 그러다가 어느 순간 사라져버리지나 않을까, 하는 우려가 있어서다.

설을 신일(愼日)이라고 한다. 설은 정초의 차례를 통해 조상에게 인사를 하는 것과 웃어른에게 세배드리는 것을 의미하며 신일은 말이나 행동을 조심하며 경거망동을 삼가는 날이라는 의미다. 정초에 조상님께 예를 올림에 있어 말이나 행동을 조심하는 날이라는 뜻이다.

36년간 일제도 어쩌지 못했던 것이 우리의 전통 민속절인 설날이다. 이제 이 신일인 설날이 관광이라는 명분 속에 묻혀 버릴 것만 같은 생각에 모처럼 개최된 눈꽃축제분위기마저 우울하게 만든다. 이번 설 어느

댁 혼백께선 참으로 바빠지시겠다. 자식들 여행지마다 부지런히 쫓아다녀야 하니까.

(제주신문 '해연풍' 1997.1.31.)

제나 잘콴!

...

　요즘 들어 부쩍 꿈이 잦아졌다. 어릴 때는 벼랑에서 떨어지는 꿈으로 놀라 깨어 번번이 잠자리에 미완의 그림을 그려놓더니 요즘 들어서는 누군가에게 쫓기다 깬 자리에 식은땀이 젖는 경우가 종종 있다. 어릴 적 못다 그린 그림(?)들을 완성시킨 형국이다. 어린아이의 꿈은 성장하기 위한 꿈이라지만 이제 더 자랄 기력마저 없는 나에게 찾아온 이 꿈의 목적은 무엇일까.

　설친 잠을 털고 이슥한 밤 뜨락에 나와 선다. 바스락거리는 소리로 함께 깬 복숭아 솜털 같은 봄비도 밤공기에 언 손을 내민다. 아뿔싸! 저 손을 놓치면 이제 나도 구원을 청할 곳이 없어질라 두려워 다가선 자리에는 꿈길에 밟힌 춘란 한 촉이 소스라치며 불끈 솟아오른다. 그의 잎에는 구원의 이슬이 맺혀있다. 나의 잠을 깨우게 만든 땀방울과 같은 이슬이다. 그렇구나. 그래서 요즘 내 꿈이 이렇듯 잦아졌구나. 이래 봬도 아직 나에게 춘란 한 촉쯤은 터트릴 기력 있다는 것 아닌가.

　그렇다면 이 시각 다른 곳에서도 또 다른 봄의 촉들이 솟고 있겠지. '삼월에는 그리움에도 파란 물이 번진다'라는 어느 시인의 시구처럼 눈썹 고운 새들이 아침마다 물어 나르던 삼월의 꿈같은 새싹들이 새삼스럽다. 그래, 꿈에서 깬 아침이면 망설임 없이 텃밭으로 나가 봐야겠다. 그곳엔 어떤 새싹들이 나를 기다리며 자라고 있을지 찾아봐야겠다. 삼월이라 싱싱한 봄의 느낌이 제주의 들녘으로 나를 이끈다. 그곳엔 한겨울을 이겨낸 억새들이 덤불을 이루며 아직도 지천이다.

무슨 사연이라도 있는지 그들의 뿌리는 당당하고 지난 가을 피워댄 풀꽃들을 아직도 하얗게 몸에 두른 체 제주의 들판을 겨울왕국으로 만들며 서 있다. 아름다웠던 추억들을 억척스럽게 품고 있는 듯한 모습이다. 그 모습 들은 온전히 그리움 그 자체다. 그들이 품고 있는 그리움의 상처는 깊다. 그만큼 뿌리 되어 내린 상처는 더 깊고 단단하다. 지난가을 피워댄 그들이 꽃잎들도 더불어 하얗게 아프다. 관광객들도 제주의 들녘을 열심히 찾는다. 그리고 그들도 억새처럼 세상을 본다. 보다가 읽는다. 읽다가 말한다.

아름다운 것이라고 다 아름다운 것이 아니라고, 사랑스러운 것이라고 다 사랑이 아닌 것처럼 그리운 것이라고 다 그리운 것이 아니라고, 어쩌면 그것들 모두는 그 반대일 수도 있을 거라고 그래서 우린 더욱 그리워하자고 더 많이 사랑하자고 더 오래 붙어있자고 그래서 억새는 이렇게 억척스럽게 붙어사는 거라고, 그래서 더 강하게 더 넓게 더 멀리 생명을 이어나가는 거라고

억새의 뿌리가 드넓은 초원을 지나 농부들이 삶의 터전인 농장까지 찾아들어 뿌리를 내린다. 배추 한 포기 심을 자리까지 범하려는 이 억새들과 농민들과 벌어지는 사투의 현장이다. 이럴 때 지난 정월 대보름날 북제주군에서 펼친 '들불 축제' 현장 모습이 떠오른다. 온 들판에 지천인 억새밭에 불을 붙이는 불꽃놀이 '들불 축제'는 축제가 아니다. 제주의 농토

까지 침투하는 것도 모자라서 그것들과 함께 기생하는 진드기를 비롯한 온갖 기생충들이 화염 속에 말끔히 사라지게 하려는 농민과 억새와의 전쟁놀이다.

이걸 지켜보는 관중은 손뼉을 친다. 한쪽의 죽음과 한쪽이 살아남는 아이러니의 축제다. 화염 속에 사라지는 억새의 들녘을 지켜보던 농민 한 분이 소리 지른다. '제나 잘콴이여, 활활 타불라!' (옳거니 잘된 일이다, 들불아 활활 타올라라!) 이제 그것들이 다 타버리고 사라진 자리에 삼월과 함께 따라온 싱그러운 봄의 햇살과 새들의 노랫소리와 이름 모를 꽃들이 꿈을 깨듯 피어나면 제주 농민들이 꿈꾸는 희망의 새봄도 새파랗게 피어날 것이라 노래와 손뼉을 친다.

(제주신문 '해연풍' 1997.3.11.)

뻐꾸기 뻐꾹 대면?

...

　몇 해 만에 한식(寒食)이 일요일과 겹친 덕으로 가족들과 함께 성묘를 다녀왔다. 산등성이를 가로지르는 예쁜 꽃물결 사이로 올망졸망한 저마다의 묘지들은 오랜만에 찾아든 우리 후손들의 방문을 반기는 듯하다. 멧새, 때까치, 종달새, 뻐꾸기 같은 텃새들까지 함께 보탠다. 봄은 기다림이 언어라고 하던가. 찬란한 계절을 맞이하는 4월의 언어들은 우리가 기다린 것만큼 참으로 위대하다.

　마치 청춘 예찬 같은 싱그러움과 설렘이 대지를 고동치게 한다. 가지마다 싹이 트고 조상의 묘역에도 함초롬한 초록 풀잎이 돋아난다. 아마도 그리움 같은 따뜻함이 4월이 아니고선 도무지 불러올 수 없는 생명의 언어인 것 같다. 설날, 단오, 추석 등과 함께 우리의 4대 명절인 한식이 올해에도 어김없이 4월. 유채꽃 향기와 함께 왔다. 그래서 우리는 조상의 묘역에 엎드려 음덕을 기린다. 이럴 때 한식을 유래시킨 개자추(介子推)를 기억한다는 건 조금도 이상한 일이 아니다. 그에게도 흠모의 잔을 함께 드린다.

　진나라의 충신 '개자추' 그가 면산으로 잠적해버린 당시의 심정을 우리는 안다. 간신들의 모략이 얼마나 심했으면 임금의 부름에도 그 험하고 험한 면산에서 하산하지 않았을까. 산불을 놓으면 그 산을 내려오겠지

하고 방화를 놓았음에도 끝내 하산하지 않고 죽음을 택한 개자추의 자존은 무엇일까. 질투와 모략의 세상을 결백과 자존으로 마감한 개자추를 기리며 맑고 청명한 날 조사의 묘역에 제를 올리는 4월 '한식'의 의미가 여기 있음이다.

40여 년 전 '밀새다리'라고 부르는 모략꾼들이 득실대던 이 섬에 그들의 밀새를 피해 한라산으로 숨어들 수밖에 없었던 어느 촌부가 기억된다. 개자추처럼 한라산 숲속으로 난리 피해 숨어들었다가 생의 최후를 맞고 저 산등성이 어딘가에 이름 없는 무덤으로 잠들었을 4월이다. 그 쓸쓸한 무덤 맞은편 무심(無心)한 듯 피어있는 노란 유채꽃을 마주할수록 한식의 의미가 더욱 새롭다. 노란색 꽃말이 시기와 질투를 의미하기 때문이다.

이 시기와 질투 속에는 제주 사람들이 싫어하는 '게심과 밀세'라는 의미도 숨겨져 있어서다. 게심은 남을 벼랑 끝으로 내몰고자 하는 질투를 뜻함이며 밀세는 거짓을 꾸며대어 고자질함을 의미한다. 한때 질투, 게심, 밀새로 인해 제주 사람들은 4월의 대학살로 죽어갔으며 저기 저 무덤도 그렇게 주인 없는 무덤으로 누워있다.

건너편 숲속에서 뻐꾸기가 '뻐꾹!' 댄다. 또 어느 이름 모를 텃새 둥지에 저놈의 뻐꾹새가 텃새알을 밀어내어 자기 알을 집어넣을 음모나 계략은 아닌지. 그것도 아니라면, 뻐꾸기를 닮은 어느 '집단 괴롭힘(いじめ)'에게 속 검은 손짓을 하는 건 아닌지. 그렇지만 두렵지 않다. 이 4월의 봄은 개자추처럼 맑고 깨끗한 마음으로 제를 올리는 제주인들의 올곧은 양심은 아직도 '한식'이라는 이름으로 지켜내고 있으므로.

(제주신문 '해연풍' 1997.4.15.)

올린 그디 안 가키여!

...

"야, 나 올린 그디 안 가키여!" 지난해 서울에 사는 어릴 때 친구가 고향을 다녀간 후 그때를 기억하며 수화기로 들여온 볼멘소리다. 올해는 고향을 찾지 않겠다는 의미다. 그는 지난해 참으로 오랜만에 고향을 찾았다. 그만큼 삶에 쫓겼던 거다. 그렇지만 이제 나이도 들 만큼 들었으니 고향을 다녀가라는 나의 성화에 참으로 어렵게 다녀갔다. 그때 그는 고향의 이곳저곳을 둘러보며 옛 추억에 취해보기도 했다. 그 일정 중에는 한라산 등산도 포함된다. 마침 한라산은 철쭉제 기간이라 산을 오르는 기분이 한층 새로웠다. 어리목 부근 산행이 고작이던 나도 이날만은 제법 정상까지 오르는 모험을 즐겼다.

오랜만에 오르는 한라산의 가파른 계곡 등은 우리 두 사람에게 쉽게 길을 열지 않았다. 씩씩대며 개미등, 어리목 등 지옥문을 어렵사리 벗어났더니 천국이나 온 것처럼 펼쳐진 건 불바다인 붉은 철쭉이 천지를 뒤덮었다. 철쭉동산이다. 그 건너 산등성이로 밀려드는 연꽃을 닮은 구름송이들은 '야, 이것이 천국이다'라는 탄성이 절로 쏟아지게 만든다. 이렇게 아름다운 고향을 멀리하고 살아온 자신이 부끄럽다면서 내년에도 이 축제에 꼭 참여하겠다던 그였다.

그런 그가 다시 여기 오지 않겠다는 볼멘소리다. 사유는 이렇다. 등산을 마치고 서울로 돌아와 그때를 추억해 본 소감이다. 한라산의 그 신령스러움에 매료되어 흥분된 나머지 산이 안고 있는 아픔을 그만 놓치고 말았다는 얘기다. 한라산이 망가지고 있음을 들여다보지 못했다는 자성의 목소리다. 산을 사랑한다면서 오르내린 우리들의 발길에 산은 어느 틈에 망가지고 있는 것을 봤다는 것이다.

더구나 철쭉제라는 미명아래 수많은 관광객이 밟고 지나간 자리가 무참히 상처 입는 걸 보고서도 대수롭지 않게 지나친 자신의 양심이 너무도 부끄럽다는 거다. 몰려든 인파가 밟아대는 한라산축제장은 한마디로 '자연을 밟아 죽이는 축제장'이 되고 말았다는 거다. 그래서 다시는 그 한라산철쭉제에는 참가하지 않겠다는 소리다.

수화기로 들려오는 친구의 뼈 있는 그 소리에 나는 한동안 멍청할 수밖에 없었다. 진정으로 고향을 아끼고 사랑하는 사람은 누구일까? 지난해 술상에 마주 앉아 그동안 고향을 소홀했든 친구를 나무랐든 내가 도리어 부끄럽기 짝이 없다. 누가 고향을 지키고 있으며 누가 더 고향의 아픔을 들여다보고 있는가에 대한 자성의 아픔이다.

올해도 한라산엔 철쭉꽃이 지천이고 이를 보려는 관광객들 또한 물결친다. 이들 무리 속에서도 내 친구가 내뱉던 자성의 소리가 또 늘려오지나 않을는지, 벌써 내 귀에는 한라산의 신음이 쟁쟁하다.

(제주신문 '해연풍' 1997.5.22.)

아침부터 웬 악다구니?

...

　어느새 장마가 이렇게 왔다. 그래서인지 아침마다 어김없이 찾아와 재잘대던 직박구리의 경쾌한 음성은 어디로 사라지고 아예 발악에 가까운 악다구니로 변했다. 오늘 아침은 사뭇 다른 음성까지 섞여 발악이다. 의아해서 창을 열었다. 장마철이라 창 밑까지 내려앉은 새벽안개 사이로는 전에 못 보던 새 한 마리가 어렴풋이 보인다. 까치였다. 건너편 나뭇가지에 매달려 우리 집 텃새인 직박구리와 서로 대치해 있는 게 아닌가.

　까치는 길상인 서조(瑞兆)라던데, 더구나 까치라고는 한 마리도 없는 이 제주섬에 길조를 보낸다는 의미로 전국에서 보내진 50여 마리 까치가 7년이 지난 이제 우리 집까지 찾아와 주셨다니 이 얼마나 상서로운 일인가. 길조의 방문을 환영하며 그들의 행동을 살폈더니 요 며칠 사이 잘 익은 개벚나무 열매를 탐해서 몰려든 것이 아닌가.

　알고 보니 처음 며칠간은 열매가 넉넉해서 까치와 직박구리가 서로 다툼 없이 재잘대며 나눠 먹었던 것 같다. 그런데 지금은 몇 알 남지 않았으니 서로가 탐하며 다툼이 일 수밖에…라는 생각으로 녀석들이 해대는 짓을 들여다보는 순간 별안간 직박구리 가족과 까치 가족이 서로 날카로운 주둥이로 싸움질이다.

언제인가 텔레비전에서 방영됐던 다큐멘터리가 기억난다. 까치가 자신의 영역에 찾아든 맹금류를 떼를 지어 공격하며 살육을 내던 광경이다. 그때까지만 해도 까치는 선행과 보은의 길조로만 여겨왔던 나에게 그 현장의 행동은 너무나 커다란 충격이었다.

나약하다고 여겼던 저 까치와 착하다고만 여겨졌던 우리 집 텃새인 직박구리의 살벌함은 도대체 어디서 전수된 것일까. 우리 제주 사람들이 평화로운 이 섬을 찾아온 육지 사람들과 함께 잘 어울려 오순도순 살 듯이 까치를 길조라고 여겨서 유입시킨 우리의 본디 마음 상하지 않도록 저것들도 다투지 말고 이 평화로운 섬에서 함께 어울려 살아줬으면 하는 마음 간절하다.

(제주신문 '해연풍' 1997.6.27.)

명경(明鏡) 마을 오조리(오조리 노래 2)

...

　제주에서 태어나서 자란 제주 사람들에게 고향이란 무엇이며 또 그곳은 어디일까. 뒷동산에 올라보면 언제나 무너질 듯 불안한 돌담 사이로 잔가시 같은 세월에 찢기고 할퀴며 그래도 옹기종기 버티어 앉은 마을들, 어쩌다 바람이라도 몰려오는 날이면 앞바다 절 울음 따라 촘촘히 엮은 초가집과 그 울타리들이 저 먼저 가슴앓이를 할 만큼 삶의 애환까지 함께 담겨있는 마을, 이것이 제주인 모두에게 각인된 한결같은 고향이며 고향마을 풍경이다.

　'제주'라는 말만 들어도 가슴이 뜨거워지는 특별함이 있는 고향, 질긴 고무줄처럼 때로는 팽팽하게, 그러다가도 잠시 눈을 감고 있으면 부드럽게 다가와 우리의 마음을 감싸주는 어머님 품속 같은 따뜻함이 있는 섬, 그 속의 아늑한 마을이 제주 사람들의 고향마을이다.

　나에게도 그런 마을이 있다. 제주도 동쪽 끝 성산포 일출봉과 마주해 있는 오조리(吾照里)라는 이름의 바닷가마을이다. 제주도 '동쪽' 하면 누구나 '해가 뜨는 곳, 일출봉이 있는 곳'을 먼저 떠올린다. 세계적 유명관광지이기 때문이다. 그렇지만 그 일출봉을 일출봉답게 받쳐주는 배경마을이 없다면 일출봉의 가치는 반감됐을 것이다. 그 마을이 오조리라는 마을이다.

오조리 마을을 아는 사람은 그리 흔치 않다. 오조리는 성산포 일출봉을 마주해 있다. 대부분 사람은 성산 일출봉 사진이나 그림을 오조리 마을 앞동산이나 바닷가에서 촬영하거나 그림 그린다. 그러므로 오조리는 일출봉의 대상에는 없다. 반대로 일출봉 위에 올라가서 내려다보면 상황은 다르다. 오조리라는 마을이 일출봉의 매력과 그 가치를 얼마나 높게 그리고 돋보이게 하는가를. 일출봉 발밑 그곳에 그림처럼 펼쳐지는 조그맣고 아늑한 해안가 내수면 호수 같은 마을이 오조리다.

일출봉의 가치는 단순히 아침에 해가 뜬다고 해서 비롯된 것이 아니다. 아침 해는 어디에서도 볼 수 있다. 다만 그 상황과 주변의 그림이 일출의 상황을 어떻게 받쳐주는가에 따라 일출봉의 가치는 달라진다. 오조리라는 마을의 역할이 바로 일출봉의 아름다움을 받쳐주는 역할을 하고 있는 것이다.

오조리는 일출봉과 마주해 있다. 그리고 그사이엔 5십만 평의 호수 같은 조개 밭 내수면이 깔려있어 한 폭이 동양화를 연출한다. 일출이 뜨는 자리엔 저녁달도 예외 없이 뜬다. 많은 사람은 이곳에서 일출을 보듯이 저녁달이 뜨는 이 광경을 바라보며 즐긴다. 그 장소가 바로 오조리 마을이다. 오죽했으면 쌍월을 관망하며 풍류를 즐긴다고 해서 붙여진 '쌍월동산'까지 있을까.

아침 해가 뜨는 일출봉 자리로 보름달이라도 뜨는 날이면 오조리 마을 사람들은 쌍월이라는 두 개의 보름달을 바라보며 즐기고 풍류도 즐겼다. 쌍월(双月)이란 의미는 일출봉 위로 뜨는 보름달과 일출봉 발밑 내수면에 뜬 달그림자를 말함이다. 즉 실체의 모습과 물 위에 드리워진 모습이 서로를 비추며 존재한다는 의미다. 그래서 오조리라는 마을 이름도 吾照(나를 비춘다)라는 의미로 붙여진 것이다.

'나를 비춘다'라는 뜻은 나를 비춰본다는 의미로도 해석된다. 옛 오조리 마을 사람들은 거울에 자신의 모습을 비춰보듯 수면에 비치는 달그림자처럼 물 위에 뜬 자신들의 얼굴도 비춰보며 살았다. 이는 곧 자신의 양심도 비춰보며 살았다는 뜻이다. 한마디로 오조리 사람들은 스스로를 자신의 양심에 비춰보며 부끄럽지 않게 살겠다는 약속과 의지의 뜻이 담긴 이름이다. 이처럼 산자수명(山紫水明)한 마을 오조리가 나의 고향이다. 이뿐만이 아니다. 마을을 지켜주는 식산봉을 옥녀봉으로 부를 만큼 설화가 있고 풍류가 흐를 만큼 민속과 전통과 유적유물 등 그 모두를 기술하기엔 지면이 너무 부족하다.

누구에게나 고향은 있다. 이들 고향은 저마다의 농익은 추억으로 간직된다. 그렇지만 자신을 달빛 물빛에 비춰보며 자신을 다스리고자 하는 아름다운 양심의 마을을 고향으로 두고 있다는 것이 얼마나 축복받는 일일까. 오조리라는 마을을 고향으로 두었다는 것이 너무도 자랑스럽다.

(제주신문 '해연풍' 2008.09.16.)

앞바르(오조리 노래 3)

...

성산포 오조리에는 '앞바르'라는 이름의 바다가 있다. 오조리 마을 앞 건너편, 일출봉과 섭지코지를 잇는 해안과 그 주변 바다를 두고 부르는 지역명이다. 연장 약 4km가 넘는 모래밭을 끼고 있다. 굳이 세계자연유산인 성산 일출봉을 오르지 않더라도 북한의 명사십리를 능가할 만큼 빼어난 경관을 갖춘 곳이 이곳이다.

검붉은 모래밭에 밀려와 부서지는 잔물결 소리가 애잔하다. 이곳의 아픈 역사를 감추지 못하는 안타까움인 듯도 하다. 억척스레 뿌리내린 모래밭 숨비기나무덩굴도 무언가 할 말이 있다는 듯 슬쩍 고개를 쳐든다. 쳐든 고개 넘어 듬성듬성 '숨비기꽃'도 숨죽여 피어있다. '숨비기꽃'은 바닷물에 닿아도 죽지 않는 강하고 질긴 모래밭 식물이다. 해녀들이 숨비질 할 때마다 참았던 마지막 물숨을 토해내듯 질곡의 세월을 꽃으로 환생한다고 해서 붙여진 이름이기도 하다.

지금 '앞바르' 바다에는 파도 소리와 함께 절 울음소리가 슬프고, 연보랏빛 '숨비기꽃' 사연도 심상치 않다. 옛 어른들은 '앞바르'에 절 울음소리 들리면 숭시(凶事)난다고 했다. 그 '앞바르'가 절 울음을 울고 있는 것이다. 그해 가을에도 '앞바르'는 절 울음을 울었다. 제주섬 전체가 난리로 뒤덮였을 때다.

어떤 이는 와이셔츠 차림으로 이발하러 나가시더니, 또 어떤 이는 갈옷 차림으로 밭일을 나가다가, 또 다른 어떤 여인은 바다에서 돌아오던 길목에서, 어느 젊은 여인은 젖먹이를 등에 업은 채로, 어린 손자와 부엌에 있던 할머니도, 법 없이도 살 것 같다던 어느 노부부마저도 그들 모두는 영문도 모른 채 끌려가 죽임을 당했다. 그곳이 바로 이 '앞바르' 모래밭이며 그 계절은 철 늦은 '숨비기꽃'이 마지막 꽃을 피울 때다.

이 가을, 오늘도 '앞바르' 터진목에는 그때의 계절 앞에서 먼바다로부터 끌려오듯 절 지친 울음소리가 파도 소리보다 높고 깊다. 죽임을 당한 자의 마지막 숨소리인 듯 애잔하다. 소위 세계적 관광지인 성산 일출봉 밑 해안에서 자행된 집단 학살 현장이 바로 이곳이다. 오조리 마을 사람을 비롯한 5백 명에 가까운 성산읍 양민이 이곳에서 학살됐다. 유명관광지라는 명성에 묻혀 자칫 세인들로부터 잊힐 수도 있었던 역사의 현장이기도 하다. 지난해와 지지난해에 이어 이번이 세 번째로 '성산읍4·3사건희생자위령제'가 조용하면서도 엄숙히 거행됐다.

그 사건이 있은 지 실로 40년이 지난 오늘에 와서야 행해진 위령제다. 그것도 행정기관도, 4·3사건과 관련된 단체도 아닌 이곳 「성산읍발전협의회」라는 지역 자생단체 회원들이 그들 스스로가 거행한 위령제라는 점에서 눈물겹다. 오늘따라 목숨처럼 매달린 철 지난 숨비기꽃잎들과 부표처럼 떠 있는 해녀의 숨비소리와 모래 위로 부서지는 파도의 절 울음소리가 통한의 울음처럼 들린다. 그 울림은 망자를 추모하는 위령비 하나 세워두지 못하는 관계 당국을 원망하는 소리가 아니다. 그보다는 아무도 관심 없는 이 학살터에 그나마 뜻있는 몇몇 젊은이들이 함께하고 있음에 복받치는 감사의 눈물일 거다.

(제주신문 '해연풍' 2009.11.18.)

기러기당장(오조리노래 4)

...

    요정이라도 자고 갔을 법한 오조리 식산봉 연안 산책길, 바람도 숨 막힌 듯 조용한 아침을 물총새 한 마리 소리죽여 수면을 차고 오른다. 뒤이어 선잠 깬 왜가리 몇 마리와 한 무리 청둥오리 떼들도 보란 듯이 날아오르고 건너편 보리밭에선 막 자란 보리싹을 몰래 훔치다 황급히 날아오르는 기러기의 군상도 저들과 함께한다. 괜한 발걸음으로 녀석들을 놀라게 한 나의 무례함이 부끄럽다.
    이곳은 철새도래지라는 이름에 걸맞게 철새들의 천국이다. 아직도 기러기, 재갈매기, 논병아리, 두루미, 청둥오리, 검은머리물떼새 같은 것들이 철 따라 찾아들거나 터 잡아 사는 곳이다. 이러한 곳을 나의 고향으로 둔 것이 여간 기쁘고 자랑스러운 것이 아니다. 더불어 이곳에 산책할 때마다 나를 애수에 젖게 하는 아름다운 추억 하나가 있다. 잊히지 않은 추억의 그림자가 겨울 철새와 함께하고 있어서다. 그림자의 주인공은 '기러기당장'이라는 이름의 우리 동네 삼춘이다. 제주 사람에게 '삼춘'이라 함은 동네 아저씨를 의미한다.

    입춘과 경칩 사이 이맘때면 봄을 시샘하는 마지막 동장군과 맞서 우리는 겨우내 동상으로 얼어 터진 보리밭 싹 밟기에 나서곤 했다. 그것도 유독, 이 식산봉 연안의 들녘은 특별하다. 겨울 해풍에 싹튼 보리의 뿌리를 잘 내려 굳어지게 함에서다. 그런데 이 들녘 보리밭을 진종일 맴도는 한 분이 있었다. 바로 '기러기당장'이란 직함(?)을 가진 분이다. 막자란 보리 싹을 탐하여 모여드는 기러기 떼를 감시하는 어른이다.

누구에겐가 물려 입었음 직한 낡고 허름한 국방색 누더기 외투와 구멍 난 가죽 벙거지와 짝이 다른 검은 고무신과 구부러진 느릅나무지팡이를 짚고 쩔뚝거리면서 '휘~이 휘~이' 목이 터져라. 내지르는 그의 음성은 기러기는 물론 천상의 귀신도 놀라 도망할 듯 무섭고 질기다. 그러나 그의 표정은 너무나 인자하고 평화롭다. 거칠고 얼어 터진 손일지라도 그의 손은 언제나 따뜻했다.

가끔 그의 손에는 들고양이나 족제비들에 의해 죽어간 철새들의 잔해가 들려있기도 하다. 그리고 그의 헐어 터진 손은 가엾이 죽어간 그것들을 겨우내 언 땅을 파헤쳐서 정성으로 묻어주기도 한다. 그렇게 그는 겨울 한 철을 '기러기당장'이라는 이름으로 철새와 함께했다. 그가 이들 철새를 쫓아내는 이유 역시 녀석들이 미워서가 아니다. 보리나 밀 싹을 뜯는 철새들에게 더욱 넓은 들녘으로 날려 보내려는 것이다. 이곳보다 더 넓은 세상에서 살게 하고 싶어서다, 그만큼 그는 철새를 사랑했다. 그렇지만 철새는 철새대로 그가 그들을 쫓아내건 말건 해마다 이곳을 찾아들고 '기러기당장' 삼춘과 겨우내 숨바꼭질을 즐긴다.

오늘 내 고향 오조리 바닷가에서 예나 다름없이 저 철새들의 군무를 볼 수 있음도 그때의 자연이 아직도 살아있음이며 우리 가슴에 '기러기당장'의 초상이 따뜻하게 남아있음이다. 이 아름다운 자연 지킴이 전통을 어떻게 이어갈 것인가 하는 명제는 우리들의 몫이다.

(제주신문 '해연풍' 2009.03.10.)

생태관광 벨트

...

 지난 3월 초 제주특별자치도는 아주 특별한 정책 발표를 했다. 성산항 내항의 내수면과 오조리 일대 연안 습지(구좌읍 하도리 포함)를 국내 최대 생태관광지구로 조성한다는 계획이다. 이 계획은 오는 2013년까지 6백억 원(국비 3백, 민자 3백)을 투입하는 친환경 레저, 습지 관광 등 생태관광프로그램이다. 더욱 놀랍고 특별한 것은 국제기구 람사르에 등록된 '우포늪' 생태공원개념의 프로젝트를 도입한다는 데 있다.

 필자가 오래전부터 본란을 통해 '오조리 노래'라는 제명의 글을 연재한 이유도 오조리의 내수면과 연안 일대가 '람사르 협약' 정신에 의해서 보호받아야 할 제주지역 생태환경의 마지막 보루이기 때문이다.

 제주 특유의 내수면 지하에서 솟는 담수와 바닷물이 어우러지는 오조만(吾照灣), 이곳은 50만 평의 갯벌과 습지로 조성되어 있는 매우 특별한 기수(汽水)지역이다. 끝도 없이 펼쳐지는 조개체험어장과 그 갯벌 끝 습지로 철마다 찾아드는 철새 떼를 우리는 기억한다. 더불어 가벼운 바람에도 잔잔히 부서지는 내수면의 명경 같은 물결은 이웃집 처자의 속살과도 같다, 어쩌다 초저녁 달그림자라도 드리워진 날이면 팔딱거리는 숭어 떼와 청아한 귀뚜라미의 노랫소리 등은 뒤이어 한라산까지 펼쳐지는 제주 동부 들녘의 그림이 아니더라도 가히 꿈의 천국이다.

이제 제주도의 생명줄인 관광산업도 결국은 이 같은 생태환경의 보전 및 보호에서 찾아야 할 것이며 정부가 늦게나마 녹색 뉴딜정책을 펼치는 이유도 여기에 있다 하겠다. 그런데 우리는 2년 전에도 제주특별자치도가 이 지역에 소위 '성산 해양 리조트 투자유치용역"결과에 따른 성산포항 내수면 개발 프로젝트를 발표하면서 공청회를 가졌던 것을 기억한다.

지금 이 지역주민들은 이미 발표된 '성산 해양 리조트 투자유치' 정책과 이번에 발표한 '국내 최대 생태관광벨트로 조성' 계획과는 어떻게 다른지에 대해서 궁금해하고 있다. '발표는 있었으되 실행되지 않은 정책'을 지켜보고 있어야만 하는 성산포 지역주민들이 불쌍하다. 도대체 앞서 발표한 정책과 이번에 발표된 정책의 차이점은 무엇인지, 각기 다른 정책과 사업이라면 그 사업의 추진은 언제, 누가, 어떻게 하려는 건지도 궁금하다.

40년 전 발표됐던 성산포 해양관광단지개발사업이 지금도 허공에 떠 있는데 '성산 해양리조트 투자유치', '생태관광지구로 조성'이라는 정책 역시 생색만 내다가 끝내버릴 건 아닌지. 주민 달래기용 일회성 정책은 이젠 그만! 제발 부탁드립니다.

(제주신문 '해연풍' 2009.05.19.)

길에서
길을 찾다

나의 여행 수첩
- 가을 여행

...

  가을이 깊어간다. 깊은 가을 속, 억새가 흔들린다. 억새 핀 들길로 산새의 날갯짓조차 한 줌 바람 되어 서걱댄다.

  가을이 가볍게 무너진다. 조금 전까지도 끄덕 않던 나의 자리가 억새처럼 우울하다. 우울하다는 것은 채워지지 않은 공간이 있다는 것이다, 그 공간을 채워야 하는 간절함의 시작된다.

  간절함이 있는 가을을 존재라고 부른다면 '내 안의 또 다른 나'를 찾고 싶은 간절함은 더욱 깊다. 사랑하는 나와 미워하는 내가 마주할 때 부르는 노래다. 우리가 그걸 공허라고 한다면 이럴 때 마주한 나의 꿈은 가치 있는 음악이다. 그래서 가을 여행은 꿈속의 고향이다. 조락, 쇠퇴, 죽음이 내포된 단어마저도 마침표 다음의 목적지다, 버스승차권도, 기차표도, 비행기 좌석은 물론 하물며 여권이나 비자 같은 것들은 더더욱 불필요한, 오로지 꿈꾸고 싶을 때 꿈을 깨는 여행이다.

  가깝게는 동아시아에서부터 멀리는 유럽대륙까지 오대양 육대주 어디든 떠난다. 기모노를 입은 순종의 여인 미찌꼬의 가느다란 미소도 좋지만, 관능미가 줄줄 흘러넘치는 삼바춤의 남미 여인은 또 어떤가. 여행은 그래서 시작이다.

까무잡잡한 피부와 까만 눈을 가진 아이, 내 허리에 찬 전대 지퍼를 슬며시 열어 백주에 돈지갑을 훔치려 들켜버린, 그러나 아무렇지 않게 양 볼 보조개를 깊이 세우다가 미소로 도망치던 깜찍한 집시 소녀와의 추억여행은 또 어떤가. 모두를 사랑하게 하는 내 삶의 또 다른 시작 여행, 그래서 나의 여행 수첩엔 오늘도 가을 여행 일기가 소복이 갇혀있다.

(제주일보 2002.10.27.)

성산항 25시

∴

 "왜 성산포를 관광대상지로 선택했는가"라고, 제주도 성산포를 찾아온 관광객에게 물었다. 백이면 백 사람 모두가 "제주의 대표적 관광지가 여기 있기 때문이다"라고 했다. 그곳에선 어떠한 불가능도 가능으로 이끌어 줄 것 같은 대자연의 힘을 느낄 수 있기 때문이란다.

 대자연의 힘, 일출봉이 없다면 떠오르길 거부했음 직한 아침 해가 이곳에서 뜨기 때문이란다. 그곳에 답이 보인다고 했다. '일출봉!' 얼마나 장엄한가. 얼마나 당당한가. 얼마나 굳센가. 얼마나 너그러운 베풂인가. 얼마나 아름다운 화평인가. 이건 선이며 진리며 구원이며 영혼이다.

 그 아침, 새벽안개 속을 헤집으며 목숨 걸듯 일어서는 힘찬 황소의 거친 숨결 같은 소섬(牛島)머리의 역동적인 파도 소리를 듣다 보면 알 것 같다. 그 건너 옷 앞섶을 매만지듯 다소곳한 모습으로 섭지코지 여린 물살을 업고 물질하는 해녀의 순수는 또 어떤가. 그러나 이 모두는 한갓 상징일 뿐이다. 그 뒤로 사뿐 다가서는 올레길 1코스와 50만 평의 오조리 철새도래지와 세계적 미항이라 해도 부끄럽지 않은 성산포항은 이들이 성산포를 찾는 이유를 더욱 돋보이게 한다.

 오늘도 이곳 성산포엔 적게는 4천에서 5천 명, 많게는 1만여 명의 관광객이 성산항과 한도교(橋)를 거쳐 일출봉을 오르거나 올레길 제1코스 마지막 종착점을 향하거나 또는 소섬(牛島)을 왕래하는 뱃길에 오르거나 조개체험어장 혹은 철새도래지를 찾거나 아니면 관광 낚시어선에 몸을 맡긴다. 이곳엔 그 흔한 골프장 하나 혹은 번듯한 호텔 같은 인위적 위락시설도 없다. 그럼에도 그들은 밤낮없이 이곳을 찾는다.

한마디로 상처 입지 않은 아름다운 자연이, 함께하는 삶의 인심이 이곳을 찾는 이들을 환영하고 있어서다. 그런데 요즘 이곳에 한 가지 이상한 현상이 벌어지고 있다. 이곳을 찾는 관광객들 표정이 왠지 예전 같지 않아서다.

일출봉을 찾는 모든 이들은 성산항과 한도교 광장을 거친다. 이곳은 일출봉의 현관이기 때문이다. 그런데 이곳 주변의 분위기가 예전 같지가 않다. 이곳엔 성산항을 끼고 있는 한도교 광장과 조선소와 조개체험어장과 철새도래지가 함께 있다. 또한, 이들 간의 경계를 구분 짓는 시설물들도 더러 있다. 그 설치물들과 주변 분위기가 문제다.

경계설치물들에는 녹슨 쇠막대기들이 꽂혀있고 그것들에 걸려있는 낡은 천막들은 찢기고 조각나서 너덜댄 지 오래다. 마치 폐허가 된 어느 수용소 울타리를 연상시킨다. 그런가 하면 조선소에서는 수리 중인 어선들을 실어 나르는 중장비의 소음과 석면 가루와 폐유 냄새들로 가득하다. 과연 이곳이 세계적인 관광지라고 자부하는 일출봉 현관인지 의심스러울 지경이다.

머지않은 2012년도에는 환경올림픽이라 불리는 '세계자연보전총회'가 제주에서 열린다고 한다. 이 분위기에 맞춰 제주도는 환경정비와 더불어 관광지 주변 정비에도 행정력을 쏟고 있다. 그렇지만 세계자연유산인 일출봉 현관인 이곳은 감감무소식이다. 예전 같으면 들고 나는 어선들로 분주했을 내항의 모습마저 멈춰 선 지 오래다. 그 대신 낡은 폐어선에서 쏟아지는 석면 가루와 폐유 냄새들만 아름다워야 할 성산항을 가득 메워놓고 있다. 이것이 성산항의 25시다.

(제주일보 '제주논단' 2010.10.19.)

MICE에 불이 붙다

...

"제주의 꿈은 무엇인가? 국제자유도시인가, 특별자치도인가, 아니면 천혜의 섬 제주(Heavenly Island Jeju)인가," 이 질문은 지난날 11일 사단법인 제주마이스산업 협회 창립기념 세미나 석상에서 발제자 장명선(제주관광호텔 & 리죠트경영인협회장)님의 모두발언으로 던진 화두다. 그러면서 그는 결국 제주의 꿈은 '아름다운 섬(Island)으로서의 제주(Province)'가 그 답이 될 수 있다고 했다.

나는 이러한 주제가 21세기 신성장 동력산업 중 하나인 '제주마이스산업' 활성화를 위한 세미나에서 제기되었다는 것에 주목한다. 그 이유는 요즘 제주 관광을 이야기할 때 이 마이스산업은 제주 광역경제권의 선도산업으로 지정될 만큼 그 비중이 절대적이라고 주장하기 때문이다.

그렇다면 '마이스(Mice)산업'이란 도대체 무슨 뜻일까. 발제자의 원고를 빌리면 영어의 Meeting, Incentives, Convention, Exhibition의 머리글자를 따다가 합성한 단어다. 즉 비즈니스가 주목적인 기업주최의 회의와 기업이 실시하는 공로 표창 성격의 여행(Incentives) 그리고 국제단체 · 학회 · 협회가 주최하는 총회 · 학술회의 등과 전시회 · 박람회 등을 총칭한 용어다. 그렇지만 이러한 단어의 조합만으로는 도무지 그 뜻의 핵심을 이해 가기가 조금은 그렇다.

다른 발제자 장성수 교수는 마이스산업의 정의를 "1990년대 중반 국제기관, 협회 등이 정보교류 및 토론 등의 회의와 비즈니스를 주목적으로 하는 기업주최 회의를 포괄하는 산업적 성격의 개념"이라고 했다. 결국, 제주마이스산업 역시 이러한 국내외의 크고 작은 회의를 유치하면서 제주관광산업의 발전과 지역경제를 활성화해보자는 산업으로 해석된다.

그렇다면 이러한 고부가가치산업의 용어에 대한 도민의 이해도는 어떤가. 한마디로 내 주변의 지인들마저 고개를 갸우뚱할 만큼 대다수 도민에게는 용어의 낯섦이 크다. 용어의 낯섦은 이 산업에 대한 이해도 부족을 뜻하며 이는 결국 지역민의 참여와 호응을 얻는 데 실패할 확률이 높다. 따라서 우둔한 간섭일지는 몰라도 이 마이스산업의 선결과제는 용어의 낯섦을 낯설지 않게 하는 행정적 노력이 우선 요구된다.

또 다른 과제의 하나는 회의산업이 갖는 지역 편중성 문제다. 컨벤션센터나 특급호텔 같은 마이스산업 인프라를 갖춘 지역은 제주시와 서귀포시의 도시 중심지역으로 구축돼 있다. 그 때문에 도심 외곽인 읍면지역은 마이스 인프라가 구축되지 못하다. 따라서 회의참여자들은 회의 시작과 끝날 때까지 그곳에서 머물다가 제주섬을 떠나가기가 일쑤다. 이는 곧 마이스산업 효과가 제주도 전 지역에 고르게 영향을 줄 수가 없게 된다는 뜻이다.

흔히 제주지역을 구분할 때 산남, 산북으로 통칭한다. 그리고 그 지역의 중심은 언제나 제주·서귀의 도심지역에 있다. 따라서 동부권과 서부권인 읍면지역은 모두의 관심권 밖에 있다. 그 때문에 마이스산업 인프라가 특정 지역 특정 장소에 몰려있다는 것은 그만큼 마이스산업의 성공적 요소가 되지 못하다. 제주 동·서부지역권의 균형발전이라는 관점에서 역동적 시스템구축은 마이스산업을 육성 발전시키려는 제주도정이 풀어야 할 중대한 과제다.

제주에는 꿈이 있다. 누구나 제주에 오면 꿈을 꾼다. 그런데 이 꿈은 어떤 꿈일까. 마이스산업 역시 그 꿈의 한 방법이며 목적일 것이다. 이 꿈의 목적을 달성하기 위해서는 제주의 모든 도민에게 고른 수혜가 될 수 있게 하는 유익한 산업으로 성공할 수 있어야 한다. 장면선 회장이 모두발언에서 주문한 답도 여기에 있다. 마이스산업 성공은 그 수익이 도민 모두에게 고르게 돌아가게 할 수 있을 때 가능하다. 그것을 기대해 본다.

(제주일보 '제주논단' 2010.12.14.)

비난해야 할 것과 비난받아야 할 것

...

신묘(辛卯)년도 벌써 2월, 음력설마저 엊그제 지났다. 새해 계획했던 일들이 잠시나마 잘 풀리지 않았다면 음력설부터라도 다시 시작해 보겠다는 마음가짐이 필요한 순간이다.

오랫동안 못 만났던 지인이 육지에서 왔다. 지난해 말 30년의 공직생활을 마감한 소위 전직 지방 관료다. 설 연휴를 맞아 이제 다시 새로운 인생에 도전하기 위한 설계와 함께 오랜만에 가족들과의 시간도 가질 겸 찾은 제주여행길이다. 아직 정년이 4년이나 남았음에도 그는 명예퇴직자라는 이름으로 공직자의 자리를 훌훌 털고 나왔다.

남들은 정년을 다 채우고도 자리에서 떠나는 걸 못내 아쉬워하는데 왜 스스로 옷을 벗었냐고 물었다. 정년이 가까워질수록 남은 4년이 지나온 30년보다 더 길게 느껴져서 그만뒀다는 생뚱맞은 소리를 한다. 남은 4년 사이에 동료나 부하직원 혹은 주변의 잘못으로 본의 아니게 도중하차라도 하게 된다면 어렵게 버텨온 그간의 공적이 하루아침에 날아가 버려 아름답지 못한 뒷모습을 후배들에게 보여줄 우려도 있지 않겠느냐는 것이다.

우리 지역에서도 지난달에 몇몇 공직자가 천직인 공직에서 아름다운 뒷모습을 남기며 떠나가는 것을 볼 수 있었다.

흔히 공직자를 특수권력을 손에 쥔 선택된 자들이라고도 한다. 그래서 무릇 사람들은 그 권력이 아까워 쉽사리 관직이라는 옷을 벗는 것을 꺼린다고 한다. 과연 그 권력이라는 것이 세인이 부러워할 만한 무소불위의 권력인가. 아니다.

그들은 공직이라는 한정된 카테고리 속에 지역과 사회를 위해 때로는 자신과 가정마저 버리는 무한 책임과 의무를 다해야 하는 국민의 공복일 뿐이다. 또 그 책무를 수행함에 필요한 최소한의 공권력을 수행할 뿐이다. 그 때문에 그들은 그 권력의 집행을 최대한 자제하거나 야속할 만큼 그 집행을 꺼린다. 그만큼 그 행위에는 책임과 의무가 따르기 때문이며 잘못 집행하면 자신의 신분상 결과와도 연결됨을 알고 있기 때문이다.

'남은 4년이 지나온 30년보다 길게 느꼈다'라고 말한 퇴직자의 자학적 의미가 이를 강변한다고 하겠다.

한마디로 공직자는 자기희생과 봉사자의 신분에서 그 이상도 그 이하도 아니다. 이를 수행함에서는 적성과 능력에 맞는 자리 보직도 배정한다. 이를 두고 인사(人事)라고 한다. 제주도 공직사회에도 인사 선풍이 불었다. 그런데 그 자리 배정을 두고 꽤 말들이 많다. 소위 '현직 도백의 측근이라서 그 자리로 발령받았네' 혹은 '전직 도백의 사람이라서 그랬네'라는 등 적성과 능력에 따른 인사가 아니라 인맥에 따른 인사라는 말들이 그것이다. 아무리 생각해도 이는 편 가르기를 좋아하는 사람들이 입방아인 듯하다. 측근이면 어떻고 측근이 아니면 어떤가. 그걸 따지기 전에 해당 공직자의 능력과 자질이 그 직위와 직책에 맞는가, 아닌가를 논해야 하는 것 아닌가.

 능력과 자질에 대해선 말이 없고 '측근입네', '정실입네'라는 입방아만 무성하다. 능력과 자질이 부족한 자를 중용했다면 그건 당연히 비난받아 마땅하다. 그 반대라면 그 또한 당연히 중용해야 함이 원칙이다. 능력과 자질이 있음에도 측근이기 때문에 그 직을 부여해선 안 된다면 그건 제주도정의 미래를 위해서도 손실이며 해당 공직자에게도 불행한 일이다. '사려 깊지 못한 언행과 비판'들로 인해 제주사회는 또 얼마나 멍들고 상처받고 분열되고 있을까? 왜 이런 일이 벌어질까? 이는 공직사회를 공직자의 논리로 봐주지 못함에서다.

 공직자 아닌 자들의 잣대로 재거나 이해관계에 매달린 탓이다. 정치인들에게서나 있을 법한 일이다. 공직자는 공직자일 뿐이지 정치나 정치인은 아니다.

 그들을 그들의 자리에 있게 할 때 제주의 미래 또한 약속받을 수 있기 때문이다. 그가 누구의 사람이건 우리는 그들이 성실하고 정직한 직무수행을 바랄 뿐이다. 그리고 그걸 지켜볼 일이다. 정년 4년을 앞에 두고 명예롭게 퇴직한 친구의 결단도 이와 다르지 않다. 내일은 오랜만에 만나는 옛 동료와 저간에 못 나눴던 그러저러한 이야기들을 꺼내 들고 껄껄껄 한바탕 신나게 웃어볼 참이다.

(제주일보 '제주논단' 2011.02.11.)

수수(授受)의 법칙

...

누군가 힘들거나 어려움에 부닥쳤을 때 그에게 도움을 주고 용기를 갖게 할 수 있다는 것은 얼마나 은혜로운 일이며 감사한 일인가.

요즘 쓰나미로 재앙을 당한 이웃 나라 일본 돕기 온정이 연일 쏟아지는 걸 보면서 그런 생각은 더욱 깊어진다. '너희는 주라!'고 하신 예수의 가르침이 아니어도 좋다. 인간의 본디 심성은 취하는 것에 있지 않고 베풀 고자 하는 데 있다. 힘들고 어려운 처지의 이웃들을 도울 줄 아는 따뜻한 마음과 용기 있는 실천이 그것이다.

이럴 때 나는 어느 종교 단체가 즐겨 쓰는 '수수(授受)의 법칙'이 문득 생각난다. 수수(授受)란 한자 풀이로 한다면 주고받음이다. 그렇지만 이는 단순히 내가 너에게 이만한 걸 줬으니 너도 나에게 그만한 뭔가를 되돌려 줘야 한다는 양자 거래형식의 의미가 아니다. 베풂에 기초한 시자의식(施者意識), 수자의식(受者意識), 그리고 시물의식(施物意識)까지 포함된 의미다. 즉 무엇을 기부한다는 뜻으로 대가성이 없음을 뜻하기도 하려니와 시주(施主)의 뜻과도 통한다. 다시 말해서 내가 누구에겐가 도움을 받는다는 것은 역시 내가 누구에겐가 다시 도움을 주기 위한 전제라는 의미에서 '수수(授受)의 법칙'은 성립된다고 하겠다.

요즘 우리 사회에 뜨겁게 일고 있는 '나눔의 운동'이라거나 '더불어 사는 사회 만들기 운동' 같은 것들 모두가 이러한 범주에 속한다고 한다면 이 운동을 실천하는 이웃과 단체가 있으므로 해서 한층 더 우리 사회가 밝아 보이는지도 모른다. 굳이 두둑한 자금이 아니어도 좋고 커다란 권력과 권세가 아니어도 좋다. 내 주머니 속의 동전 몇 개 혹은 그마저도 없다면 내가 가진 조그만 지혜 혹은 지식 또는 기능 아니면 따뜻한 마음을 열고 어려움을 이겨낼 방법을 우리의 이웃에게 알려 줄 수 있는 것만으로도 나눔의 의미는 크다.

그런 의미에서 본다면 그 일을 실천하는 이웃과 사회단체들은 우리 주변에 얼마든지 있다. 그리고 그들은 그들이 가지고 있는 실천 능력 중 어려운 재정부담 부분은 일정액을 행정기관의 보조금이라는 형식을 빌려서 이 운동에 활력을 불어넣어 주기도 한다.

내가 속한 문학단체도 예외는 아니다. 넉넉지 못한 문학인들이 주머니를 털고 바쁜 일정들을 쪼개가면서 그들이 가진 문학적 재능과 지식을 메마른 사회의 정서 순화에 매진하고 있는 것이 그것이다.

'열린 창작 교실'이라든가 '찾아가는 문학 강좌' 혹은 '청소년을 위한 문학 프로그램' '장애인을 위한 창작 강의' 등은 그 좋은 예들이다. 이 모두가 공공기관이나 교육기관의 손이 못 미치는 분야를 자선적 성격의 문학인 활동을 통해서 그 문제를 해결해 나가고 있는 것이다.

그렇지만 안타까운 것은 이 모든 활동이 그들의 지식과 지혜, 아까운 시간 그리고 희생적 정신과 노력에도 불구하고 수반되는 재정적 부담 문제는 어찌할 수가 없는데 있다. 그래서 우리는 종종 관련 기관에 보조금 신청을 하는 예도 있다.

　단체의 이익을 위해서 행하는 사업도 아니요. 오로지 행정기관의 손이 미치지 못하는 부분을 대신해서 해결해 주고자 행하는 자선 행위임에도 불구하고 30% 자체 부담이라는 사회단체보조금의 일반기준을 천편일률적으로 적용하는 때도 있다. 이마저도 주네 못 주네 하면서 선심이라도 쓰는 양 소위 '하고 싶으면 하고 그렇지 않으면 그만두라'라는 태도다.

　그렇다. 이 사업을 굳이 하지 않더라도 제주 사회는 어떤 형태로든 굴러갈 것이고 우리들의 문학단체도 그들의 방식대로 돌아갈 것이다. 그러나 이러한 모습이 진정한 의미의 사회 봉사활동이며 사회봉사단체에 대한 행정기관의 바람직한 모습인지 행정보조라는 의미에서 되짚어 볼 일이다.

(제주일보 '제주논단' 2011.04.18.)

그곳에 '제주인의 꽃' 있었네

...

멀리 광주에 사는 작가 신동규 님으로부터 한 권의 소설집이 우송되어왔다. 그의 신작 '순비기꽃'이다. 제주 성산포에는 '앞바르'라는 지명을 갖고 있는 바닷가 모래밭이 있다. 일출봉과 섭지코지를 잇는 장장 4~5km의 모래밭 해안가다. 작가는 그의 작품 소재를 이곳에서 자생하는 '순비기꽃'에서 찾았다. '순비기'는 제주도 바닷가면 어디에서든 볼 수 있다. 척박한 모래밭에 뿌리를 내리고 줄기를 뻗다 못해 모래밭의 사방(砂防) 역할도 함께한다. 그만큼 그는 인동초보다도 강한 생명력을 지니고 있다.

제주에선 '순비기'를 '숨비기'라 부르기도 한다. 그 답은 7~9월의 제주 바닷가를 나가보면 안다. 제주 해녀들이 질긴 '숨비질'소리가 들릴 때마다 폴짝폴짝 피워대는 연보라 자줏빛의 '숨비기꽃'이 그것이기 때문이다.

해녀들이 목숨 건 숨비질과 함께 피어대는 숨비기꽃, 그것은 필시 생명의 재탄생을 실현하는 제주 해녀들의 혼이며 제주인의 정신이다. 〈순비기꽃'은 '제주도민의 꽃'〉이라고 역설하는 작품 속 화자의 주장은 이래서 더욱 설득력이 있다. 어디 이뿐인가 평생 바다와 함께 삶을 살아온 제주인의 정서가 '그리움'인 것처럼 '숨비기' 꽃말도 '그리움'인 것을 보면 더욱 그러하다.

작품의 배경이 된 성산포 '앞바르'는 제주4·3사건 때 이 지역 양민들을 집단 학살했던 장소이기도 하다. 작가는 이곳의 '숨비기'를 양민이 흘린 피를 먹고 자란 나무라고 했고 그 '숨비기꽃'은 그들의 혼이라고 했다, 한여름 내내 죽은 자의 혼불처럼 피워대던 '숨비기꽃', 그러나 지금 이곳엔 그날의 아픈 흔적도, 한 맺힌 '숨비기꽃'의 사연도 없다. 있다면 세계 자연유산인 일출봉과 섭지코지라는 관광지를 배경으로 한 아름다운 해안선과 철썩대는 파도와 해녀들이 휘파람 소리와 이를 바라보는 관광객들만 있을 뿐이다. 그나마 한 가지 있다면 지난해 이 지역 4·3희생자 유족들이 세워놓은 조그만 '4·3희생자위령비'의 쓸쓸함이 있을 뿐이다.

그 많던 '숨비기'덩굴도 지난 태풍에 댕그라니 뿌리를 드러낸 채 앙상하고 햇빛에 반짝이던 모래톱도 물살에 쓸려가거나 바람결에 올이 흩어져 불안하다. 머지않아 있을 이곳의 폐허가 눈앞에 선하다. 더더욱 안쓰러운 것은 어디에서 뽑혀와 심어졌는지 모를 거대한 자연석들이다. 어느 청년단체, 봉사단체를 알리는 표석, 마을과 관광지명 등이 새겨진 표석들로 둔갑해서 함부로 새워져 있는 것들, 어느 산허리 바위틈에나 있음 직한 그것들의 모습을 보고 있노라면 마치 선사시대의 거석문화를 보는 듯 가슴이 답답하다. 그렇다고 제주 해녀들의 애환이 담긴 '숨비기'에 관한 해설이나 이들을 보호하는 팻말 하나 새워져 있는 것도 아니다.

오랜 세월 검질기게 뿌리내렸던 성산포 앞바르 '숨비기' 군락지, 세계적 관광지인 일출봉과 함께 제주4·3의 아픈 상처까지 안고 있는 이곳은 도로 확장공사라는 미명아래 그 아픈 역사의 흔적마저 그 일부가 잘려

나간 지 이미 오래고, 무심한 올레꾼들이 밟고 지나간 자리는 아름다운 모래 언덕들마저 무참히 무너져 버리고 말았다. 더구나 사려 깊지 못한 채 새워진 표석들은 제주 제일의 아름다운 경관마저 그늘지게 하고 있으니 오늘따라 '숨비기'잎에 숨어 사는 바람과 파도와 해녀들의 숨비질 소리가 슬프도록 처량하다. 떼지어 지나가는 올레꾼들이나, 본디 올레길을 열어놓은 책임 있는 분들이나, 또 그들만의 표석을 세워놓은 단체의 책임자도, 관계 당국도 이 일에 관심 없기는 매한가지다. 그래도 늦었지만, 이 지역의 제반 사항 중 일부인 사방공사라도 시행할 예정이라고 하니 다행이라는 생각도 들지만, 얼마나 이곳 정서에 맞는 시공이 될지, 다른 사안들은 어떻게 될 건지도 함께 기대해 본다.

(제주일보 '제주논단' 2011.06.06.)

존재, '있다'와 '없다'

...

    Aura(yearskyble)라는 블로그를 가진 사진가가 있다. '몸빼바지(왜바지)에 짝짝이 고무신 사진가' 혹은 '환경의 시원적 치유와 회귀를 꿈꾸는 사진가'로서 더 알려져 있다. 그는 여느 사람과 다름없이 카메라 필름 값을 걱정하면서 사는 사람이다. 그의 유일한 밥벌이는 가뭄에 콩 나듯이 어쩌다 불러주는 어느 방송사의 카메라 감독이라는 직함이 전부다. 그는 이럴 때 의례 몸빼바지(왜바지)에 짝짝이 고무신을 신고 방송촬영에 임할 만큼 기인이며 자연인이고 아우라(Aura)다. 그렇지만 나는 그를 한 번도 만나본 적이 없다. 오로지 그의 블로그를 통해서 그의 기인다운 족적과 아우라적인 영혼을 더듬을 뿐이다. 오늘도 나는 그를 만난다. 그의 예술가적 양심이 살아 숨 쉬는 블로그에서다.

    그의 카메라 렌즈는 오늘도 어김없이 한강을 쫓고 있다. 다큐멘터리 대상으로서의 '한강'이다. 다큐멘터리 그 자체가 시 공간을 담보하는 지속성에 근거를 둔다고 한다면 그의 작업은 의례 한강의 시원적 치유와 회귀를 꿈꾸는 데서 시작된다. 그만큼 그는 환경(한강) 지킴이 이상의 역할을 수행하고 있다. 그가 최근에 그의 블로그에 올린 사진과 글을 보자. 해 질 녘 여의도 강가에서 바라본 강북의 풍경이다. 제목을 "존재, 있다와 없다"라고 정한 두 장의 사진이다. 한 장의 사진은 파란 하늘이 있고 질편한 한강과 그리고 수평선처럼 아득한 한강의 끝자락에 서울의 빌딩 숲이 그림처럼 걸려있다. 그러나 다른 한 장은 안타깝게도 그 수평선과 한강 사이에 이제 공사가 한창인 대형 크레인이 자리를 잡고 있다. 그는 이 다큐멘터리 사진 말미에 그의 느낌을 이렇게 노래한다. '그 푸른, Cobalt blue의 빛이 저 너머로 사라질까 두려워… 마음 조이며 바라보았던 기억//낮 등이 가로등으로 바뀔 무렵/Cobalt blue의 해 질 녘, 강북의 풍경은 온데간데없다/사유의 바다처럼, 풍경은 본디 그런 것이다'

'존재하는 모든 것은 아름답다'라는 것을 보여주고 싶은 거다. 아울러 '존재하는 모든 것이 꼭 아름다운 것만도 아니다'라는 것도 함께 보여주고 싶은 거다. 더불어 '존재하는 모든 것은 아름다운 본래의 모습으로 회귀시켜야 한다'라는 메시지이기도 하다. 그것이 그가 오늘의 한강을 사유의 바다처럼 바라볼 수밖에 없는 이유다. 제주에도 이 사유의 바다처럼 바라만 볼 수밖에 없는 대상이 있다. 어쩌면 그것은 한정된 대상이 아닌 제주라는 섬 전체일 수도 있다. 어제는 있었는데 오늘은 없고 오늘은 없었는데 또 내일은 있을 그 존재, '있다와 없다.' 사이에서 마냥 헷갈리는 풍경들이 그것이다. 아무렇지도 않게 지나쳐 버리지만 분명 그곳에는 버려진 제주인의 양심, 시각장애인이 되어버린 눈, 일그러진 우리들의 초상이 있다.

나는 지금 오름 구경을 위한 한라산의 샛길을 걷는다. 산의 운치, 산의 향기, 산의 메아리, 산의 존재가 여기 있다. 한 무리 등산객들도 앞뒤에서 산의 존재를 만끽하며 걷고 있다. 누군가가 카메라 셔터를 누르다 말고 "씨-양" 소리를 지른다. 아름다운 자연의 풍광 속으로 가로지르는 장애물 하나가 있어서 분통 터트리는 소리다. 원흉은 전봇대와 늘어진 전선들이 참으로 안타깝고 흉물스럽다. 우리를 화나게 하는 일들이 어디 이것들뿐이랴. 전봇대와 전깃줄은 지금 한라산 중턱이나 해안가 심지어 세계7대경관선정의 선봉장인 성산 일출봉 현관에도 있다. 우리는 이걸 문명의 이기라고 한다. 그걸 없앨 힘이 우리에게 '있는가' '없는가'는 우리 모두의 숙제다. 그것에 관한 답은 다큐멘터리에 있다. 그것이 이를 증거하기 때문이다. 그것이 '있고 없음'을 치유하고 회귀시켜야 하는 이유가 되기 때문이다.

(제주일보 '제주논단' 2011.08.31.)

길에서 길을 찾다

...

낙엽이 길가에 나뒹구는 걸 보면 어느새 가을이 깊었음을 느낀다. 저녁 무렵, 바다를 끼고 있는 나의 집 정원에도 스산한 바람이 인다. 이럴 때 문득 생각나는 한 편의 영화가 있다. 50년 전 상영됐던 이탈리아 영화 '길(La Strada)'이다. 어느 바닷가마을에서 주인공 잔파노(안소니 퀸)가 그가 버린 여인 젤소미나(줄리에타 마시나)가 생전에 즐겨 불렀던 애잔한 트럼펫 연주 소리를 들으며 참회의 눈물로 오열하던 마지막 장면이 가을 저녁 해풍과 함께 짠하게 다가온다.

길에 관한 영화는 국내에도 있다. 황석영의 단편 '삼포로 가는 길'이다. 산업화의 물결 속에 고향을 상실한 세 사람, 즉 두 사람의 부랑인과 한 사람의 창녀가 각자의 고향을 찾아가는 과정에서 벌어지는 따뜻한 인간애와 연대의식으로 연출되는 작품이다. 눈 오는 들길을 달려 70년대 개발이라는 이름으로 파헤쳐져 사라져 버린 고향을 찾아가는 그들의 마지막 모습은 40년이 지난 오늘에도 생생하게 기억되고 있음은 무슨 의미일까.

길은 영화에서만 볼 수 있는 게 아니다. 현대 미국의 가장 순수한 고전적 시인으로 손꼽히는 로버트 프로스트가 노래한 시 '가지 않은 길'에서도 찾을 수 있다. '어느 가을날 숲속에서 두 갈래의 길을 만나 망설이던 그가, 사람이 적게 다니는 길을 택했다, 그가 선택하지 않은 다른 길은 훗날을 위해 남겨두기로 하고… 선택한 길을 가면서 그는 줄곧 자신이 선택한 길 때문에 모든 것이 달라졌다'라고 회상하는 내용이다.

 이 작품에 나오는 두 길, 오로지 하나의 길밖에 선택할 수 없는 인간의 고뇌와 한계를 노래한 시를 읽고 있노라면 인간의 내면적 삶의 의미와 함께 새삼 내가 선택한 삶의 길을 되돌아보게 한다. 대중가요 '진주라 천릿길'이 되었는지, 아니면 '그립다/말을 할까/ 하니 그리워/그냥 갈까/그래도/다시 더 한 번…'을 노래한 김소월 님의 '가는 길'이 되었는지, 그것도 아니면 영국의 사회학자 기든스의 '제3의 길' 같은 정치적 이데올로기에서 헤매어 다닌 건 아닌지도 생각해 볼 일이다.

 길은 길에서 찾아야 한다. 길이 아닌 곳에서 길을 찾으면 그건 길이 아니다. 물론 길이 없으면 길을 만들면 길이다. 그렇지만 그 길을 만들기 위해서도 길은 필요하다. 지구의 동과 서를 잇는 실크로드가 그러했고 인간의 구원을 위해 예수가 마지막 십자가를 메고 골고다 언덕까지 오른 '슬픔의 길', '고난의 길'인 '십자가의 길'이 그러했고 핍박받는 이를 위해 행동하는 양심, 실천하는 사랑, 나눔의 실천이 그러하다. 그렇다면 요즘 한참 제주 관광의 핵이라고 할 수 있는 제주의 길, '올레길'은 어떤 길인가.

 '올레'는 제주적으로 표현하면 통상 큰길에서 집의 대문까지 이어지는 좁은 길, 이웃과 이웃을 잇는 골목 등을 이름이다. 이 좁은 골목길은 제주의 역사다. 제주인의 정신이며 혼이 깃든 길이다. 정과 사랑이 이웃하는 길이다. 올레가 없으면 아픔을 나눌 곳도, 사랑을 주거나 받을 곳도,

인정을 바느질할 곳도 없다. 돌과 바람이 많은 제주 올레길, 그곳에서 제주인들은 태어났고, 돌 바퀴가 굴러가듯 그 골목길에서 구르며 자랐고, 그 골목길에서 꿈을 꾸고 그 골목길에서 어른이 되고 제주를 지키며 살아왔다. 그만큼 제주인에게 올레를 빼면 제주인의 고향은 없다. 오늘도 많은 관광객은 제주의 올레길을 걷는다. 그들이 지나는 올레길에서 그들이 느끼고 마음에 담아가는 올레길의 의미는 무엇일까. 어쩌면 본디 올레는 저만치 두고 경관 좋은 코스만 골라 다니며 혹여 함부로 버린 쓰레기로 올레가 갖는 살가움에 상처만 입히고 가는 건 아닌지. 그들에게 제주인의 정신과 올레길의 정서를 심어줄 방도는 없는지, 관광객 천만 명을 꿈꾸는 우리는 지금 그걸 고민할 때다.

(제주일보'제주논단' 2011.11.02.)

일출봉 섬 될라

...

　지난 6일부터 15일까지 제주에선 역사적인 '세계자연보전총회(WCC)'가 열렸다. 세계 180개국 1만여 명의 관계자들이 참가했다는 점과 동북아에선 처음으로 우리 제주가 이 행사를 개최할 수 있었다는 점이 대견스럽고 가슴 벅찬 일이다.

　더군다나 유네스코 국제 보호 지역 통합 관리 체계 구축 등 5개의 제주형 의제 채택과 함께 IUCN(세계자연보전연맹)이 64년 역사상 최초로 제주의 환경적 자산 가치와 보존의 중요성 등을 골자로 한 '제주 선언문'이 채택됐다.

　이러한 역사적 사실은 언론의 머리기사로 연일 보도되어도 지나침이 없다. 그렇지만 호사다마라고나 할까. 지난 8월부터 시작된 태풍 '볼라벤', '덴빈'이 헤집고 간 자리를 제16호 태풍 '산바'가 뒤풀이라도 하듯 제주 전 지역을 초토화해놓고 말았으니 세계자연보전총회의 공과는 어느새 뒷전으로 밀리고 말았다.

　세상천지가 온전한 데라곤 없을 만큼 가히 엄청난 재앙이다. 그렇다면 세계자연보전총회를 성공리에 마무리한 우리에게 이들 태풍이 주는 메시지는 무엇일까. 혹여 자연을 잘못 다스리면 이런 재앙도 불러올 수 있다는 메시지는 아닐까.

하루에도 수천 명씩 찾아드는 우도엔 제주도가 자랑하는 천연기념물 제438호 '홍조단괴 해빈' 백사가 있다. 그 눈부신 모래밭이 야금야금 유실되더니 급기야 이번 태풍엔 바닥까지 드러내고야 말았다는 소식이다.

이는 제주시가 실시한 용역 보고서가 아니더라도 해안도로와 호안 벽이 원인이라는 것이 일반적 상식이다. 이러한 현상은 비단 이곳만이 아니다. 천혜의 자연경관을 자랑하는 성산 일출봉에서 섭지코지로 이어지는 속칭 '앞바르' 모래밭도 예외는 아니다. 그 해안가 지형이 확 바뀌고 말았다.

그간의 태풍 등 이상기후 현상은 이들 아름답던 자연을 삽시에 폐허로 만들고 만 것이다. 이 역시 지난해 제주도가 시공한 호안 벽이 가져온 결과다. 한마디로 자연을 잘못 다스린 탓이다.

그 넓은 모래밭이 삽시에 파헤쳐져 버린 것도 그렇지만, 그와 함께 수백 년 뿌리내려 모래의 유실을 막아주던 숨비기나무덩굴 숲까지 파헤쳐 놓고 말았다. 이대로라면 성산과 고성을 잇던 개미허리 같은 한 가닥 육로마저 동강 나서 머지않아 일출봉이 섬이 되고 말 지경이다. 더구나 안타까운 것은 이러한 호안 벽 시설 같은 자연을 다스리는 일을 함에 있어서 아무런 사전 영향 평가도 없이 '지역주민이 원해서' 이뤄졌다는 데 있다.

그런데 문제는 여기서 끝나지 않을 성싶다. 보도에 의하면 50만 평의 성산항 내항 일부가 일출봉 관광객을 위한 주차장용으로 매립한다고 한다. 한마디로 기가 찰 일이다. 누구든 일출봉에 올라가 보면 알 것이다. 그 발아래 펼쳐지는 성산항 내수면의 수려한 자연경관과 그것들의 존재가치가 일출봉에 미치는 영향을….

만약 이들 경관이 일출봉 주변에 없었다면 유네스코는 과연 일출봉을 세계자연유산으로 인정해 주었을까. 여인의 치마허리처럼 혹은 여인의 앞 옷섶처럼 여리고 가늘게 이어진 이 해안선 라인을 감히 누가 손을 대려 함인가.

혹자는 '뭐 그까짓 바닷가 한 귀퉁이쯤 매립한들 무슨 대수냐? 혹은 그 많은 관광객을 어떻게 수용할 거냐?'라고 항변할지도 모른다. 반문컨대 꼭 이 수려한 자연 절경을 손상시키는 것 외에 다른 대안은 없느냐는 거다.

일출봉과 그 주변 경관 때문에 찾아온 이들을 위해 그 경관의 일부를 훼손하겠다는 이율배반적 발상 자체가 웃긴다. 제주의 환경적 자산 가치와 보존의 중요성 등을 골자로 한 WCC의 '제주 선언문' 채택이 부끄럽지 않게 되길 기대한다.

(제주일보 '제주논단' 2012.09.25.)

새야, 새야, 동박새야!

...

소설(小雪)이 지나고 며칠 없어 대설(大雪), 마지막 남은 한 장의 달력에서도 덩달아 한기를 느끼게 하는 계절이다. 이럴 때는 시골집 따뜻한 안방 아랫목도 그립지만 겨울 햇살이 솜이불 속처럼 내려앉은 뒷동산 동백나무 숲의 온기도 그리울 때다. 동백나무 숲의 온기라면 김유정의 소설 '동백꽃'의 사연도 이에 못지않다. 소작농의 아들 '나'와 마름의 딸 '점순'이라는 사춘기 소년 소녀가 엮는 아름다운 자연애, 그리고 조금도 오염되지 않은 풋풋한 사랑이 듬뿍 담긴 동백꽃 피는 산골의 해학적 사랑 이야기다.

작품의 끝부분 "…뭣에 밀렸는지 점순이는 나의 어깨를 짚은 채 그대로 쓰러졌다. 그 바람에 나도 겹쳐 쓰러졌다. 우린 한창 피어 흐드러진 노란 동백꽃 속에 파묻혀 버렸다. 향긋한 그 냄새에 땅이 꺼지는 듯 정신이 아찔해진다…" 제주의 시골 동백나무 숲에서도 있을 법한 풋풋한 사랑의 온기다.

지금 이곳 성산포에도 그러한 한겨울 동백 숲 풍광을 만끽하는 촌부한 사람이 있다. '정성필'이라는 나의 후배다. 그는 전통적인 시골 마을의 인정 많은 목수다. 그렇더라도 그의 솜씨는 가끔 제주도 기능 공예품 공모전 혹은 관광기념품 공모전에도 응모해 때로는 입상도 하고 전국대회까지도 출전할 만큼 꽤 장인의 기능을 갖춘 사람이다. 그런 그가 목수일 외에도 즐기는 것이 하나 있다. 자연 사랑이다. 자연사랑은 그의 일과일 수도 있다.

그가 들에 나가 휘파람을 한 번 불었다 하면 텃새들은 물론 계절 따라 찾아드는 철새들까지 '삼춘 우리 오렌 부릅데가?'(우리들 보고 오라고 부르셨나요?)하고 화답이라도 하듯이 정답게 날아든다. 종달새에서부터 속새, 멧새, 동박새 박새 직박구리 등이 그것들이다. 그만큼 그는 새의 습성을 알고 그들을 사랑하며 그들의 소리를 듣고 함께 화답할 줄 아는 새들의 아저씨며 할아버지다.

그래서인지 그의 집 새장에는 언제나 각종 텃새가 그와 함께 있는 걸 본다. 그리고 그는 그들과 함께 대화한다. 새장을 열어놔도 그들은 그의 집을 떠나질 않는다. 밖으로 날아갔다가도 이내 돌아와 그들의 집이 돼 버린 새장을 찾아든다. 왜 그럴까. 한마디로 그와 새들 간의 소통이다. 그들의 기쁨, 슬픔, 심지어 그들의 사랑까지도 함께 소통한다. 그리고 일정 기간이 지나면 다시 그들이 살던 본래의 자연으로 떠나보낸다. 그리고 그들이 사는 자연에서 휘파람을 불며 그들과 또다시 정감 어린 대화로 소통한다.

오늘 나는 그와 함께 그가 늘 즐겨 찾는 동백나무 숲으로 갔다. 숲은 옅은 겨울 햇살 속에 서도 금방이라도 터질 것 같은 동백꽃망울들로 가득하다. 숲의 가장자리에는 그가 손수 만든 동박 새장들이 걸려있다. 대나무 젓가락보다도 가늘게 다듬은 살을 꽂아 만든 대나무 새장이다. 새장 속에는 동박새가 좋아하는 잘 익은 홍시(紅?) 몇 알과 몇 마리의 벌레

와 또 진딧물이 묻어있는 귤잎 같은 나뭇잎과 풀잎들이 달콤한 꿀물과 함께 있다. 그리고 그는 아까부터 그의 특유한 휘파람 소리로 동박새를 부른다.

한 가닥 싸-한 겨울바람이 건너편 대숲을 훑고 지나간다. 그러나 반응은 그것뿐, 언제나 앞다투며 찾아오던 동박새는 보이지 않는다. 그의 말에 의하면 어제도 그랬고 그제도 그랬고 그 며칠 전부터 그랬다는 것이다.

지금 그의 손엔 어디서 찾았는지 모를 죽은 지 오래된 동박새 한 마리가 들려있다. 건너편 감귤밭 모퉁이에서 찾았다는 거다. 농장주들이 감귤 열매에 발라놓은 농약 때문이란 거다. 감귤 열매즙을 즐기는 동박새들로부터 입는 피해를 없애기 위한 수단이란다. 이 농약은 예부터 우리 조상은 감나무 열매까지도 까치밥으로 남겨둘 만큼 자비로운 민족이다. 그렇지만 이제 어린아이 손에 쥐어도 모자랄 만큼 작디작은 동박새의 가녀린 생명마저도 농민의 저주 대상이 되고 말았다. 도대체 우리의 부끄러운 자화상의 끝은 어디까지일까. 이미 이 산하 들녘엔 그 많던 텃새들의 모습들이 하나둘 사라져 가기 시작한 지 오래다.

(제주일보 '제주논단' 2012.12.04.)

질문 같지 않은 질문 하나

...

　우리에게 길이란 무엇일까. 본디 길이란 인간의 의식과 주거 사이를 연결하는 공간적 선형이다. 이런 점에서 길을 우리말의 언어학적 표현으로 빌리자면 양태나 규모에 따라 어떤 관형어를 붙여 오솔길, 고샅길, 산길, 들길, 자갈길, 진창길 따위가 있는가 하면 이용 수단으로서의 찻길, 뱃길, 철길, 하늘길이라는 별칭이 붙기도 한다. 그러나 우리가 이야기하는 길의 의미는 교통수단으로서의 길만은 결코 아니다.

　인간의 정신문화가 깨쳐지면서 철학적 의미가 부여된 길도 있다. 어떤 일이 난관에 봉착했을 때 취해야 할 수단이나 방법을 뜻하는 '방도(方途)로서의 길'과 정신문화의 일환인 소위 인생살이 길과 같은 '행위규범으로서의 길'이 여기에 속한다고 하겠다. 그렇다면 근년에 들어 국내·외적으로 널리 알려진 제주에서의 올레길은 어떤 유형의 길일까.

　서명숙 ㈔제주올레 이사장은 스페인 산티아고 순례길에서 제주 올레길을 떠올렸다고 한다. 그리고 산티아고 길보다 더 아름답고 평화로운 길을 제주에도 만들 수 있음을 깨닫고 '나만의 길을 만들리라' 다짐했다고 한다. 서명숙이 구상한 올레길의 동기가 순례길에서 얻었다면 이는 분명히 순교자 적 정신을 바탕에 둔 올레길을 꿈꾸었을 것이다. 그래서 그런지 스페인 산티아고 순례길은 그러한 정신이 아니고서는 감히 실행

할 수 없는 길이다.

　예수님의 제자 야고보가 복음을 전하려고 걸었던 길, 프랑스 남부국경으로부터 시작해서 변덕스럽기로 유명한 피레네산맥을 넘어 스페인 북부지방을 가로질러 산티아고 콤포스텔라까지 장장 800㎞에 달하는 거리다. 한 달여를 꼬박 걸어야 할 만큼 고행이 담긴 길이다. 그는 그 고행의 길을 걷는 순간순간마다 '강 같은 평화'를 느꼈다고 한다. 또한, 그가 걷는 그 길은 '마음의 상처를 싸매는 붕대, 가슴에 흐르는 피를 멈추게 하는 지혈대 노릇을 했다'라고도 했다. 그뿐만 아니라 '보이지 않던 꽃들이, 눈에 띄지 않던 풀들이, 들리지 않던 새소리가 천천히 마음에 와 닿았다'라고도 했다. 그는 제주의 올레길에도 그러한 감동이 수놓아지기를 꿈꾼 것이다.

　그 길에서 제주 사람들의 삶을, 제주 사람들의 체취를, 제주 사람들의 믿음을, 제주 사람들의 나눔을, 제주 사람들의 노역을, 제주 사람들의 꿈을, 제주 사람들의 사랑을 나누고 싶었던 거다. 제주의 나무와 돌과 바람과 파도와 어느 가난한 농부의 영혼 같은 혹은 그 영혼이 흔들림 같은 풀잎들과 갖가지 꽃들과 돌멩이와 빌레왓과 빌레길과 지칠 줄 모르는 밭갈쇠(牛)들의 억척과 모둠발로 일어선 제주말(馬)들의 울음소리를 들려드리고 싶었을 것이다. 또 이들 울음 우는 소리를 닮은 바람을 거스르는 까마귀 떼들과 참새와 직박구리, 동박새와 고망독새와 밥주리와 속새와 그리고 속세를 떠나온 종달새들의 달콤한 노랫소리도 함께하고 싶었을 것이다.

　어디 그뿐이랴. 하늘 높은 제주 들녘과 귀양살이에 지친 어느 선비의 양심과 그 양심이 뿌리내린 바닷가 숨비기 넝쿨과 그 넝쿨 속에 피어나는 숨비기 꽃향기와 물숨 먹은 해녀의 긴 한숨과 땀에 절은 초가집 울타리 동백꽃 사연과 '4·3'의 영혼들과 등 굽은 노파의 마르지 않은 눈물과 함초롬히 비껴선 외갓집 올레 같은 그런 것들이 함께 어우러진 올레길을 꿈꾼 것이다.

한 무리의 올레꾼이 잰걸음으로 내 앞을 지나간다. 그들이 들고 가던 종이 몇 장이 바람에 날리다가 내 앞에 멎는다. 어느 올레꾼이 제주올레 웹 사이트에 올린 '…제주올레코스를 다녀와서…'라는 제목의 여행 후기다. 사진을 곁들인 이 글은 한마디로 아름다운 제주 해안가와 오름과 들녘의 멋진 풍광과 함께한 칭송의 만찬이다. 어느 예술인들이 제작하였다는 조형물까지도 곁들이면서. 그러나 아쉽게도 그의 글 어디에도 제주인의 삶의 현장, 제주인의 역사, 제주인의 모습을 담아낸 올레길의 참모습은 찾을 수가 없었다. 나는 다시 내게 질문 같지 않은 질문을 던져본다. 제주의 올레는 그들에게 어떤 의미의 길이 되고 있을까. 그들이 찾는 제주 올레길에도 스페인 산티아고 순례길에서 제주 올레길을 떠올렸다고 하는 올레길의 영혼이 살아있을까.

(제주일보 '제주논단' 2013.01.29.)

제주4·3 그리고 그녀의 트라우마

...

성산포 일출봉 앞, 속칭 터진목 앞바르 모래밭이다. 한 무리 사람들이 파랗게 겁먹은 표정으로 낡은 트럭에서 내리는 광경을 젊은 여인은 멀리서 숨죽이며 지켜보고 있다. 노인과 청장년과 부녀자와 등에 업힌 젖먹이와 부모의 손에 이끌린 어린아이들까지 족히 20~30명은 된다. 장총을 멘 장정들이 종,횡대형으로 그들을 몰아세운다. 그리고 연이은 총성, 그 자리엔 흰 와이셔츠 차림의 그녀 남편도 함께 널브러져 죽어갔다. 무자년(1948년) 가을의 일이다. 그러한 학살은 이듬해 늦게까지도 이어졌다. 그녀의 시부모, 시동생, 시누이 남편, 사촌과 외사촌 등 온 가족과 친지들이 그렇게 끌려와 그곳에서 죽어간 것이다.

그렇지만 그 와중에도 살아남은 사람은 있다. 포승에 묶인 채 총구 앞에 나란히 마주 선 어느 모자의 죽음과 삶이다. 아들은 총을 맞는 순간, 곁에 선 어머니를 넘어지 듯 먼저 덮쳤다. 아들의 시신 밑에 혼절해서 깔려있다 살아남은 어머니의 사연이 그것이다. 또 다른 목숨은 총 맞은 엄마의 품에서 피투성인 채로 목숨 건진 젖먹이 아가의 생존 사연도 있다, 이 같은 현상을 우리는 기적이라고 한다. 그러한 기적은 제주의 겨울 산에도 있다.

겨울 들판엔 제주사람들은 해마다 산불을 붙인다. 불타고 난 자리에

새순 돋은 들녘은 이듬해 봄, 소와 말들에게는 훌륭한 목초지다. 더불어 들판에 숨어 살던 온갖 소와 말들의 해충까지도 산불로 박멸된다. 이름하여 한라산 불놓기 연례행사. 이 일로 한라산 구석구석 불길이 닿지 않는 곳은 없다. 그렇지만 어느 모퉁이, 어느 한구석에는 몇 점의 나무와 몇 포기의 타다 남은 풀잎들은 있다. 마치 4·3집단학살의 현장에서도 용케 죽지 않고 살아난 어미와 젖먹이의 사연처럼… 이를 두고 기적이라 하는 걸까. 그러한 현상은 성산일출봉과 마주한 오조리 마을에서도 있었다.

달그림자도 지고 없는 으슥한 밤이다. 일출봉 앞 속칭 터진목 앞바르 모래밭에서 남편의 학살당하는 현장을 멀리서 바라봤던 그녀는 오늘도 열 살 된 딸, 여덟 살 된 아들, 그리고 태어난 지 몇 달 안 된 젖먹이 딸을 품에 안고 언제나처럼 겁먹은 밤을 지새우고 있을 시각이다. 이때면 으레 낡은 창호에 비치는 몇 사람의 검은 그림자가 있다. 이어서 '형수님!' 하고 그녀를 부르는 목소리가 뒤를 잇는다.

몇 달째 행방이 묘연한 그녀의 시동생인 듯한 목소리다. 누군가 시동생을 가장한 목소리다. 그렇지만 그것은 그녀의 귀에 익은 시동생의 목소리는 아니다. 행방불명된 그녀 시동생을 찾기 위한 경찰들의 소행이다. 소식 끊긴 그녀의 시동생으로 인해 그녀의 가족들은 이미 처형당한 지 오래다. 이제 마지막 남은 그녀와 그녀의 자식들에게도 올가미를 씌우려는 경찰들의 끈질긴 수작이다. 심지어 그녀의 집 어딘가에 숨었을 거라는 짐작으로 집까지 불태웠고 100년 넘은 팽나무마저 베어버리고 말았다. 이것이 그녀가 안고 있는 제주4·3의 악몽이다.

그날도 오조리 공회당 사이렌이 울리고 사람들이 공회당 마당을 채웠다. 총을 멘 순사들이 몇 사람을 호명했으며 그녀 역시 그녀의 세 자녀와 함께 호명됐다. 호명은 곧 죽음을 의미한다. 그렇지만 동네 사람들은 너나없이 일제히 그녀를 편들었다. 법 없이도 살 사람이라고 했다.

그녀의 가족은 일본에서 살다 귀국한 지는 3년밖에 되지 않았다. 귀국할 때 가지고 온 것은 그녀의 유일한 재산목록 1호인 발재봉틀이다. 그녀는 발재봉틀을 돌리며 동네 사람들의 헌 옷가지들을 고쳐 입혔다. 온종일 밭일 마치고 돌아온 날 일지라도 퉁퉁 부은 두 다리를 절면서까지 밤을 새워 고쳐 입혔다. 그 같은 그녀의 삶은 동네 사람들에게는 은혜로운 사람이다. 그것이 그녀를 죽음 앞에 살아남을 수 있게 한 동력이다. 생존의 기적을 낳게 한 것이다.

그녀의 나이 이제 101살, 오늘 아침도 그녀는 어김없이 정화수 한 그릇 받쳐놓고 동쪽을 향해 기도한다. 앞서가신 영혼을 위한 기도다.

(제주일보 '제주논단' 2013.04.02.)

'모리셔스' 그 잊혀진 기억

...

　인간의 두뇌에는 기억하고 싶은 일과 기억하고 싶지 않은 일들이 병존한다. 그렇지만 그 병존의 법칙은 공평치 못하다. 기억해 둬야 할 일들은 기억에서 사라지기 다반사고 잊혀야 할 일들은 기억 속에 남아있는 메커니즘에 시달린다. 특히 요즘 같은 오만가지 정보가 홍수처럼 쏟아지는 세상에서 기억이 지닌 힘이란 인생의 성패를 좌우하는 절대적인 힘이다. 반면 기억 못지않게 망각이 갖는 의미도 그러하다. 임희택(스트레스 전문 의사)은 '망각의 즐거움'이라는 그의 저서에서 불면증, 불안장애, 공황장애, 스트레스 등등 현대의 모든 심리적 질환은 기억에서 온다고 했다.

　'생각은 우리를 배신하고 기억은 행복을 방해한다. 고로 잘 잊는 사람이 매일 새롭게 행복해질 수 있다'라고도 했다. 이는 인류 최고의 기억술사로 불리는 '미스터 메모리' 솔로몬 셰르솁스키에 관한 일화에서도 찾을 수 있다.

　솔로몬 셰르솁스키, 그는 기억의 천재다. 그는 복잡한 수학 공식, 10~15년이 지난 일들마저도 그 날짜와 시간을 분명히 기억할 수 있었다. 모든 것을 기억하는 것은 축복인 듯 보였다. 이 완벽한 기억력으로 인해 모든 시험을 통과하고 직장에서도 승승장구하며 인생의 승리를 거머쥘 거라 여겨졌다. 하지만 그는 기억을 고통스러워했다. 기억을 관리하지 못했기 때문이다. 결국, 말년에 그는 자신이 5분 전에 들은 이야기와 5년 전에 들은 이야기를 구분하지 못하는 상황으로까지 상태가 악화하여 정신병원에서 생을 마감했다.

망각은 생존을 위해 유익할 뿐만 아니라 반드시 필요조건이기도 하다. 기억이 뇌의 방어기제(환경 변화에 대처하는)의 대표적인 씨줄이라면 망각은 정신 보호 기능의 날줄이다. 그리하여 망각은 인간을 외부로부터 감싸주는 천이 되고 옷이 된다. 따라서 기억을 다스리는 자가 행복해질 수 있다는 임희택의 망각 철학은 옳다. 왜냐하면, 이 철학을 성공적으로 실천하는 이들이 있어서다.

모리셔스 항공기 기내방송에서 착륙을 알리는 메시지가 들릴 즈음 시야에 펼쳐지는 드넓은 사탕수수밭, 그 사이로 검붉게 휘어지는 가느다란 길들, 마치 5세기 전 이 섬에 끌려와 쇠가죽 채찍에 찢기고 피에 멍든 검은 피부 노예들의 상처 같은 흔적이다. 300년 긴 세월을 노예라는 질곡의 세월을 견뎌온 모리셔스사람들, 포르투갈, 네덜란드, 프랑스, 영국 등 유럽 열강들에 의해 겁탈당하고 죽임을 당하고 짓밟혀온 그들의 아픈 역사에 대해서 나는 그들이 가진 감정이 어떤지 궁금했다.

그러나 그들의 답은 간단했다. '그건 참으로 아픈 역사다. 그렇지만 우리는 조용하면서도 열심히 일어설 뿐이다.'라고 했다. 이 대답은 그들의 미래를 지향함에 있어 지나간 역사의 기억이라는 굴레에 갇혀두기를 원치 않는다는 뜻이다. 이것은 그들 방식의 망각이다. 그러므로 그들은 화평스러웠고 행복해 보였다. 누구를 저주하지도 않았으며 더더욱 그 역사를 들춰내려 들지 않았다 그러한 모습은 자유를 갈구하며 투쟁하다 300여 흑인노예전사들이 노예해방을 외치며 낙화처럼 몸을 던져 산화한 모른(Morne)산에서도 찾을 수 있었다,

 모른산 그 죽음의 현장은 제주4·3 당시 400여 양민이 학살당한 성산포 일출봉 앞, 터진목 해안과도 흡사하다. 곱고 부드러운 해안가 물결처럼 그들은 잔잔한 감성으로 분노하거나 저주하지도, 심지어 아픈 역사의 진실을 정치적으로 이슈화하려 들지도 않는다. 오직 그들은 그들의 정신 속에 깊숙이 자리한 '자유와 평화와 평등'을 갈구할 뿐이다. 그렇다면 그들에게 망각이란 무엇일까. 그들의 뇌리에서 그 아픈 역사의 기억을 영원히 지워버린 걸 말함인가. 아니면 입력(Registration)되고 저장(Retention)되었으되 꺼내보기(Recall)만은 조심스러워하는 걸까.

 65년이 지난 제주4·3의 역사와 아픔을 치유하려는 제주도민의 현실과 비교되는 대목이다. 그 아픈 기억을 우리는 어떻게 다스리고 있는가. 아물어 가는 역사의 상처를 건드려서 딱지를 입게 하고 또 그 딱지를 뜯어내어 상처를 키우는 우를 범하고 있지는 않은가. '망각의 즐거움'의 저자 임희택은 이렇게 답한다. '제대로 잊고 제대로 기억하라'

(제주일보 '제주논단' 2013.07.16.)

윤선도의 현대판 오우가(五友歌)

•••

　제주시 지역 어느 식당 한쪽 편, 몇몇 관광 관련업자들이 자리를 함께 해서 담소를 나눈다. 담소의 시작은 제주관광객 천만 시대에 이들 관광객을 수용할 숙박시설이 모자라는 것 아니냐는 여행업자의 말에서부터다. 다른 관계자가 반론을 제기한다. 지난 한 해만도 8천여 개의 숙박업소가 신축될 만큼 숙박시설은 지금도 과잉공급 상태라고 했다. 또한, 과잉공급은 관광숙박업자들 간의 과당경쟁을 촉발시켜서 가격 덤핑마저 초래할 우려가 있다고도 했다. 가뜩이나 농어촌 민박업을 운영하는 영세한 사업자들에게는 더 큰 타격이 될 거라는 말이다. 다른 관광숙박업체와 경쟁할 능력마저 모자란 이들 영세업자를 위해서는 특단의 대책마저 필요한 시점이라고 역설하기도 한다. 그렇다면 도대체 도내 농어촌 민박업체는 몇 개소나 될까.

　제주도농어촌민박협회가 파악한 2010년도 등록 업체 수는 800여 개 업소로 5천여 객실을 갖고 있다. 또한, 이들 민박업소의 연평균 총판매 객실 수는 약 81만 여실에 이르며 연간 평균 총투숙객 수는 약 300여만 명에 이른다. 이는 관광객 천만 시대에 30%를 웃도는 수치다. 그만큼 관광객을 유치하는 데 민박업체가 기여한 공로는 크다.

　그렇다면 무엇이 그들로 하여금 그런 엄청난 힘을 발휘할 수 있도록 하였을까. 거기에는 '민박'이라는 이름이 갖는 기본정신에 충실함이 있었기 때문이다. 그들은 개개인이 갖고 있는 제주인의 아름다운 인심 하나만을 노하우로 해서 관광객을 유치했다. 그들의 순수함은 민박집을 다녀간 관광객들에게 제주인의 살가운 정과 인심을 감동으로 심어주었고 그들이 보여준 제주의 멋과 맛, 향기와 따뜻한 열기는 또다시 제주를 찾도록 하는 결정적 역할을 했던 것이다.

어려운 재정 형편에도 그들 나름의 홈페이지를 개설해 숨겨져 있는 도내 관광지와 지역의 크고 작은 역사문화를 발굴, 홍보함으로써 국내·외 관광객들이 제주를 방문하게 하는 데 한몫했고 손님과 업주 간 지속적인 교우 관계는 결국 세계 저명인사들을 감동하게 해 일당백의 명예도민도 탄생시켰다.

제주도의 금년도 1분기 관광진흥기금은 600억 원에 이른다고 한다. 제주 관광산업의 지속성장을 위한 숙박시설 등에 지원되는 자금이다. 그렇다면 이들 업체에도 이 기금이 지원되는가? 한마디로 '아니올시다'라는 답이다. 이유는 관광진흥법에 의한 관광업체로 등록된 업체가 아니라 농어촌 진흥법인가 하는 법의 적용을 받기 때문이란다. '업태는 관광업인데 지원대상은 관광업이 아니다'라는 뜻이다. 그렇다면 이 업태가 농·어업으로 분류돼 농어촌진흥기금이라도 지원받고 있는가. 이 역시 '아니올시다'라는 대답이다. 그 업태가 지원대상인지 아닌지조차도 모를뿐더러 지원대상 여부를 알려주는 정보나 안내장 한 장도 찾을 수 없기 때문이다.

문득 윤선도의 오우가(五友歌) 중 '대나무'에 대한 노래가 생각난다.

만약 윤선도가 이 시대에 살았다면 다음과 같은 현대판 오우가도 불렀을지 모른다. '… 관광업체도 아닌 것이 관광업 대상도 아닌 것이 관광객 유치는 앞장서서 잘하는 데 대접은 미련스레 한푼도 못 받는다, 그래도 그 열정 식을 줄 모르니 그래서 우리는 그를 좋아하노라.' 논어 술이편(述而編)에 포호빙하(暴虎憑河)라는 말이 있다. "맨손으로 범을 잡으려 하고 맨몸으로 강을 건너려는 사람, 나는 그러한 자와는 함께하지 않을 것이다." 즉 '묵묵히 제 할 일을 다 하는 자와 함께 하겠노라'라는 공자의 가르침처럼 묵묵히 천만 제주관광시대를 이끄는 이들 제주농어촌민박업자들에게 박수를 보낼 때다.

(제주일보 '제주논단' 2014.02.06.)

부끄러운 자화상

...

　곰방대를 빼어 문 노인이 대청마루 끝에 앉아 툭!툭!툭! 재를 털어댄다. 그 소리가 신호인 듯 반대편 마룻장 한쪽 끝이 슬그머니 위로 솟는다. 그리고 한 사내가 마룻장 밑에서 머리를 내민다. 다시 한번 노인이 곰방대를 두드린다. 사내는 안심이 되는 듯 마룻장 밑을 빠져나온다. 얼른 봐도 마룻장 밑 생활이 오래됐음인지 깡마르고 초췌한 모습이다. 때에 전 갈옷과 함께 그의 모습은 20대 초반임에도 겉늙어 보인다.

　노인이 곰방대로 말없이 헛간 쪽을 가리킨다. 사내는 조심조심 주변을 경계하며 그곳을 향해 걸음을 옮긴다. 아직은 어둠이 덜 짙었음에도 느낌은 한밤처럼 긴장이 감돈다. 헛간엔 젊은 여인이 대바구니를 들고 사내를 맞는다. 사내는 허겁지겁 바구니 속을 비운다. 그리고 그 두 남녀는 한참을 그곳에 머물렀다. 그리고 헤어졌다. 사내는 마룻장 밑으로, 여인은 또 다른 그녀의 집으로.

　둘은 한 해 전 혼인했다. 달콤한 신혼도 잠시, 두 달 후 사내는 모슬포에 있는 군부대로 지원 입대해서 군인이 된다. 그리고 얼마 후 그가 군부대를 탈영했다는 소문과 함께 소위 폭도가 돼 산사람이 되었다는 괴소문이 나돌았다. 그리고 경찰은 그의 행방을 찾기 위해 혈안이 됐고 그가 살던 부모님 집마저 불태웠다. 어디 그뿐인가. 그의 탈영으로 인해 그의 아버지, 어머니, 세 사람의 형제들, 사촌까지도 경찰에 끌려가 집단 학살당하는 참변을 몰고 왔다. 그런 그가 지금 이곳 마룻장 밑에 은거하고 있는 것이다.

사내의 부친과 절친 사이인 이 곰방대 노인이 그를 은거시켜주고 있는 것이다. 사연은 이렇다. 군부대 동료들과 함께 탈영하긴 했으나 그는 곧 그들과도 헤어져 하산한다. 그러나 그는 딱히 갈 곳이 없다. 집도 불타버렸고 부모·형제도 경찰에 끌려가 학살되고 말았으니 그가 찾아갈 곳이란 그가 아버지의 심부름으로 제집 드나들 듯 자주 다녔던 이웃 마을 고성리 바로 이곳뿐이었다.

사내와 여인은 그 후로도 그렇게 밀회가 이어졌다. 4·3이라는 사태역시 하루 이틀에 끝나지 않았다. 얼마간의 그들 만남도 이어졌다. 그렇지만 상황은 녹녹치 않다. 사내를 쫓는 경찰과 서북청년은 그녀의 동태를 의심한다. 특히 한 사람의 서북청년은 그녀에게 눈독을 준다. 그녀의 운명뿐만 아니라 마룻장 밑 사내의 운명도 위태롭게 된다는 걸 그녀는 잘 안다. 결국, 그녀는 원치 않은 그 서북청년의 여인이 되고 만다. 마룻장 밑 사내와 그녀의 만남도 그 일 이후 끝이 났다.

사내는 마룻장 생활을 청산하고 어디론가 떠난다. 그리고 그 후로 그를 본 사람은 아무도 없다. 토벌대에게 잡혀 함덕 어느 해안에, 아니면 북촌 앞바다에 생매장 또는 수장(水葬)당했다는 불확실한 소문들만 무성할 뿐이다.

그로부터 60년이 지난 어느 날 일본에서 왔다는 한 중년 여인이 필자를 찾아왔다. 마룻장 밑에 숨어있던 사내의 여인과 그녀가 원치 않았던 서북청년과의 사이에서 태어난 딸이다. 그러니까 60년 전 그 여인은 나의 숙부님과 혼인했던 숙명의 숙모님이다. 그렇지만 나를 찾아온 그녀의 아버지는 마룻장에 숨어 사시던 나의 숙부님을 뒤쫓다가 숙모님을 강제로 사랑한 서북청년이다. 그러니까 그녀는 나에겐 원수의 딸이다. 그런 관계의 그녀가 중년이 되어 나를 찾은 것이다. 그녀의 어머니가 숨을 거두기 전 딸에게 남긴 유언을 전해주려 찾아왔음이다.

'너의 아버지는 내가 진실로 사랑한 남자가 아니다. 오로지 내가 사랑한 사람은 성산포 오조리에 살았던, 그러나 지금은 이 세상 사람이 아닌 강정호라는 사람이다', '그 사람의 조카는 지금 오조리에 살고 있다', '내가 죽더라도 내 혼은 그 집안의 영혼으로 가 있을 거다', '그러므로 내가 죽거든 그 댁을 찾아가서 내가 남긴 이 말을 꼭 전해주길 바란다'라는 내용의 유언이다.

사랑하지도 않은 남자와 삶을 살았을 그 딸의 어머니, 순애보 같은 사랑을 엮어주셨던 곰방대 노인, 또 다른 한 사람, '자신을 사랑하지 않는 줄 알면서도 그 여인과 살을 섞었을 그녀의 아버지'도 오래전에 죽고 없는 이 땅을 뒤로 하고…유언을 전해준 그 중년 여인은 그 길로 자신이 살고 있는 일본으로 떠났다.

그녀를 보내고 나는 지금 제주4·3평화공원에 와 있다. 죽임을 당한 자와 죽음을 가한 자가 서로 용서하고 화해하는 손길이 오간다는 제주4·3평화공원이다. 4·3때 행방불명된 영령들을 위한 행불자묘역인 나의 작은아버지 묘비 앞이다. 화해와 상생이 전제된 제주4·3평화공원에서 나는 누구를 향해 화해의 손길을 내밀어야 할까. 어머니 유언을 전해 주려 나를 찾아 멀리 일본에서 여기까지 찾아온 그녀에게? 아니면 이곳에 잠든 내 작은아버지의 철천지원수 같은 사람의 딸에게?

동일한 감정을 갖고 있으면서도 서로 다른 입장의 한 사람인 그녀에게 나는 '안녕!'이라는 손을 내밀었다. 그리고 진심 어린 고백의 잔을 영령께 올린다. 화해와 용서를 쫓는 그녀와 나의 마음을 담은 잔이다. 다시는 이 땅에 부끄러운 우리들의 자화상이 없기를 바라는 잔이다.

(제주일보 '제주논단' 2015.04.02.)

'카누, 카약 경기장'이라는 이름의 난장

...

　요즘 성산항을 잇는 오조리 내수면에는 오가는 이의 눈길을 사로잡는 몇 가지 이색적인 풍경이 있어 흥미를 끈다. 간조 때가 되면 조개를 캐기 위해 몰려든 도 내외 관광객들로 장관을 이루어서 마치 해변축제를 연상케 한다. 반면 만조 때가 되면 안타깝게도 적적하리만치 그 많던 관광객들은 썰물 빠져나가듯 사라지고 없다. 그렇지만 한때는 간조 때 못지않게 만조 때가 되면 '카누·카약 경기장'으로 각광을 받았던 곳이다.

　지난해까지만 해도 이곳은 전국체전 '카누·카약 경기장'으로 선정될 만큼 천혜의 '카누·카약 경기장'이라 격찬하기도 했다. 전국 동호인과 클럽 인의 연습장 혹은 대회장으로 또는 해양 레저 스포츠 장소로 4계절 즐길 수 있는 전천후 경기장이라고 입을 모았던 곳이다. 더구나 중국인 관광객을 겨냥한 드래곤보트 경기까지도 가능하기 때문에 지역경제에 미칠 영향 또한 크다고 했다.

　이를 입증하듯 행정당국은 항구적인 카누·카약 경기장 유치를 위해 4억여 원의 예산을 투입해서 20여 년간 애물단지로 전락한 낡은 갑문 시설과 수문 등 경기장 기반시설까지도 정비했다. 물론 전국체전의 경기장 운영 결과는 만족스러울 만치 대성공이었다. 그러나 우리들의 기대와 희망은 거기까지였다. 금년도 전국체전에도 이곳에서 카누·카약경기가 개최키로 약속됐었으나 정작 시기가 도래되었어도 경기는 볼 수가 없었다.

 이유는 카누·카약경기에 필요한 수위 조절이 어렵다는 거다. 내수면 한쪽에 자리 잡은 양식 치어들에게 피해를 주기 때문이란다. 그렇지만 카누와 카약경기는 1년 전에도 이 장소에서 아무런 탈 없이 치러졌다. 그때도 양식장은 그 자리에 있었다. 그렇지만 어떻게 된 영문인지 금년 대회는 개최되지 못했다.

 행정을 흔히 예측행정이라고 한다. 관계 당국은 그런 상황을 왜 사전 예측하고 조율하지 못했을까. 전천후 경기장이라고, 그로 인해 지역경제가 살아날 거라고, 극찬하고 장담하던 때가 언제인데, 그래서 그 막대한 예산까지 쏟아붓던 때가 언제인데 그러던 관계자와 당국이 고작 1년 앞도 내다보지 못했다는 게 도무지 믿어지지 않는다. 이를 두고 사람들은 말장난 행정행위라고 입을 모았다.

 1994년도 이전까지만 해도 이곳은 각종 어·패류의 서식지였다. 심지어 죽상어, 참돔, 민물장어 등이 서식하거나 산란장소가 됐을 만큼 연안 환경이 살아있는 곳이었다. 그러던 그때 제주도는 제1차 제주도종합개발계획을 발표하고 이곳 성산항 오조리 내수면을 개발한다는 명분 아래 해수로를 막는 속칭 한도목 갑문을 시설했다. 목적은 이곳을 친환경적으로 개발해 국제적 마리나시설과 요트 등 국제보트 쇼를 즐기는 내수면 관광·레저시설을 갖춤으로써 지역주민의 소득 증가는 물론 어민과 해녀의 삶의 질을 높여주는 데 있다고 했다.

마을 어민들은 조상 전래로 이용하던 천혜의 마을 앞 어선 포구까지 포기할 만큼 이 사업에 거는 기대가 컸다. 그렇지만 20년이 지나도록 갑문은 한 번도 그 목적에 맞는 기능을 살려보지 못한 채 흉측하고 을씨년스런 모습으로 물의 흐름만 방해해서, 환경과 생태계를 파괴하고 말았다. 떼를 지어 찾아오던 철새들은 발길을 돌린 지 오래고 그 많던 새끼 까치상어조차 보기 힘들다. 더구나 이 갯벌에 남아있는 바지락조개마저 차츰 씨가 말라가고 있다.

지금은 이곳에 종합개발계획에도 없었던 웬 민간양식장만 들어서서 기대를 모았던 카누 경기장에 대한 기대마저 사라지게 됐으니 이게 장난이 아니고 무엇인가. 바라건대 그 허울 좋은 제주도종합개발계획과 함께 발표된 오조리 내수면 꿈의 실현은 아닐지라도 '카누·카약경기'라도 이곳에서 4계절 즐길 수 있는 관광지로 만들어 주실 분 거기 누구 없을까?

(제주일보 '제주논단' 2015.07.21.)

세계 문학인에게는 너무나 낯선 제주

...

　세계한글작가대회가 9월 15일부터 18일까지 3박 4일간 경주에서 열린다. 초청장이 내게도 왔다. 그렇지만 이 한 통의 초청장은 나에게는 한없는 자괴감을 안겨준다. 왜냐하면, 애초 이 대회의 개최지는 경주가 아닌 제주도였었기 때문이다. 그런데 지금 그 개최지가 경주로 바뀐 것이다. 나는 이 대회를 제주로 유치하는 데 실무를 맡았던 장본인이기도 하지만 반대로 그 개최지를 경주로 변경하게 만든 장본인이기도 하다.

　나는 올해 봄까지 국제PEN한국본부제주지역위원회 회장이었다. 국제PEN한국본부가 2013년도에 이 대회개최를 계획하고 추진위를 구성하면서부터 경북 경주를 비롯한 여러 시도에서는 저마다 유치경쟁에 열을 올렸다. 세종대왕이 한글 창제 이후 스물여덟 자를 지금껏 온전히 사용하는 지역은 제주도밖에 없다는 것을 강조하면서 나는 제주지역 개최의 당위성을 역설했다.

　더불어 추진 위원들을 제주로 초치하여 제주도 관계 공무원이 입회하에 제주도의 집행 의지를 확인시킴으로써 제주도가 개최지로 확정되었다. 대회 개최지가 확정되면서 이 대회의 성격과 중요성 그리고 유치 효과에 대한 설명을 즉시 제주도 관계부서에 보고했다. 그리고 신년도 사업 보조금신청과 함께 지원 협조를 요청하기도 했다. 물론 관계부서의 긍정적 답변도 들었다. 그런데 왜 경주로 개최지가 변경되었을까. 안타깝게도 우리가 부담할 예산이 확보되지 못했기 때문이다. 전체 사업비 10억 원 중에 정부가 부담할 50%는 확보됐으나 개최지역인 제주도가 부담할 예산 50%를 확보하지 못해서였다.

지난해 그믐, 제주도가 신년도 예산을 편성하고 도의회에 예산 승인을 요청할 때 당연히 우리가 부담할 사업비도 포함됐을 줄 알았다. 그렇지만 그게 아니었다. 도의회에 넘겨진 예산심의자료에는 이 사업비가 들어있지 않았다. 황당하기 그지없는 일이었다. 대회 주최 측인 국제PEN 한국본부는 이미 정부로부터 국비 5억 원을 확보한 상태에서 제주도의 부담금 확보 시기만을 기다리고 있었던 참에 벌어진 일이다. 도대체 무슨 연유였을까를 따지기엔 이미 신년도 예산은 루비콘강을 건너간 뒤였다.

급한 김에 도의회를 찾았다. 이 대회유치의 당위성을 인식한 의원들은 고맙게도 예산심의 때 고려하겠음을 약속했다. 그렇지만 그것도 거기까지다. 2014년 12월도 지나고 올해 1월 말이 되었건만 예상치 못했던 도와 도의회 간 사상 초유의 예산 분쟁은 끝이 나질 않았다. 결국, 대회 개최지는 경주로 옮겨가고 말았다. 누구의 잘못일까. 부끄럽다 세계 문학인에게는 너무나 낯선 제주여! 제주도정이여!

(제주일보 '제주논단' 2015.09.10.)

아직도 구천을 헤매고 계십니까
- '제주4·3' 70주년을 추모하며

...

일천구백사십팔 년 그해, 장총 맨 순사들로 무섭던 시절
서북청년 군화 발소리에 겁 오줌도 절로 나오던 시절
그때도 우리는 제주섬에 있었습니다.
이 거친 바람 곶 성산 땅에 살고 있었습니다.

아버지 얼굴마저 모르고 태어난 어린것들도,
초등학교 문턱을 막 들어선 우리도,
허기지고 배고픔에 먹고살기 위한 설움으로
다니던 학교도 그만둔 큰 누이, 작은누이도,
아니, 그보다는 총 맞아 죽은 어미 등에 업힌 채
어미젖 빨 듯 죽은 어미 핏물 빨며 살아난
건넛마을 모살동네 작은누이도 있었답니다.

이제 칠십 년 지난 이천십팔 년
사람들은 올해를 '4·3칠십주년'이라고들 합니다.
그때 태어난 어린것들이 칠십 노인이 되었다는 뜻입니다.
당신이 두고 간 그때 그 어린 것들이 이제는
한세상을 당당하게 살아온 세월의 나이를 짊어지고
저기 저 한쪽 귀퉁이에 서 있습니다.

남몰래 훔치는 눈물 자국에선 모진 삶의 흔적이 묻어납니다.

'살암시민 살아진다'*고 하시던 그들 어미의 말씀처럼
한 여름철 뙤약볕 조밭 고랑에 땀범벅 졸음 범벅
눈물로 김을 매던 노역의 아픔이
이곳 앞바르 터진목 모래밭
모질게 살아남은 숨비기꽃으로 피어납니다.

당신이 흘린 피를 마시며 자란 그 숨비기 꽃밭에서는
이제 무심한 관광객들이 사진을 찍습니다.
당신이 흘린 피가 물결로 일렁이는 그 피의 바다에서는
우리의 자식들도 낚시질하고 수영도 즐기며
그들의 연인들과 사랑을 나눕니다.

그렇습니다.
저 피의 바다는 우릴 보고 조곤조곤 말을 전합니다.
그래 참 잘 참고 잘 견디어왔구나. 장하고 장하다
지금껏 그래왔듯이 아프고 아픈 모든 사연은
가슴속 깊이깊이 묻어둘 일이며
아물지 않은 상처, 소리 지르고 싶은 고통,
보상받고 싶은 심정 그 모든 것
용서와 사랑과 화해로 대신할 일이라고

그렇다면 이제 저희가 화답할 차례입니다.
상처는 만질수록 더 커진다는 어느 외과의사의 말처럼

용서하고 사랑하며 살아야 한다는 것도 깨닫습니다.
진실을 규명하자는 것도, 누구의 잘못이냐고 캐어 묻는 것도,
누구의 책임이라고 탓하는 것도, 배, 보상 문제를 논하는 것
마저도 용서와 화해 앞에서는 더 이상 진리일 수가 없습니다.

지금까지 살아온 우리의 의연한 모습이 그 일로 구겨지거나
추해지는 일은 없어야 하겠기에 그러합니다.
화해와 상생의 의미가 잘못 정의돼서는 안 되기 때문입니다.
바라시는바 그 길에 더더욱 당당해질 것입니다. 이제 그만.
구천을 헤매시던 발길 돌리시고 부디 영면하시옵소서.

* 살다 보면 살 수가 있다

(제주일보 '제주4·3 70주년 추모 시' 2018.4·3.)

메멘토 모리

'제주문학관' 건립계획의 허와 실

...

　민선7기 원희룡 도정의 공약 실천을 위한 '도민화합공약실천위원회 문화예술소위원회' 회의가 있었다. 7개 공약 34개 과제 중 '제주문학관 건립'도 그중 하나였다.
　제주문학인들에게 제주문학관 건립은 꿈 이상의 목숨과도 같은 것이다. 그럼에도 불구하고 우리의 간절한 소망은 지금껏 이루어지지 않았다. 어쩌면 그 이유는 이 문학관 건립 사업이 제주도정 관계관들에겐 그덧 중요하게 여겨지지 않았기 때문인지도 모른다.
　이러한 인식을 불식시키고 우리의 간절함을 보여주기 위해서 제주문인협회에서는 2008년도에 한때나마 '문학관 건립 성금 모금 운동'까지 전개하기도 하였다. 그 행사장에서 모아진 성금만도 자그마치 2000만 원에 이른다. 물론 100억 원 이상의 예산이 소요되는 사업에 비하면 '새 발의 피'일 수도 있겠다. 그렇지만 이렇게라도 하지 않으면 안 될 만큼 간절함이 있었음을 어쩌랴.
　결국, 우리의 몸부림은 당시 김태환 도지사의 마음까지 움직였다. 행사장을 방문한 김 지사는 연차적 지원을 약속하면서 다음 연도 예산에 3억 원을 확보해 주었다. 그러나 반짝 타오르던 그 운동의 불씨는 거기까지였다.
　당시 제주도정이 어렵사리 확보한 예산은 지금의 '문학의 집'을 마련하는 예산으로 집행하고 말았으며 연차적 지원 약속도 그로 인해 사라지고 말았다. 그런데 이제 비로소 그런 아픈 과정을 겪어온 우리의 꿈이 현실로 이루어지려는 찰나에 와 있다. 그럼에도 이 문학관건립 계획 보고서를 접한 필자의 마음이 편치 않은 이유는 뭘까.

 문학관 건립의 기본 원칙은 도서관이나 박물관 개념이 아니다. 문학관은 사유의 공간이면서 창작의 공간이어야 하며 산책과 담론의 공간 개념으로 접근해야 한다. 아울러 이러한 공간 개념은 행위와 연출의 공간 개념과도 일치시켜야 한다. 따라서 이러한 원칙이 지켜지기 위해서는 문학관이 놓일 부지, 즉 위치와 면적이 그에 합당해야 한다는 전제가 요구된다.

 상당한 실내 및 실외 적 공간은 지역문화(제주정신)를 찾을 수 있는 공간이어야 하며 창작적 구성요소인 사유와 담론의 장소가 되어져야 한다. 뿐만 아니라 시민과 문학인이 함께 하는 공원 개념의 친환경적 요소도 함께 갖춰져야 한다. 아울러 문학은 정태적, 동태적으로 타 장르와도 공유할 수 있는 공간도 확보돼 있어야 한다. 그런데 제주도가 제시한 계획은 어떤가.

 보고서에 제시된 예정 용지는 부민장례식장 서북쪽 약 500m 지점의 연북로 변이다. 개인 문학관도 아닌 제주도를 대표하는 문학관이라고 하기엔 위치나 규모 면에서 부족함이 크다. 1000평에도 못 미치는 부지 면적과 700여 평에 불과한 건물면적은 그냥 도서관이나 박물관 수준이다. 접근성이 용이해서 이곳에 부지를 선정했다지만 산을 찾는 이는 산이 그곳에 있기 때문에 산을 찾듯이 제주문학의 정체성을 공유하고자 하는 이는 문학관이 어디에 있든 찾을 것이다. 그런데 예정된 이곳이 과연 제주도가 내세운 제주의 신화, 유배, 해양, 4·3 등 다양한 제주문학의 정체성을 찾고, 공유하고, 연출하고, 재현할 수 있는 시공간이 될 수 있을까.

보길도 섬 전체를 문학관과 연계시킨 '윤선도문학관', 인왕산 자락에 위치한 '윤동주문학관', 태백산과 순천만 그리고 벌교 등과 연계한 '조정래문학관', 매밀꽃길과 오솔길 등의 문학정원과 산책로가 있는 '이효석문학관', 노산 이은상의 고향 마산 앞바다가 내려다보이는 노비산그린공원 내의 '마산문학관'등 이미 다른 지역은 이처럼 시공간을 함께하는 문학관이 그 지역 문화, 문학의 정체성을 살리고자 존재하고 있는데 우리 제주도정의 집행의지가 아직도 거기까지 미치지 못하는 이유는 무얼까.

민선7기 원희룡 도정의 공약 실천을 위한 '도민화합공약실천위원회 문화예술소위원회' 회의가 있었다. 7개 공약 34개 과제 중 '제주문학관 건립'도 그중 하나였다. 제주문학인들에게 제주문학관 건립은 꿈 이상의 목숨과도 같은 것이다. 그럼에도 불구하고 우리의 간절한 소망은 지금껏 이루어지지 않았다. 어쩌면 그 이유는 문학관 건립 사업이 제주도정 관계관들에겐 그덧 중요하게 여겨지지 않았기 때문인지도 모른다.

이러한 인식을 불식시키고 우리의 간절함을 보여주기 위해서 제주문인협회에서는 2008년도에 한때나마 '문학관건립 성금 모금 운동'까지 전개하기도 하였다. 그 행사장에서 모아진 성금만도 자그마치 2000만 원에 이른다. 물론 100억 원 이상의 예산이 소요되는 사업에 비하면 '새 발의 피'일 수도 있겠다. 그렇지만 이렇게라도 해야 할 만큼 제주문학인들의 간절함이 컸던 것이다.

결국 우리의 몸부림은 당시 김태환도지사의 마음마저 움직였다. 행사장을 방문한 김태환 지사는 연차적 지원을 약속하면서 다음 연도 예산에 3억 원을 확보해 주었다. 그러나 반짝 타오르던 그 운동의 불씨는 거기까지였다. 도지사도 바뀌고 당시 제주도정이 어렵사리 확보한 예산은 지금의 '문학의 집'을 마련하는 예산으로 집행되고 말았다. 연차적 지원 약속도 그것으로 끝났다. 그런데 이제 비로소 그런 아픈 과정을 겪어온 우리의 꿈이 현실로 이루어지려는 찰나에 와 있다. 그럼에도 이 문학관 건립 계획 보고서를 접한 필자의 마음이 편치 않은 이유는 뭘까.

문학관건립의 기본 원칙은 도서관이나 박물관 개념이 아니다. 문학관은 사유의 공간이면서 창작의 공간이어야 하며 산책과 담론의 공간 개념으로 접근해야 한다. 아울러 이러한 공간 개념은 행위와 연출의 공간 개념과도 일치시켜야 한다. 따라서 이러한 원칙이 지켜지기 위해서는 문학관이 놓일 부지, 즉 위치와 면적이 그에 합당해야 한다는 전제가 요구된다.

상당한 실내 및 실외적 공간은 지역문화(제주정신)를 찾을 수 있는 공간이어야 하며 창작적 구성요소인 사유와 담론의 장소가 되어져야 한다. 그뿐만 아니라 시민과 문학인이 함께 하는 공원 개념의 친환경적 요소도 함께 갖춰져야 한다. 아울러 문학은 정태적, 동태적으로 타 장르와도 공유할 수 있는 공간도 확보돼 있어야 한다. 그런데 제주도가 제시한 계획은 어떤가.

보고서에 제시된 예정 부지는 어느 민간인 장례식장 서북쪽 약 500m 지점의 연북로 변이다. 개인 문학관도 아닌 제주도를 대표하는 문학관이라고 하기엔 위치나 규모 면에서 부족함이 크다. 1,000평에도 못 미치는 부지면적과 700여 평에 불과한 건물면적은 그냥 도서관이나 박물관 수준이다. 접근성이 용이해서 이곳에 부지를 선정했다지만 산을 찾는 이는 산이 그곳에 있기 때문에 산을 찾듯이 제주문학의 정체성을 공유하고자 하는 이는 문학관이 어디에 있든 찾을 것이다. 그런데 예정된 이곳이 과연 제주도가 내세운 제주의 신화, 유배, 해양, 4·3 등 다양한 제주 문학의 정체성을 찾고, 공유하고, 연출하고, 재현할 수 있는 시공간이 될 수 있을까.

보길도 섬 전체를 문학관과 연계시킨 '윤선도문학관', 인왕산 자락에 위치한 '윤동주문학관', 태백산과 순천만 그리고 벌교 등과 연계한 '조정래문학관', 매밀꽃길과 오솔길 등의 문학정원과 산책로가 있는 '이효석문학관', 노산 이은상의 고향 마산 앞바다가 내려다보이는 노비산그린공원 내의 '마산문학관'등 이미 다른 지역은 이처럼 시공간을 함께하는 문학관이 그 지역문화, 문학의 정체성을 살리고자 존재하고 있는데 우리 제주도정의 집행 의지는 아직도 거기까지 미치지 못하고 있다.

한라산의 한쪽 자락이나 해안가 어느 마을, 혹은 섬 하나를 문학관이 있는 산, 혹은 마을, 혹은 섬으로 선택하고자 하는 혜안과 용기 있는 실천이 제주도정에 요구되는 이유도 여기에 있다. 심히 안타까운 일이다.

(뉴제주일보 '제주칼럼' 2018.08.26.)

오조리(吾照里) 마을은 안녕하신가

...

　육지에 사는 친구에게서 편지가 왔다. 해마다 제주를 찾는 그다. 그때마다 내가 사는 오조리 마을 방문도 빼놓지 않는다. 그러던 그의 제주 방문은 지난해에 이어 올해에도 끊겼다. 그 대신 '오조리 마을은 안녕하신가'라는 안부 편지가 온 것이다. 그의 품성만큼 또박또박 옮겨 쓴 손편지엔 오조리 마을을 사랑하는 온기로 가득했다. 기실 오조리를 좋아하고 사랑하는 이들이 어찌 이 친구뿐일까.

　2017년도 처음 제주도를 찾았을 때 오조리를 방문하면서 인연이 된 프랑스 작가 르 클레지오, 그가 노벨문학상을 수상한 2008년은 물론 그 이후에도 줄곧 오조리를 찾은 이유도, '그리운 바다 성산포'를 노래한 시인 이생진 선생이 오조리 식산봉 자락 오두막 같은 집에서 1년여를 머물렀던 이유도, 아예 2년 전부터 오조리에 정착해 사는 여행 작가인 이병률 시인과 2018년도 한국일보 신춘문예에 당선된 이원하 시인의 사연도, 그토록 오조리에 살기를 원했으나 머무를 집이 없어 발길을 돌려야만 했던 계간문예 『발견』의 발행인이며 주필이신 황학주 시인의 사연도 오조리는 역시 아름다움을 꿈꾸는 이들의 이상향이기 때문이다. 도대체 왜 그들은 오조리에 그토록 매료된 것일까.

　오래전 작고하신 소설가 오성찬 선생이 펴낸 '제주의 마을 시리즈(2)'

에서 '오조리 마을은 바닷가에서 술래잡기하던 누이가 돌담 곁에 숨은 듯 앉아있는 마을이다'라고 표현할 만큼 오조리는 누이처럼 따뜻하고 인정 넘치는 마을이다. 일출봉에 해가 뜨는 아침, 누구든 오조리 마을을 찾아보라! 마을 앞 내수면에 담긴 단아한 모습의 오조리를… 거울처럼 맑은 수면 위에 뜬 자신의 모습을… 더 자세히 들여다보면 볼수록 수면 속으로 내비치는 우리 내면의 양심을… 그래서 붙여진 이름이 오조리(吾照里) 즉 '나를 비추듯이 내 양심을 비춰보며 사는 사람들의 마을'이라는 뜻이다. 그래서 그런지 오조리는 '제주올레 1·2코스'는 물론 '성산~오조 지질 산길 코스'와 드라마 '공항 가는 길'의 명장면도 이 마을을 비껴가지 못했다.

무너질 듯 무너지지 않은 돌담 사이로 나지막한 집들이 옹기종기 모여 앉은 마을, 잘 익은 보리밥 냄새가 뽀얀 연기로 피어날 때쯤이면 게으른 닭들마저 힘찬 기지개로 아침을 여는 마을이 오조리다. 굽이굽이 돌아드는 골목길마다 어느 곳 하나 여유로움과 시인의 양심이 묻어나지 않은 곳이 없는 마을이 오조리다. 비록 좁고 가느다란 골목길이지만 조상들이 살아왔던 모습이 오롯이 담겨있는 마을이 오조리다. 어디 그뿐이랴 남에게 상처 입히는 일 같은 것은 결코 하지 말자는 자존심 하나로 사는 마을이기도 하다.

그래서 이 마을 사람들은 삶이 다소 불편할지라도 우리 선대들이 살아왔던 모습 그대로 '2층집 이상은 제발 짓지 말자!' '마을 안길도 더 넓히지 말고 살자!' '오조리(吾照里)라는 마을 이름이 주는 의미처럼 나를 돌아보고 우리 스스로를 지키면서 살자!'고 무언의 약속을 실천하며 살아왔으며 그 역사 또한 600년이다.

그런데 이 마을에 안녕치 못한 일이 생겼다. 600년 전통이 무너지고 말았다. 마을의 중심부에 600여 평에 가까운 바닥면적에 4층짜리 건물 몇 동이 을씨년스럽게 들어섰기 때문이다.

어느 낯선 부동산업자가 마을의 전통과 아름다운 경관을 박살 내고 만 것이다. 이 과정에는 관계기관의 건축심의위원회 심의 절차도 있었을 터이다. 또 마을의 책임자인 이장의 의견을 참고했을 법도 하다. 그렇지만 마을 이장과는 한 마디 의견 타진도 없이 이뤄진 행위라니 기가 찰 일이다.

600년간 지켜온 마을 전통이 하루아침에 영혼 없는 마을로 전락하고 말았다. 이 일을 어찌하면 좋을까. 요즘 한창 일고 있는 '문화마을 만들기 운동'이다, '원도심 살리기 운동'이다 하는 제주도정의 정책은 온데간데가 없다. 건축심의위원회는 왜 존재하는 건지, 또 이런 원칙 없는 행정행위는 언제까지 이어질 것인지. 이로 인해 오조리를 사랑하고 찾아오던 많은 이들이 발길을 돌려버리지나 않은 런지 존경하는 제주도지사님, 오조리 마을이 더 이상 상처 입지 않게 해주시는 도정의 지혜를 모아주시기를 바랍니다.

(새로운 제주일보 '제주 칼럼' 2018.10.28.)

제주4·3 그리고 '제주의 봄'

...

 무술년(戊戌年)도 어느새 12월의 끝자락에 왔다. 그러고 보니 제주4·3 70주년 달력도 함께 닫히려 한다. '제주에 봄이 오고 있다'라고 하신 문재인 대통령도 함께한 올해 제주4·3 70주년 추념 행사는 참으로 엄숙하면서 다채로웠다. 또 제주4·3 70주년 추진위원회가 밝힌 주요 캘린더만 보더라도 연간 치러지는 행사들이 평화공원에서 치러진 4·3추념식은 물론 광화문 국민문화제를 비롯한 4·3 관련 각종 포럼과 4·3 특별법 개정 운동 등 헤아릴 수 없는 행사들이 연중 내내 전국적임을 알 수 있었다.

 그 모든 행사의 주된 목적은 '화해와 상생'을 전제하면서 4·3의 완전한 해결을 위해 미국의 책임 문제 등 4·3의 진실규명과 명예 회복, 그리고 배·보상 문제 해결에 두었다. 필자가 이 문제를 관심 있게 들여다보는 것은 나 역시 4·3의 학살 현장에서 가까스로 목숨을 건진 생존자이며 4·3 유족이기 때문이다. 여덟 살이던 나에게 닥친 4·3은 나의 아버지를 비롯한 아버지 3형제와 할아버지 내외분은 물론 아버지 4촌과 고종, 이종 4촌까지 함께 뺏어갔다.

 그러기에 내가 마주한 성산포 터진목 학살 현장의 기억은 죽음 그 자체의 끔찍함이나 잔혹함에 앞서 살아남은 자들이 언제 또 불려가 죽임을 당할지 모른다는 두려움과 함께 그래도 살 때까지는 살아야 한다는 절박함이 앞섰다, 그로 인한 삶의 현실이 녹록지 않아서 결코 한눈팔며 살아서는 안 된다는 냉엄한 현실의 가르침도 있었다. 그러므로 더더욱 산 자들의 삶의 현실은 목숨 걸고 살아가야 하는 인고의 삶이었다.

이제 내 나이 일흔여덟, 당시 내 또래의 어린 유족들처럼 그렇게 검질긴 삶을 살다 보니 어느덧 그들과 함께 황혼의 나이에 접어들었다. 저간의 우리의 삶에는 그 흔한 4·3의 트라우마에 시달릴 겨를조차 없었다. 어쩌면 '트라우마' 그것조차도 한가로운 자의 여유였으며 사치였을 지도 모른다.

'살암시민 살아진다, 춤으멍 살라"고 하시던 어머님의 말씀처럼 한여름 뙤약볕 조밭 고랑에 땀범벅, 졸음 범벅의 눈물로 김을 매던 노역의 아픔도, 여덟 살 소년에게 쥐어진 밭갈이 쟁기의 무게의 영혼도 쇠가죽같이 질긴 목숨과는 비교될 수 없을 만큼 강한 삶의 의지였으며 그러므로 우리는 어느결에 여기까지 왔다.

골 깊은 주름살과 검게 탄 얼굴 모습은 차라리 인고의 훈장으로 당당하다. 그 훈장은 이른 바 4·3의 가해자가 누구냐 묻고 따질 여유마저 없이 살아온 증표다. 그러므로 우리는 그 가해자의 자식들과도 사돈을 맺었고 다정한 이웃이 되고 친구도 되었다. 그런 것들 모두가 '화해와 상생'의 증표이기도 하다.

화해와 상생! 이것이 4·3 문제 해결의 답이다. 라고 한다면 이는 모든 잘못된 것들을 용서로 수용하기 때문이다. 진실을 규명하자는 것, 누구의 책임인가를 따져 묻는 것, 배·보상 문제를 논하는 것 등은 결코 '화해와 상생'이라는 용어와 함께할 수 있는 명제가 아니다.

지금까지 당당하게 살아온 우리들의 의연한 모습이 배·보상 문제 등으로 구겨지거나 추해져서는 안 된다. 무엇을 밝히고 무엇을 규명하자는 주장은 그 일로 인해서 그동안 잘 참아왔고 잘 어울렸던 우리의 이웃과도 어려워지거나 불편해질 것이며 그런 일로 또다시 제2 제3의 '4·3'으로 비화할 수 있음이다. 진실은 언제든 밝혀진다. 70년 아니 100년이면 어떤가. 서두르지 말자. '동학농민혁명'이 '동학란', '동비의 난', '갑오농민운동', '갑오농민전쟁' 등으로 불리던 지난 200년 세월을 상기해 볼 필요가 있다.

노벨평화상 수상자이며 전 동티모르 대통령인 '호세 라모스 오르타'가 2017년도 제주 4·3포럼에서 발표한 '과거 극복/치유와 화합'의 주제발표문 한 대목이 생각난다.

'더는 캐어 묻지 말고 용서하자' 이것이 화해와 상생이라고 전제하면서 "2002년 자유를 쟁취한 동티모르인들은 승자의 정의를 추구하거나 복수를 기하지 않았다. 또한, 과거의 적에게 사과를 기다리거나 요구하지도 않았을뿐더러 압제자, 박해자를 용서하였으며 범죄자 및 전범을 심판할 수 있는 국제재판마저 받아들이지 않았다"라고 했다.

그렇다. 제주4·3 문제의 해법 역시 호세 라모스 오르타 동티모르 대통령의 주장에서 찾으면 어떨까. 화해는 용서함에 있고 상생은 함께하므로 싹틀 것이다. '제주의 봄'도 그러할 것이다

* 사노라면 살 수 있다, 참으면서 살라.

(뉴제주일보 '제주칼럼' 2018.12.24.)

어느 노부부의 슬픈 설맞이

...

장손자가 해병대에 지원 입대한 후 첫 휴가를 왔다. 지난해 3월에 입대했으니 첫 휴가치고는 너무 늦었다. 왜 늦었냐고 물었더니 설 명절을 맞추다 보니 그랬단다. 그간 두서너 번은 왔다 갈만한 휴가 기회도 있었지만, 지금까지 미룬 것은 미뤄뒀던 날짜만큼 휴가 체류 기간이 연장되는 장점과 장손이면 마땅히 설 명절 차례도 지내야 하기 때문에 그랬단다.

듣고 보니 그리 싫지 않은 말이라 마냥 기특하기만 하다. 평소 손자와 나는 우리의 전통문화 혹은 설 명절에 관한 대화를 가져본 적이 별로 없다. 그런데도 녀석은 이미 그가 장손으로서 행해야 할 예절과 법도, 행실과 도덕 등은 물론 설이 갖는 의미마저도 잘 알고 있다는 뜻이다.

원일(元日), 정조(正朝), 신일(愼日), 달도(怛忉) 등은 새해 첫날을 맞이한다는 의미이면서 우리가 소망하는 모든 일이 잘 이뤄질 수 있도록 기원하는 날이다. 동시에 이웃과 친척에게는 과세 인사를 드리고 조상에게는 경배와 차례로서 그 음덕에 감사함을 표하는 명절이기도 하다. 그 때문에 설 명절에 고향을 찾아 과세 인사를 못 하거나 차례 혹은 성묘를 못 하는 그것만큼 불충·불효는 없다는 것을 손자는 깊이 새기고 있었기 때문일 거다.

7세기부터 이어져 온 '설'은 이미 우리 민족에게 빼어놓을 수 없는 민족의 대명절이 된 지 오래다. 고종 32년 태양력(양력)이 수용됐어도 우리의 전통명절인 음력설은 그대로 고수할 만큼 설 명절은 우리 민족에게 있어서 명절 이상의 신앙처럼 지켜왔다.

 더군다나 일제강점기 문화 말살 정책에도 우리 고유의 설 명절은 지켜냈다. 광복 후에는 신문화 정책 혹은 국제화라는 명분으로 정부가 양력설을 유도하였음에도 또는 양력설과 음력설은 이중과세라면서 '민속의 날'이라는 족보 없는 이름까지 붙여가며 설명절을 없애려 했음에도 끝까지 그 전통을 지켜냈다. 이러한 민족 전통은 결국 1989년도 음력 1월 1일부터 '설날'이라는 우리 고유 명칭을 되찾게 됐고 3일간의 설 연휴마저 지정받게 되었다. 더불어 설을 쇠려는 민족 대이동의 전통문화까지 되살아나서 전국은 기쁨으로 출렁대는 명절로 자리매김하게 된 것이다.

 그렇지만 이 기쁘고 즐거운 설날도 어떤 이에게는 그다지 기쁘기만 한 명절이 되지 못한 사연이 있어서 안타깝다. 육지에 사는 친지에게서 새해 인사와 함께 묻어온 가슴 아픈 사연이 있어서다. 사연은 이렇다. 어느 시골에 사는 노부부에게는 3대 독자 외아들과 하나뿐인 손자, 그리고 며느리가 단란하게 살고 있었다는 것이다.

 해마다 남들처럼 추석이나 설 때면 아들 식구가 시골로 내려와 다른 가정들처럼 차례도 지내고 성묘도 하는 다복한 가정이었건만, 3년 전 그 아들이 병으로 죽고 말았다는 거다. 그리고 2년 전 며느리는 하나뿐인 손자를 데리고 재가를 하더니 지난해는 재가한 며느리가 그 손자의 성과 이름을 바꿔버렸다는 것이다.

지난해 1월부터 호주제가 폐지되면서 비롯된 일이다. 노부부는 하루아침에 가계를 이을 손자를 잃고 만 것이다. 성도 이름도 바꿔버린 손자에게 집안의 제사와 묘소 관리는커녕 종손의 역할마저 옳게 기대할 수가 없게 되고 말았다. 노인 부부가 '세상에 남의 집 문중 문 닫게 하는 이런 놈의 법도가 어디 있느냐'고 발버둥 쳐봐도 소용이 없게 됐다.

온 나라가 희망과 기쁨으로 충만한 이 설 명절에 허리 휜 노부부의 애끓은 통곡 소리라니 웬 말인가. 휴가 일정을 마치고 귀대 길에 오르는 손자의 뒷모습을 보며 그 노부부 외동 손자 모습이 자꾸만 오버랩되어 내 눈물이 아프도록 마렵다. 이 눈물이 오직 나 혼자의 단순한 감정에서 비롯된 눈물이 아닐 것이다. 이런 일이 이 나라 어느 가정에서도 다시 생겨나지 않도록 우리의 예절과 전통이 되살아나는 나라가 다시 오길 빌어본다.

(뉴제주일보 '제주칼럼' 2019.02.24.)

성산포의 시계는 지금 몇 시일까?

∴

　영주 10경 가운데 제1경인 성산일출봉이 있는 성산포에서 요즘 그 유명한 일출의 시간이 멈춰버렸다는 소문이다. 소문의 사연을 읽기 전에 성산포 사람들에게는 2015년 11월 10일 저녁 실로 경천동지할 감격스러운 뉴스를 기억할 것이다. 제주 제2공항 건설 예정지가 성산포 지역이라는 뉴스가 그것이다. 가히 상상치도 못했던 사실에 이 지역주민들은 누구라 할 것 없이 환영 일색이었다.

　그렇지만 기쁨은 거기까지다. 성산일출봉이 있는 성산포의 시곗바늘이 그만 거기서 멈춰버렸기 때문이다. 벌써 4년째다. 제2공항 대상 후보지에 저촉되는 몇 개 마을 주민들로부터 제2공항 유치 반대 목소리가 일면서부터다.

　조상 대대로 살아오던 전통 마을 일부가 사라지거나 훼손, 멸실될 것을 생각한다면 당연한 반응이다. 그 때문에 그들의 아픔을 누구보다 잘 아는 이곳 지역주민들은 들어내서 환영한다는 말 한마디 하지 못한 채 지내왔다.

　아무쪼록 이 일로 인해서 지역 내 갈등이 조성되지 않기를 바라는 마음과 함께 오직 이 사업이 원만히 추진돼 지역 발전에 동력이 되어 주기만을 숨죽이며 바라왔던 것이다. 더군다나 모든 지역 현안 사항들이 제2공항 건설과 맞물려 멈춰 서버렸고 토지 거래마저 허가 지역으로 묶인 나머지 지역 경제가 휘청거리는 상황임에도 지난 4년 동안 누구 한 사람 불평 한마디 없이 숨죽여 참아왔다.

제주도의 미래 발전 전략을 말할 때 많은 학자, 그리고 도민들은 한결같이 지역 균형발전을 주장한다. 그 범주 안에 성산포 지역도 예외는 아니다. 그런데 성산포를 비롯한 동부 지역의 현실은 어떠한가. 일출봉이라는 명승지 하나 외엔 내세울 만한 경제 인프라 시설은 물론 변변한 위락시설도 갖춰진 게 없다. 더군다나 제주를 찾는 관광객들에게 '성산포는 스쳐 가는 관광지'로 각인된 지 오래다 보니 지역의 소득은 빈 깡통에 불과하다.

이 같은 처지의 지역주민들에겐 제2공항 유치야말로 구세주 같을 수밖에 없는 낭보다. 그렇지만 여기 원효대사의 '화쟁사상(和諍思想)'의 논리마저 통하지 않은 일부 계층이 더러 있으니 실로 안타깝다. 제2공항 입지 선정 타당성 용역 결과에서 나온 대체적이고 긍정적인 면보다는 지엽적 문제만을 주장하는 몇몇 학자의 목소리에 초점을 맞춘 일부 언론의 보도는 결국 도민들의 판단을 흐리게 해서 급기야 주민 갈등만을 초래했다. 더구나 이러한 도민 갈등 문제 해소를 위한 정책 대안 제시가 필요한 시점에 국회의원과 일부 도의원마저도 이들 언론에 편승하는 모양새는 참으로 안타깝다.

제2공항 유치 문제로 겪는 갈등을 해결코자 국토부가 마련한 제2공항 기본계획 수립 용역마저도 중단케 하는 결의안을 가결해 버린 도의회의 모습. 어디 그뿐인가. 공항 예정 대지가 발표된 지 4년이 지난 지금까지도 주민 갈등을 지켜만 보던 도의회가 보전지역관리조례에 공항, 항만 등의 시설 등도 도의회 승인 절차를 밟도록 하는 조례개정(안)을 발의하려 함으로써 결국 지역주민들은 도의회가 주민 간 갈등을 부채질함은 물론 제2공항 건설에 근본적으로 제동을 걸겠다는 뜻으로 받아들였다.

급기야 성산·구좌·표선·우도 지역 등 동부권 주민대표자들은 도의회 도민의 방에서 조례개정(안) 발의 제고를 요구하는 성명을 발표하는 단계에까지 이르렀다. 이를 두고 어느 언론에선 이들 지역주민의 일련의 행위가 '도의회 입법권'을 침해하는 '무식한 주민의 집단행위'로 매도하기까지 하고 있다.

과연 이들의 행위가 입법권 침해행위에 해당하는 것일까, 양심 있는 참 언론이라면 민의의 뜻을 알리려는 이유 있는 행동의 참모습을 소상히 밝히는 것이 옳지 않았을까 묻고 싶다. 성산포 시곗바늘이 멈춰 선 이유를 이제야 알 것 같다.

(뉴제주일보 '제주칼럼' 2019.4.15.)

대통령님, 제주도의회의장의
'시일야방성대곡'을 들으셨나이까

...

존경하는 문재인 대통령님.

을사늑약의 부당성을 비판한 '시일야방성대곡(是日也放聲大哭)'이 최근 제주특별자치도의회에서 들린다는 소리가 있어서 '혹시 을사늑약과 같은 변고가 지금 이 나라에도…?' 싶어서 팔십이 다 된 이 촌로가 몇 자 올립니다. '시일야방성대곡'은 1905년 11월 20일 장지연 선생이 '황성신문'에 게재한 논설문이라는 걸 미천한 소인도 조금은 알고 있어서입니다.

을사오적을 앞세워 강제 체결한 을사늑약의 부당함을 알리고 그 조약이 무효임을 주장한 내용으로 구성된 민족 통분의 글임을 고명하신 대통령님께서 어찌 모르실 리 있겠습니까.

이처럼 '시일야방성대곡'은 일제에 국권을 빼앗긴 우리 민족 통분의 역사를 대변하는 대명사이며 을사오적을 고발하는 고발장임을 우리 민족 누구 한 사람도 모르는 이가 없을 것입니다.

그런데 여기 제주도의회 의사당에서 또다시 '시일야방성대곡'이 들린다고 함은 어인 일일까요. 지난 11일 제주도의회 제375차 임시회의 폐회식 석상에서 김태석 의장은 '시일야방성대곡' 한 마디로 폐회사를 대신했습니다. 이를 지켜본 도민들은 혹시 '나라에 무슨 큰 변이라도 생긴 게 아닐까'하는 우려와 불안감에 싸여있었습니다. 그래서 우매한 저 역시 도내 몇몇 주요일간지 기사들을 열어봤습니다.

'김태석 의장은 지난 11일 열린 제375회 임시회 2차 본회의에서 본인이 직권 상정한 제주도보전지역 관리 조례개정안이 표결 끝에 부결되자 "시일야방성대곡"이라는 말 한마디로 이날 폐회사를 대신했다.…김 의장의 이 말은 조례안 표결에서 반대표를 던진 같은 당 의원들을 비난한 것이다.…더불어민주당 의원들은 "의원마다 나름의 의견과 입장이 있는데 이를 무시한 것"으로 아주 부적절한 발언이라고 지적했다'(2019년 7월 14일 도내 모 일간지).

존경하는 문재인 대통령님. 이번에 부결된 조례개정안의 주요 핵심은 이렇습니다. 현행 조례에는 '보전지구(1등급 지역) 내에서도 항만, 공항 건설이 가능하게 되어있으나 개정조례(안)에는 이를 제외한다'라는 요지의 (안)입니다. 한 마디로 보전지구 내에 항만, 공항 건설은 '도의회의 동의 대상'으로 삼겠다는 의도입니다. 자연과 인간이 절대 필요조건은 어느 일방을 위해서가 아닌 상호 공생·공존에 있다고 여겨집니다.

공항이나 항만 건설의 문제도 이와 같다고 여겨집니다. 그가 뜬금없는 곡소리를 낸 것은 제주제2공한건설을 막겠다는 의도에서입니다. 신공항 건설 필요성이 거론된 지가 10여 년이 지났음에도 공항 건설을 자연환경 보전 차원에서 논의하거나 문제를 제기한 적이 없었음은 곧 신공항 문제가 자연과 인간이 공생·공존의 절대 필요조건의 하나임과 동시에 도민

숙원사업으로 받아들여졌기 때문입니다.

 2012년도 당시 환경도시위원장이던 현재의 도의회 김태석 의장마저 '제주 신공항 건설 촉구 대정부 건의안'을 채택, 건의한 바도 있습니다. 그가 그 같은 건의안을 채택했던 것만 봐도 제2공항의 필요성을 웅변하는 것입니다. 한때 그분은 앞선 임시회(제372회 2019년 5월 22일) 때도 이 조례개정안을 직권상정 시키려다가 보류한 바 있습니다. 그 사유로 그는 '시기적으로 제2공항 반대로 비치는 요소가 있어서 상정을 유보하는 것'이라고 할 만큼 이 문제에 신중했습니다. 그만큼 이 조례가 "제주 제2공항 발목 잡는 조례"라는 소리가 높았기 때문입니다.

 그러던 그가 이 조례개정(안)에 반대표를 던진 동료의원들을 향해 '을사오적'으로 매도할 만큼 조례개정에 목매달고 있는 이유가 무엇일까요. 항간에 일고 있는 여론처럼 그가 이 문제를 증폭시켜 얻고자 하는 정치적 의도가 있는 건 아닐까요.

 그분이 이 같은 일련의 행위는 곧 '시일야방성대곡'의 숭고한 뜻의 모독이며 도민의 갈등과 분열을 불러일으켜서 그 곡(哭)소리가 도의회 의장 몫이 아닌 도민들의 몫으로 돌아갈까 우려되옵니다. 존경하는 대통령님! 부디 그분의 의도를 상세히 살펴봐 주시고 제발 제주도지역균형발전과 협소한 제주공항의 위험요소를 고려해 현명한 판단을 하여주실 것을 간곡히 바라옵나이다.

(뉴제주일보 '제주칼럼' 2019.07.28.)

그대 진정 제주를 사랑하는가
- 김영갑 갤러리

...

한때 나와 같은 공직생활을 하며 친분을 쌓았던 서울 사는 부부가 제주를 다녀갔다. 지금은 시인으로 활동 중인 이들 부부의 제주 방문은 실로 20여 년 만이다. 젊은 시절 행정관리라는 닉네임을 달고 온몸을 던지던 그들 부부가 지금은 시인이 돼 나를 찾았으니, 그들과 같은 길을 걸었고 또 시인이라는 길을 같이 걷고 있다는 점에서 남다른 정이 갔다.

희수(喜壽)를 훌쩍 넘긴 그들 내외의 모습에선 질긴 연륜과 함께 삶의 철학의 진득함도 느낄 수 있어 좋았다. 체류 기간 중 하루 시간을 내어 내 집에서 그리 멀지 않은 성산읍 삼달리 김영갑 갤러리 '두모악'으로 그들을 안내했다.

"제주 여행 중 김영갑 갤러리가 코스에 들어있다면 그 여행의 콘셉트를 '힐링'이라 불러도 무방하다"라고 한 어느 여행 작가의 말처럼 그곳은 김영갑이라는 한 사진작가가 목숨으로 사랑한 제주의 참모습이 곳곳에 배어있는 곳이다. 유명 갤러리의 번듯함과는 거리가 먼, 제주의 오롯한 자연과 화평다운 포근함이 그곳을 찾는 이들에게 삶의 의미를 깨닫게 하는 곳이어서 더욱 그러하다.

사진에 미친 김영갑은 고향인 충청도를 떠나 1982년부터 서울과 제주를 오가며 섬의 매력에 빠지고 있었다. 그러던 그는 "섬에 살아보지 않고서는 섬의 외로움을 느낄 수 없다"라며 제주에 뿌리를 내렸다. 그때가 1985년이다. 그해 늦가을, 나는 제주시 어느 조그만 호텔 로비에서 그를 만났다.

우연히 들린 그 호텔 로비에는 '제주 억새'를 주제로 한 '시와 사진전'이 열리고 있었다. 그곳에서 나의 눈길을 끈 것은 시와 사진 작품보다는 작품 받침대인 이젤에 있었다. 일반적으로 이젤의 재질은 대부분 잘 정제된 철재 혹은 나무들로 만들어진다는 것이 상식이다. 그렇지만 이 전시장에선 그런 규격화된 이젤의 고정관념은 존재하지 않았다. 김영갑은 버려진 제주도의 옛 초가집 서까래들을 직접 주워 모아 이젤을 형상화했다. 그것은 한마디로 예술적 가치 이상의 아우라였다.

제주 들녘의 억새밭을 배경으로 한 그의 사진들과 제주인의 삶을 억새로 노래한 제주의 여류시인 김순이의 시 작품들과 제주의 전통 억새 초가집 서까래에서 얻은 이젤이 하머니를 이룬 이것은 바로 억새 같은 삶을 사는 제주 사람의 영혼, 곧 제주다움이었다.

김영갑은 이처럼 제주 사람 이상으로 제주의 산과 들과 바다는 물론 제주 사람들을 닮아가며 늘 함께 살고 있었다. 제주 초가지붕을 지탱해주던 그러나 지금은 보잘것없이 버려진 그 서까래에 또 다른 생명을 불어넣듯 모든 자연에서 꿈틀대는 제주인의 아름다운 속살을 찾아내려 애썼다.

'손바닥만 한 창으로 내다본 세상은 기적처럼 신비롭고 경이로웠다'라고 회고한 그의 에세이(『그 섬에 내가 있었네』 2004년)에서처럼 김영갑의 카메라 렌즈 속에는 언제나 아름다운 제주의 자연과 제주인의 영혼이 담겨있었다.

'두모악'을 뒤로하고 돌아오는 길에 친구 부부는 "제주에 내려와서 살면 어떨까"라면서 나의 의견을 물었다. 이 말은 김영갑이 그의 마지막 에세이집을 들고 나를 찾아왔던 날 그와 동행했던 그의 후배작가가 김영갑에게 원했던 말과 똑같았다.

김영갑의 대답은 간단했다. "제주도의 자연풍광을 사진에 담기는 쉽다. 그렇지만 제주도의 속살, 그들의 정체성을 어떻게 담아내느냐 하는 것은 쉽지 않다. 나무 한 그루, 부러진 나뭇가지 하나일지라도 그것이 제주인의 모습으로 다가올 때 내 카메라 앵글은 따라간다. 그것이 내가 제주에 살고 있는 이유다."

아직도 내 기억 속에 살아있는 그때 그의 말, 그것은 바로 작가로서의 생명이며 제주에 살고자 하는 자가 취할 덕목이다. 그대여! 진정 제주를 사랑하는가? 그렇다면 숨겨진 제주인의 속살을 들여다보아라. 그리고 아직도 아물지 않은 그들의 아름다운 상처에 말을 걸어 보아라. 그러면 나 역시 그대를 환영하리라.

(뉴제주일보 '제주칼럼' 2019.09.22.)

사랑의 언어로 제2공항을 말하라

...

　오래 응시하고 깊이 관계하고 끝내 사랑을 포기하지 않을 때 사랑은 언어를 발명한다. 이 글은 팟캐스트 작가이며 시인인 허은실의 에세이집 『당신에게 말을 걸어서』에서 따왔다. 주목하고 싶은 건 '사랑은 언어를 발명한다'라는 대목이다. 이는 곧 사랑이 있는 곳에 새로운 언어가 탄생한다는 말과 통한다. 따라서 사랑이란 정치, 경제, 문화 등 사회의 모든 분야에서 요구된다. 사랑이 진솔한 언어와 접목될 때 그 사회는 살맛나는 세상이 되고 그렇지 못할 때 우울하고 비참하다.

　그렇다면 우리 사회는 살맛 나는 세상일까. 요즘 제주도 동쪽 끝 성산포 지역 사람들은 제2공항 문제로 우울하다. 필자 역시 성산포에 사는 팔십이 다 된 시골 노인이다. 이곳에서 태어나 이곳에서 살고 있고, 또 죽어서도 이곳에 묻혀있을 사람으로서 그들의 우울은 곧 나의 우울이기도 하다.

　누구 못지않게 이곳을 사랑하며 고향 지킴이로 사는 사람이기에 나는 지난 4월과 7월 두 차례에 걸쳐 이 지면을 통해 제2공항과 관련한 내 생각을 밝힌 바도 있다. '…성산포 사람들에게 2015년 11월 10일 저녁 뉴스는 실로 경천동지할 감격스러운 사건이었다. 제주 제2공항 건설 예정지가 성산포 지역이라는 뉴스가 그것이다…'라는 요지의 글이다.

유일한 관광지 일출봉 외에는 변변한 인프라 하나 없는 이곳의 지역주민들은 하루하루를 농사일에만 목매는 실정이다. 이런 그들에게 제2공항 소식은 구세주 같을 수밖에 없었다. 제2공항의 필요성 역시 2012년도 제주도의회가 제주 신공항 건설 촉구 대정부 건의안을 채택, 건의할 만큼 도민 모두의 소망 사항이었던 게 사실이다.

현재의 공항은 이미 포화 상태에 있고 제주시 권역은 날로 비대해짐에 따라 지역 균형 발전적인 차원에서도 당연시됐던 것이다. 다행히 성산포 지역이 선정됐다는 것은 동부 권역의 미래로 봤을 때도 낙후된 이 지역의 주민으로서는 매우 환영할 일이다.

그로부터 4년째 지금 성산포 지역은 어떤 일이 벌어지고 있을까. 이 지역의 모든 현안 사항, 미래 청사진, 토지거래허가제 등은 제2공항과 맞물려 정지된 상태로서 지역 경제마저 휘청거린다. 예정 후보지에 저촉되는 몇 개 마을의 주민들은 그들이 떠안아야 할 예상치 못할 물질적·정신적 피해를 우려하는 목소리가 높다. 누구든 조상이 물려준 고향을 지키며 살기를 소망하지 않은 사람은 없다. 문제는 그 해결 방법이다.

제2공항 예정지가 발표될 당시만 하더라도 이 문제는 성산포 지역 사람들이 문제였다. 그런데 언제부터인가 이 지역과는 무관한 단체와 인사들이 반대 운동에 나섰다. '인근에 철새도래지가 있어서' 혹은 '새로 발견된 숨골이 많아서'라는 이유를 드는가 하면, 기존 공항을 확장하는 대안이 나오는 등 이유 아닌 이유와 조건이 난무한다.

철새도래지는 필자가 거주하는 오조리 지역을 말한다. 이곳에서 팔십 평생을 살았지만, 철새가 비행장 예정지인 서남쪽에서 이동해 오가는 걸 본 적이 없다. 그들의 이동로는 그 반대 방향인 일출봉과 우도 방향의 동북 바다 쪽이다. 또 새로이 발견된 숨골이라는 것 역시 제주의 지질 구조상 도내 곳곳에 수없이 산재해 있다. 어쩌면 제주 섬 전체가 동굴이라 해도 과언이 아니다.

또 다른 한 가지, 도의회 의장이 주장하는 도민 공론화는 어떤가. 그가 2012년도 환경도시위원장이던 당시 신공항 촉구 대정부 건의에 앞장섰던 분이라, 이는 자기 스스로를 부정하는 꼴이다.

나는 그분들에게 바란다. 우리 모두 솔직해지자고, 그리고 '사랑하는 사람의 언어를 배우라'는 아랍의 속담처럼 부정의 언어가 아닌 긍정의 언어, 사랑의 눈으로 매사를 바라보는 마음을 갖자고. 덧붙여 우리는 이미 발표된 제2공항 유치라는 대명제 앞에서 결코 물러설 수 없음을 목숨으로 밝혀둔다.

(뉴제주일보 '제주칼럼' 2019.11.12.)

새해 첫날 아침에 만난 이상한 풍경들

...

 해마다 새해 첫날 아침이면 성산읍 지역의 뜻있는 분들은 관내 충혼묘지 참배 길에 오른다. 올해 1월 1일 아침도 예외일 수는 없다. 그 참배 길에 오른 우리 일행 앞에 올해는 참으로 이상한 풍경이 전개되고 있었다. 충혼묘지 진입 로터리에서 한 무리 시위 집단이 열심히 구호를 외치고 있는 것이 아닌가. 그들의 손에는 한결같이 붉은 글씨의 깃발이 들려있었다.

 아무리 들여다봐도 그들은 이 지역 사람들 같지는 않았다. 그런데도 그들은 새해 아침 참배 길에 오른 우리와 또 그 길을 오가는 지역민을 향해 '제2공항 반대' 구호를 외치며 깃발을 흔들고 있는 것이다. 이를테면 '성산읍주민들이여! 제2공항반대운동에 동참하라'는 의미의 행위다. '새해 벽두부터 이건 아니지 않나?'라는 볼멘소리가 누군가의 입에서 튀어나왔다.

 '참배를 마치고 나올 때면 이 늙은이도 쓴소리 한 마디쯤은 해줘야지'하고 벼르고 있었건만 돌아오는 그 시간, 그들의 모습은 이미 보이지 않았다. 마치 풍각쟁이들을 만난 듯한 기분을 안고 신년하례 길에 올랐다. 지나는 길인 온평리와 신산리 마을 일주도로변과 수산1리 마을 안길에도 예외 없이 그 같은 깃발들은 펄럭이고 있었다.

물론 이곳은 공항 예정 부지와 관련된 지역이라 오래전부터 그 깃발들이 꽂혀있었지만 이날 아침의 느낌은 예전 같지만 않았다. 새해 벽두부터 우리의 마음을 우울하게 하는 곳은 성산지역만이 아니다. 제주도청 앞길 양쪽에 들어선 낡은 천막과 온갖 구호가 적힌 현수막, 울긋불긋한 깃발들이다, 이것이 바로 새해 아침 필자가 맞이한 제주도의 풍경이다.

이 같은 새해 아침의 풍경은 제주뿐만이 아니다. 돌아와 마주한 텔레비전 화면은 어떤가. 이 역시 펄럭이는 건 깃발이다. 광화문 광장에서 펼쳐지는 진보와 보수 단체가 보여준 집단행동의 모습, 한쪽은 '검찰개혁, 조국 수호' 등을 외치는 집단이고 한쪽은 '문재인 탄핵, 조국 구속, 추미애 사퇴' 등을 주장하는 외침이다.

대한민국 천지가 깃발 든 사람들만의 세상이고 그렇지 못한 사람은 조금은 뒤처진 사람 같은 세상이 되고만 느낌이다. 그렇다면 깃발이 갖는 본래의 의미는 무엇일까. 깃발은 원래 어떠한 상징이나 글씨를 그려놓고 깃대 등에 게양해 특정 인물이나 단체, 혹은 국가 등의 권위나 권한을 나타내는 상징물로 사용돼왔다. 그 대표적인 예를 든다면 대한민국을 나타내기 위한 태극기가 그러하다.

이러한 상징성은 점차 다양하게 변화돼서 '경축의 의미', 심지어 '열차의 정지 신호' 대용으로도 이용되던 것이 변해도 아주 많이 변해 버렸다. 급기야 '깃발' 곧 '시위' 혹은 '혁명'의 상징물로 둔갑하고 말았다. 거기에 더해서 그 깃발에 빨간색을 입히면 누구도 범할 수 없는 옳은 자만이 행하는 전유물처럼 보여서 살벌함마저 든다. 빨간색 의미 또한 분노, 증오, 혁명, 전쟁과 같은 의미와 함께 젊음, 사랑, 욕망, 애국심 같은 폭발적 생명력마저 갖고 있기 때문이다.

70여 년 전 일이 떠오른다. 필자의 나이 여덟 살 때다. 그해 우리 마을 공회당 마당에는 하루에도 몇 차례씩 빨간 깃발이 휘날렸다. 그 깃발은 공회당과 마주한 우리 집에서도 볼 수 있었다. 한 무리 젊은이들이 공회당 마당을 메우고 있었고 그들의 손에는 붉은 깃발을 들고 있었다. 그리고 그들은 다음과 같은 구호를 외치고 있었다. "높이 들어라. 붉은 깃발을…."

기억에 남는 건 이것뿐이 아니다. 그런 일이 있고 얼마간의 날과 달이 지난 그해 가을이다. 적지 않은 마을 젊은이가 경찰에 끌려가는 모습이 눈에 잡혔다. 그 와중에 필자의 아버지를 비롯한 3형제와 할아버지, 할머니는 물론 아버지 사촌과 고종·이종사촌까지도 끌려가 죽임을 당했던 일이다.

2020년 새해 아침, 저 길가에 나서서 흔들어대는 깃발과 TV 화면에 비치는 수많은 군중의 깃발 속 외침을 보면서 불현듯 그때 그 1948년도 제주섬의 섬뜩한 기억이 오버랩된다. 오늘의 이 느낌이 제발 그때의 4·3 같은 사태의 징후가 아니길 바라는 마음과 함께.

(뉴제주일보 '제주칼럼' 2020.01.27.)

왜 우리는 마지막 카드를 먼저 꺼내려 하는가?

...

급기야 WHO는 '코로나19'에 대해 지난 11일 '팬데믹'(세계적 대유행) 선언을 하기에 이르렀다. 인간과 바이러스와 보이지 않는 전쟁이 시작된 것이다. 이 소식을 접하면서 우리는 유럽 중세 사회에 있었던 대역병의 시대를 되돌아보지 않을 수 없다. '대 역병', 즉 '흑사병'이다. 이 전염병은 1347년에 이탈리아 시칠리섬에서부터 퍼지기 시작해서 불과 4년 사이에 전 유럽 인구 3분의 1의 목숨을 앗아 갔다.

특히 런던을 폐허로 만든 이 유행병은 1665년부터 1666년 사이 런던 46만 인구의 25%에 달하는 사망자를 발생시킬 만큼 그 어떤 전쟁, 재앙보다도 무서운 역병으로 기록되며 역사는 이를 두고 '런던 대 역병'(Great Plague of London)이라고 부르기도 한다.

이처럼 인간과 질병의 전쟁은 그 후에도 400년간 이어졌으며 최근에는 '사스'를 비롯한 '신종 플루', '메르스', '코로나19' 등으로 이어지고 있다. 인류는 이 같은 질병의 역사 속에서 살아왔으며 그 역사를 교훈 삼아 다음에 올지도 모를 질병과의 전쟁을 대비하며 살고 있다.

인간 삶의 역사가 그러하듯 국가 혹은 사회도 그들이 생존을 위한 전략과 대책을 마련한다. 예를 든다면 일명 '국가비상사태대비훈련' 같은 것도 이에 준한다고 할 것이다. 그 대비 계획과 훈련이 잘되고 못 되느냐에 따라서 국가 위기관리 능력을 평가받기도 한다.

 그렇다면 현재 우리는 어떤 대책으로 이 위기를 극복하고 있는가. 작게는 '마스크' 대란에 대한 대책, 집단감염원 차단을 위한 '사회적 거리두기' 등 한둘이 아니다. 더구나 일부 지방자치단체와 정치권에서는 국민 전체 혹은 일부 계층에게 1인당 50만 원에서 100만 원의 재난기본소득을 지급하자는 주장도 일고 있다. 미국과 일본 등에서도 긴급 경제대책의 하나로 국민에게 현금 나눠주는 방안을 추진 중이라고 한다. 과연 이러한 현금지원정책이 바람직한 것인가.

 우리 국민은 이미 IMF를 경험했다. 그때 우리는 어떤 정책으로 그 위기를 극복했던가. 재난기본소득 지원 같은 현금 지원 정책이었을까. 아니다. 고통을 함께 나누는 국민운동이 그 위기를 극복하는 힘이 됐으며 세계는 지금도 그것을 기억하고 있다.

 어느 노파의 소중한 금반지, 젊은 처자의 금목걸이, 심지어 어린아이의 돌 반지마저도 위기 극복을 위해 쓰였던 따뜻한 국민운동이 그것이다. 국가 재정이 미국이나 일본처럼 넉넉하지도 못한 상황에서 현금 지원 정책의 부담은 고스란히 우리 국민이 모두 짊어져야 할 부채가 될 것이란 것은 비단 필자만의 짧은 생각은 아닐 것이다.

 지금 세계의 누리꾼 사이에서는 코로나19에 대처하는 우리의 모습을 보면서 '한국은 위대한 국민의 나라'라는 칭찬 릴레이가 이어지고 있다. 한국 자원봉사자들이 활동 영상을 유튜브를 통해서 공유하면서다.

세계 누리꾼들은 '한국은 항상 위대한 사람들을 가진 위대한 나라', '역사적으로 국난을 극복하기 위해 뭉쳤던 나라', '위기는 민중들에게 최선의 것과 최악의 것을 이끌어낸다. 위기가 끝났을 때 누가 놀라운 나라를 만들었는지 기억하자'라고 하면서 '한국을 기억하겠다'라고 했다.

무엇이 우리를 이렇게 위대하게 만드는가. 우리에게는 나눔의 문화, 참음의 문화, 극복의 문화가 있다. 그럴만한 능력이 있는 민족이다. 이 난국을 타개하는 데 국가가 우선해야 할 역할은 국민 스스로에게 용기와 자신감으로 함께하는 능력을 키워주는 데 있는 것이지 금전 몇 푼 건네주는 데 있지 않다. 그 지원은 국민의 자생 능력이 소진될 때 꺼내는 마지막 카드라야 한다. 왜 우리는 마지막 카드를 먼저 꺼내려 하는가.

필자는 어느 민박집에 고용된 일용직 아줌마와 주인 사이에 나누던 대화를 기억한다. 달포 이상 비어있는 객실을 마주하며 "사장님, 봉급이 없어도 좋으니 손님이 있을 때까지 창문 여닫는 일이라도 열심히 시켜주세요"라며 손을 맞잡던 그들의 모습은 곧 이 난국을 극복하려는 우리들의 모습이어서 좋았다. 정부가 주는 돈을 마다할 백성은 없다. 그렇지만 그것은 달콤한 독이다.

(뉴제주일보 '제주칼럼' 2020.03.22.)

떠나는 이를 위한 기도(祈禱)
― 현곡 양중해(玄谷 梁重海) 선생 영전에

・・・

　4월, 유채꽃 향내가 유난한 오늘. 한라산의 핏빛 같은 그 진한 소주를 취한 척 안 취한 척 술잔을 기울이며 온화한 선생님의 옆모습처럼 우리는 그렇게 둥그런 원으로 앉았습니다. 영정 속에서도 저희 마음 훤히 들여다보시며 "자! 이제 그만들 가 보시게" 가만히 등 밀어주시는 선생님의 말씀을 묵언(默言)으로 들으며 상기된 얼굴로 소주잔을 기울이고만 있습니다.

　문득 곁에 다가와 '강 군, 어떵 살암서?' 하시면서 시골 문학 소년이던 저에게 "시(詩)에 대하여 이야기하는 편지"라는 제목으로 제주일보 지면을 통해 문학의 길을 열어주시던 그때처럼, 제가 장가 가던 날, 당신의 생애 처음인 주례를 서 주셨고 제 아들놈 장가 갈 때마저 주례를 서 주시면서 인생의 길을 열어주시던 그때처럼, 우리 곁으로 조용히 자리하실 것만 같은 당신을 이렇게 하릴없이 지켜볼 수밖에 없습니다.

　누군가의 말처럼 슬픔은 살아남은 자들만의 몫이던가요. 살아남은 저희가 감내해야 할 빚이던가요. 떠나가는 배의 뒷모습을 지켜보시던 당신의 시선으로 오늘 떠나가는 당신의 뒷모습을 바라봅니다. 떠나시는 당신의 뒷모습이 참으로 아름답습니다. 오늘도 선생님이 즐겨 거닐었던 탑동 해변 선생님을 기억하는 갈매기 한 마리 높게 날아오릅니다. 그 날

개 위에 뽀얗고 보얀 소년 같은 미소, 언제나 한결같은 선생님의 모습이 얹혀있습니다.

서두르지 않으셨고, 화내지 않으셨고, 미워하지 않으셨고, 흐트러지지 않으셨고, 주저하지 않으셨으며, 새들의 날갯짓처럼 여유로운 믿음이셨습니다.

지금은 아침 아홉 시, 봄기운 따뜻이 머금은 4월의 태양이 솟습니다. 그러나 선생님, 선생님의 청년 시절이던 그때의 태양은, 핏빛으로 가득했던 4월의 태양은, 오늘, 우리가 마주한 저 태양이 아니었습니다. 죽고 죽임이 넘쳐나던 광란의 섬에, 전쟁의 배고픔까지 함께 말라비틀어지던 회색빛 하늘에, 태양은 아예 없었습니다.

짙은 어둠 속을 어깨 늘어뜨리고 걸어갈 적에 선생님은 우리에게 한 가닥의 빛이셨습니다. 죽고 죽임의 문턱에서 우리가 가야 할 길과 가지 말아야 할 길을 올곧게 길잡이 해 주셨던 그 빛, 칠흑 같은 어둠이 가득한 이 섬에 〈신문화〉 창간을 시작으로 제주의 문화와 문학의 초석을 다지셨던….

뿌린 씨는 언젠가 기필코 싹이 돋는다고 하시던 선생님의 말씀처럼 선생님께서 이 섬에 뿌리신 문학의 씨앗은 이제 온 섬에 싹이 돋고 꽃을 피워 문학을 읽고, 쓰고, 노래하는 이들이 수백수천에 이릅니다. 그 씨를 뿌리고 싹을 돋게 해주신 빛, 당신이셨습니다.

선생님의 시(詩)에서도 이르셨듯이 "무엄한 까마귀들까지 내 상관대기에 물똥을 갈기고 간다."시던 그 말씀을, "이젠 눈을 감고 물러설 일이다"라고 하셨던 당신의 그 말씀의 의미를 곁에 계실 때에는 정말, 정말로 몰랐습니다. 아니, 영원히 저희 곁에 닻을 내리고 떠날 줄 모르는 배 일 거라고 생각했습니다.

이제 조용히 눈을 감고 우리 곁에서 떠나시려는 선생님! 지금 저 건너 동부두에 통통배 한 척 시동을 겁니다. 〈떠나가는 배〉, 비로소 저 한 척의 "떠나가는 배"가 있어 우리에게 깨달음이 있습니다. '떠남'은 사라짐이 아니라는 것을, 떠나간 배는 반드시 어딘가에 닻을 내리리라는 것을, 그러기 위한 출항이라는 것을. 하지만 선생님은 저희 가슴에 영원한 닻을 내리려는 새로운 시작입니다.

또 다른 배는 저 서부두에 닻을 내립니다. 만선의 하역을 시작합니다. 그렇게 선생님은 만선의 닻을 내리는 배입니다. 떠나면 언젠가는 반드시 돌아오는 배, 만선의 하역을 위해 다시 닻을 내리는 배, 그 떠나가는 배를 위해 우리는 다시 시작할 것이며 제주의 문화, 제주의 문학은 더욱 풍성할 것입니다. 그래서 선생님은 이 섬, 제주의 역사에 영원한 어른으로 남을 것입니다. 부디 영면하십시오.

(제주일보 ,2007 .4. 8. 09:00 제주시 탑동해변 영결식장에서)

현곡(玄谷) 양중해(梁重海) 기념관

...

마당 한쪽 응달진 곳, 긴 겨울을 넘긴 동백이 마지막 꽃잎 하나를 붙들다 아슬아슬 놓아버린 흔적이 새벽바람에 나뒹굴고 있다.

문득 풋사랑의 향긋한 냄새 가득한 김유정의 소설 '동백꽃'이 생각나는 대목이다. 제주4·3 때 뚝! 지고 만 제주 양민의 목숨 같은 동백의 아픔도 함께 오버랩된다.

내친김에 동백 언덕 카멜리아 힐(Camellia Hill)을 찾았다. 이곳은 19만 8,000여㎡ 넓이에 80여 개국 동백나무 500여 품종 6,000여 그루가 울창한 숲을 이루고 있는 제주관광 힐링의 명소다.

내가 이곳을 찾는 데는 그만한 이유가 있다. 동백꽃으로 뒤덮인 이 카멜리아 힐 숲속에는 가곡 '떠나가는 배'를 작사한 현곡(玄谷) 양중해(梁重海) 선생의 기념관이 있어서다. 그곳에서 시인 양중해 선생의 향기를 마음으로 느끼기 위함에서다.

선생은 2014년 4월 향년 81세의 나이로 우리 곁을 떠나셨다. 생전에 제주문단의 큰 어른으로 칭송받으셨으며 지금도 그렇다. 제주 '신문화' 창간을 시작으로 60년대 제주문협, 제주예총, 제주문화원을 탄생시키는 등 제주문화예술의 초석을 다지신 분이다.

대부분 사람은 선생을 시인이기에 앞서 선비이며 현인 같은 분으로 별칭 하기도 한다. 늘 온화하시고 서두르지 않으셨으며 남을 미워하거나 화내지 않으셨고 여유로운 미소와 더불어 단정함은 자연을 한 몸에 담은 엘레강스하신 분이셨다.

어쩌다 기분 좋은 일이라도 있을 양이면 발갛게 달아오른 얼굴 모습은 마치 수줍게 핀 동백꽃을 보는 듯했다. 겨우내 봄을 향해 피어날 준비를 하는 동백처럼 서두르지 않으시는 선생의 모습은 동백이 간직한 순수 그 자체다. 그 때문에 그분을 '동백' 혹은 '동백시인'이라고 부르는 것도 틀린 말은 아니다.

나름으로 선생께서도 끔찍이 동백을 사랑해서 기회 있을 때마다 이 동백동산을 찾았다고 카멜리아 힐 양언보 대표는 귀뜀한다. 그만큼 동백숲 이곳은 양중해 선생의 영혼이 깃든 언덕이라는 고백이다.

이 동백동산을 가꾸기 시작할 때부터 마지막까지 선생의 동백에 대한 애정과 정성이 깃들지 않은 곳은 거의 없다고도 했다.

그래서 그랬을까. 이 공원 입구에는 선생이 동백과의 인연을 노래한 시비(詩碑)가 나지막이 자리해서 오가는 이들을 마중한다.

"10년 뒤에/동백 언덕에 갔더니/동백꽃은/예전대로 붉게 피었더구나//전에 왔던 얼굴/기억해 두었다가/어찌 혼자 왔느냐?/무슨 일이 있었느냐는 것이 아닌가?// 그렇고 그렇더라고 했더니/어찌 그럴 수가 어찌 그럴 수가…/슬픈 것은 난데/동백꽃들끼리 일제히 울음을 터뜨린다//" - '동백 언덕에서' 일부

그러고 보니 양언보 대표가 '현곡(玄谷) 양중해(梁重海) 기념관'을 이곳에 개관한 이유를 알 것 같다. 너무나 인간적인 선생의 순수에 이끌려 어느 순간 이곳에 선생의 기념관을 마련하고 싶어졌었다는 것이다.

양중해 선생과 그는 형제지간도, 동향인도, 학문을 함께한 동학인도 아니다. 인연이라면 그가 선생을 너무너무 존경하고 사랑한 인연, 그것 하나뿐이란다.

이곳에 아름다운 동백꽃이 필 수 있다는 것은 오염되지 않은 토양이 있기 때문이며 양중해 선생이야말로 바로 그 오염이 안 된 토양 같은 분이시기 때문이란다. 따라서 자신도 미력이나마 오염이 안 된 한 줌 토양이 되고자 선생의 혼을 담아 그분의 기념관을 마련했다는 것이다.

오늘도 양언보 대표는 기념관에 비치된 현곡 선생의 서책과 유품들을 손수 정리하고 다듬으며 기념관을 찾는 이들을 반갑게 맞이하고 있다.

선생의 영정 맞은편 벽면에는 '양중해 씨를'이라는 박목월 선생의 헌시(獻詩)가 이 기념관을 자주 찾아뵙지 못한 나를 꾸짖듯 지켜보고 있다. 한없이 죄스럽고 부끄럽기 그지없다.

여기 이 기념관을 둘러보고 돌아설 시간 내 눈에 설핏 스치고 지나가

는 그림자가 있다. 생전에 내 문학 초년생 시절 빙그레 웃으시며 내 손을 잡아주시고 내 혼례 날 주례까지 맡아 주셨던 선생님이 거기 서 계신 것이 아닌가. 깜짝 놀라 다시 또 바라봤더니 아니다. 그분은 양언보 대표가 거기 계신 것을… 뭉클한 마음을 숨길 수 없어 '고맙습니다 고맙습니다 양중해 선생을 기억하게 해 주서서 고맙습니다'라는 고작 그 한마디 말로 양중해 선생을 좋아하는 우리 모든 이들의 뜻을 대신하고 돌아서 나왔다. 동백이, 그 빨간 동백이 활짝 웃고 계셨다.

(뉴제주일보 '제주칼럼' 2020.05.24.)

'4·3의 기억'과 작가 오영수

• • •

　지난 6월 울산 오영수 문학관 관장인 이연옥 시인이 문학관 회원들과 함께 제주를 다녀갔다. '제주4·3의 기억 속으로'라는 제목의 문학기행이다. 글을 쓰는 사람들에게 문학기행이란 퍽 흥미롭고 흥분되는 일인 듯하다. 더군다나 여행의 대상지로 제주도를 선택했다는 점에서 이곳에 묻혀 사는 나로서는 반갑고 감사하고 환영할 만한 일이 아닐 수 없었다. 그렇지만 한 가지 궁금한 것은 그들의 문학기행이 '제주4·3의 기억'에 테마를 뒀다는 데 있었다.

　오영수의 문학성은 그의 대표작이라 할 수 있는 '갯마을'에서 느낄 수 있듯이 한국적인 소박한 인정이나 서정의 세계에 기조를 두고 있다. 그런 의미에서 그의 문학세계는 '제주4·3'과 같은 극히 이념적 성격의 문학세계와는 거리가 있다.

　그럼에도 오영수 문학을 추종하는 그들이 제주문학기행을 '4·3'에 뒀다는 데서 나에게는 퍽 지울 수 없는 흥미로움이었다. 그렇지만 나의 그러한 흥미로움은 흥미 이상의 의미를 줬다. 오영수의 작품 중에는 제주도를 소재로 한 단편 '실거리 꽃', '후일담' 등의 작품이 있어서다. '실거리 꽃'은 제주여인의 끈질긴 삶의 의지와 강인한 성격을 의미하는 '실거리 나무'의 설화를 모태로 한 작품이며 '후일담'은 '제주4·3'을 다룬 작품이다.

1914년생인 오영수의 고향은 경상남도 울주군 언양의 바닷가마을이다. 그곳은 제주해녀들이 원정물질의 대상지이기도 했다. 따라서 그의 문학적 정서는 어쩌면 그가 성장하면서 접했고 느꼈을 제주해녀에게서 비롯됐을지도 모른다. 그래서 탄생한 것은 1953년에 발표한 그의 대표작 '갯마을'과 십 년 뒤의 작품 '실거리 꽃'이다. 이 두 작품 모두 주인공은 해녀다.

바다라는 삶의 공간을 버리지 못하는 제주해녀의 인간적인 모습을 보여주는 그의 작품을 대하면서 나는 '어쩌면 제주해녀는 그의 문학성의 모태였을 것'이란 생각마저 하게 됐다. 다른 작품 '후일담'은 어떤가. 이 작품 역시 1960년 '현대문학'을 통해서 발표된 '제주4·3'을 다룬 작품이다. 그의 작품 중 유일한 이념 문제의 작품이기도 하다.

대부분의 전후문학이 전쟁의 야만성과 광기를 고발한 작품들인 것처럼 '제주4·3'을 다룬 문학작품들도 예외가 아니다. 예를 들어 1978년에 발표한 현기영의 '순이삼촌' 역시 역사의 왜곡된 구조, 정치권력과 이념에 희생된 제주민중들의 이야기를 작가의 고발정신을 통해 객관적으로 보여주고 있다. 오영수의 '후일담' 역시 이념 문제를 다뤘다는 점은 '순이삼촌'과 크게 다르지 않다.

그렇지만 인간 중심 문학세계를 추구하는 오영수의 문학성은 설사 그의 작품이 제주4·3을 다룬 문학이라 할지라도 현기영을 비롯한 대부분 작가들이 짚고 가는 비판과 고발, 비극성 드러내기 등의 작품과는 결이 다르다.

그래서일까 1960년도에 발표된 오영수의 '후일담'은 현기영의 '순이삼촌'보다 18년이나 앞선 작품이며 제주 출신이 아닌 작가로서 '4·3' 문제를 다룬 최초의 작품임에 주목한다. 그럼에도 그의 제주4·3을 다룬 '후일담'은 다른 이들이 작품과 달리 지금껏 돋보이지 않았던 점은 4·3을 들여다보는 적극성과 치열성보다는 당시의 경직된 정치 상황 속에서 한국적 리리시즘 구현에 초점이 맞춰졌기 때문일 수도 있다.

'4·3'을 겪은 지 어언 70여 년. 그 과정에 우리 도민들에게도 4·3을 바라보는 인식과 문제 해결 구도 등에 많은 변화를 가져왔다. 그것은 바로 '화해와 상생'에 방점을 두고 있다는 점이다. 이는 곧 '제주4·3문학'의 방향도 지금까지 추구해왔던 비극성, 증언, 고발, 저항, 투쟁의 문학에서 뛰어넘을 필요성을 느낄 때가 됐다는 뜻이다.

극한 상황 속에서도 인간의 선함과 진실함을 믿고 부정보다는 긍정을, 악보다는 선을, 추함보다는 아름다움을 추구하는 인간 중심의 오영수 문학정신이 화해와 상생을 추구하는 제주4·3정신과도 일치한다는 뜻이다. 그의 작품 '실거리 꽃'이나 '갯마을', 그리고 '후일담'에서 전하고 싶었던 해녀정신이 바로 그 답이 될 수 있기 때문이다. 이는 곧 제주인의 정신이기도 하다. 부디 이연옥 시인을 비롯한 오영수문학관 회원들께서 목적하여 방문하고 느끼신 제주정신이 작품활동에 보탬이 되기를 간절히 바란다.

(뉴제주일보 '제주칼럼' 2020.07.26.)

'테우민속보존회'와 '테우' 이야기

...

 지난 11월 6일 성산항 내항 오조리 한도만 광장에서는 '제주 전통 테우 제작' 발대식이 있었다. 이 행사는 성산포지역에 사는 열네 명의 '제주테우민속보존회'(회장 채종학) 회원과 전통 장인(匠人)들이 서귀포시 '문화도시조성사업'의 일환으로 추진해 이끌어낸 행사다.

 이들 민속보존회원은 지금까지 방치되고 잘 알려지지 않았던 '테우'의 전통을 발굴하고 도입해 제작해서 그 전통을 보전하고 전승 교육함에 있다.

 '테우'의 구조 역시 아홉 개의 삼나무를 통으로 베어 엮은 길이 630㎝, 넓이 상하 각각 200㎝와 270㎝의 전통 규격을 고수했다. 이뿐 아니라 선체의 밑판과 앞·뒤쪽 '멍에'와 '노'(櫓), '닻돌', '삿대' 등도 고증과 전통에 충실했다. 또 이 모든 제작과정은 공개된 장소에서 주민과 관광객이 함께 참여케 함으로써 이 사업이 꾀하는 교육적 목적도 성취시키려 했다.

 테우! 제주도민들에게 '테우'라는 의미는 얼마나 아련한 추억이며 삶의 향수인가. 테우는 제주도의 지역마다 '때배', '터위', '테위', '테' 등으로 불릴 만큼 다양한 이름들이 있다. 그와 못지않게 '테우'에 얽힌 애환도 다양하다.

적어도 제주에서 태어나 성장한 사람치고 '테우'를 이용해서 낚시질 못해본 사람 있을까. 미역이나 듬부기 등 해초를 건져 올려보지 않았던 사람은 몇이나 될까. 어디 그뿐인가 '테우'와 평생을 함께해온 제주해녀의 느낌과 애정은 또 어떠한가. 그만큼 테우는 제주민의 탯줄이며 생명줄이었음을 우리는 부인하지 못한다.

그렇다면 도대체 제주에는 언제부터 '테우'가 존재했을까. 그 역사적 기원은 안타깝게도 확실치 않다. 사면이 바다인 제주사람들에게 배를 이용해서 살았다는 건 당연한 이치다. 그렇지만 다른 배도 아닌 무거운 통나무를 이어 만든 '테우'에 굳이 의존해야 했던 사연은 무엇이었을까.

지리적으로나 역사적으로나 제주도는 사람이 살기에 썩 좋은 섬은 결코 아니었다. 돌 많고 바람 많은 거칠고 험한 땅, 관리들의 간악한 횡포와 버거운 부역, 왜구와 몽골의 침탈, 더군다나 반강제적인 진상(進上) 등으로 굶어 죽어가는 백성은 날로 급증했다.

견디다 못한 도민들은 급기야 '탈, 제주'(脫, 濟州)까지 감행함을 보다 못한 조정은 17세기 초부터 200년 동안 이른바 도민들을 섬 안에 꽁꽁 묶어놓는 '출륙금지령'(出陸禁止令)까지 내리고 말았다. 입출항 포구를 '조천포구'와 '별도포구'로 제한하고 목사와 군관이 나서서 출항하는 모든 선박을 일일이 점검 통제할 만큼 도민의 선박 소유권마저 박탈당하는 지경까지 이르렀다.

결국, 도민들이 의지할 것은 연안 조업용 '테우'에 매달릴 수밖에 없었으며 관리들 역시 이를 조장하거나 강제하는 걸 서슴지 않았다. 이것이 우리 도민이 받아들일 수밖에 없었던 오늘날 '테우문화'의 동기인 것이다.

그렇지만 우리 선조들은 이 '테우'를 단순한 뗏목배로만 받아들이지 않았다. 우리에게 절대적인 삶의 문화로 다듬어서 지역 고유의 문화적 자산인 '테우문화'를 탄생시킨 것이다.

이제 우리는 오조리 한도만 광장에서 '제주전통테우제작' 발대식장에 서 있다. 그리고 우리 선조들의 애환이 담긴 테우 제작의 모든 과정을 지켜봤다. 그것은 어렵고 고통받던 당시의 검질긴 삶의 모습이었다. 실로 가슴이 벅차오른다.

비록 몇 안 되는 지역민들이 마련한 보잘것없는 행사일지라도 서귀포시가 창출한 '노지문화'라는 정책에 상호 역동적인 관계를 형성하며 사라져가는 우리의 문화를 전승시키려는 의지가 대견하고 자랑스러울 뿐이다.

오늘을 있게 한 서귀포시와 이를 완성한 '제주테우민속보존회' 회원들에게 한없는 감사와 응원의 박수를 보낸다. 더불어 보다 많은 도민과 관광객들이 이 사업에 동참할 수 있게 되길 기원한다.

(뉴제주일보 '제주칼럼' 2020.12.12.)

제2공항에 '삭다리불'이라도 지피자

...

며칠 전 내린 폭설로 무밭은 온통 동해(凍害)로 박살 났다. 밭모퉁이 몇 그루 소나무 가지마저 앙상한 삭정이들뿐이다.

떨어진 삭정이를 주워 모아 불을 지폈다. 따뜻한 열기가 언 몸을 녹여 준다. 멀리 떨어진 밭의 이웃들까지 불꽃을 보고 몰려든다. '따듯함이란 이렇게 멀리 있는 사람들까지 가까이 다가오게 한다'라는 생각이 들 만큼 함께한 그들이 더욱 살가웠다.

그간 못다 했던 그들과의 대화는 어느새 농사일에서부터 우리 지역이 처한 현안들로 비화했다.

동내 젊은 세대 수가 점점 줄어들어 동공화(洞空化)되어 가는 마을 이야기, 덩달아 줄어드는 학생 수로 학교마저 폐교 위기에 처했다는 이야기, 이번 '신구간'(新舊間)에도 제주시로 이사하려는 젊은이들 수가 한둘이 아니라는 이야기까지 이어진다.

이유는 지역 생산성과 주민 삶의 질을 향상시킬 대안이 없다는 것 때문이란다. 그렇다면 소위 낙후된 우리 지역을 일으킬 대안은 없을까.

그간 제주도정은 제주도종합개발계획과 제주도관광종합개발계획(1972~1982년)을 시작으로 제주도개발특별법에 따른 제주도종합개발계획(1994~2001년)에 이르기까지 한결같이 내세웠던 건 지역균형개발사업이고 관광개발사업이며 공항시설확충사업이다.

그렇다면 이러한 정책들은 제대로 추진되고 있을까.

제주도 동부지역 주민들이 기회 있을 때마다 주장해왔던 것처럼 필자 역시 지난해 4월, 이 지면을 빌어 '성산포의 시계는 지금 몇 시일까'라는 제목으로 허울뿐인 제주 동부지역 관광개발사업의 안타까운 현실을 호소한 바가 있다.

다행히 그 호소는 빛을 보는 듯했다. 40여 년 전부터 제시됐던 제주관광종합개발계획 중에 공항확충사업, 즉 제2공항 예정지가 성산포지역이라는 정부 발표가 그것이었다. 그러나 우리를 슬프게 하는 것도 뒤따랐다. 제2공항 반대를 주장하는 이들의 목소리다.

2012년 당시 김태석 도의회환경도시위원장을 비롯한 도의원들은 '제주 신공항 건설 촉구' 대정부 건의안을 채택해 건의한 바 있으며 더불어 도내 모든 환경단체, 언론단체들도 다른 의견을 달지 않았다. 그만큼 '공항 확충=관광산업 활성화=지역균형발전'이라는 등식이 성립된다고 인식됐기 때문이다.

그런데 황당한 것은 이 사업에 누구보다 앞장섰던 당시 그분들이 지금까지와는 다른 반대 의견을 주장함으로써 스스로 자기모순을 드러내고 있는 것이다. 결국은 '도민여론조사'라는 명분을 내세워 자신들의 모순을 합리화하려는 데까지 이르렀다.

정부가 연구 검토 끝에 내놓은 국책사업이 여론에 휘둘러서 방향을 바꾸는 사례도 있던가. 국책사업이 갖는 의미란 지역주민은 물론 국가적으로도 사회, 경제적 필요성과 지역민 삶의 가치성, 안정성, 편리성 등 고도의 학술적, 기술공학적인 연구개발 끝에 얻어낸 사업이기 때문이다. 원효대사의 화쟁사상(和諍思想) 논리가 새삼 생각나는 대목이다.

왜 우리는 정부가 다각도의 검토 끝에 내놓은 국책사업을 부정적 사고로만 접근하려 드는가. 좀 더 긍정적 생각을 해서 더 높고 더 큰 안목으로 '가장 세계적인, 가장 친환경적인, 가장 친 경제적인, 가장 친제주도적인 살맛 나는 제2공항'으로 만들어 달라는 주장은 왜 못 하는가.

정부 역시 마땅한 정책을 수립했으면 왜 당당히 집행하지 못하고 주민 갈등만 유발시키는가.

필자에겐 눈 덮인 겨울 무밭에서 넋을 잃고 서 있는 시골 마을 농민들 모습을 보면서 왜 삭다리(삭정이)에 붙인 불꽃의 열기가 우리의 마음을 이처럼 살가운 정으로 다가서게 하는지? '세상이 왜 이래'라는 가수 '나훈아'의 노래가 왜 자꾸 생각나게 되는지?

이제 그 의미를 알 것 같다.

그런 의미에서 지난 4일 제주도의회 '국민의힘' 의원들이 도민에게 드리는 호소문을 통해 제2공항 건설에 '찬성' 입장을 당론으로 정한 것은 공당인 정책정당으로서 마땅히 할 일을 한 것이라 여기면서 그분들과 이 사업에 찬성하는 모든 도민께 뜨거운 박수를 보낸다.

(뉴제주일보 '제주칼럼' 2021.02.07.)

메멘토 모리(Memento mori)

...

로마 시대를 배경으로 한 영화 중에 잊히지 않은 장면이 하나 있다. 오랜 원정에서 승리를 거두고 귀성하는 로마군단의 뒤에는 그들을 따르는 수많은 노예와 군중들이 뒤섞여 있다. 그들은 한결같이 '메멘토 모리'라는 구호를 외치며 승리를 자축한다. "메멘토 모리!(Memento mori)", '죽음을 기억하라'라는 뜻의 라틴어다.

승전의 축제치고는 참으로 해괴하다. 멀고 먼 원정에서 얻은 승리의 기쁨을 고작 죽음을 기억하라'라는 외침으로 대신하다니. 그렇지만 그 의미는 심오하다. '전쟁에서 승리했다고 너무 오만에 빠지지 말라', '성찰하라, 그리고 다가올 미래를 생각하며 처신하라'라는 철학적 의미의 경구다.

죽음이란 누구에게나 예외는 없다. 필자도 이제 80을 넘긴 나이가 들다 보니 자기 일에 책임을 지는 어른으로 해야 할 처신에 고민할 때가 많다. 자기 일에 책임을 지는 노인, 이는 젊은이에게도 예외일 수는 없다. '스무 살에 죽고 여든 살에 장례를 치른다'라는 말이 있다. 살기는 팔십까지 살았지만, 그의 정신적 나이는 스무 살에서 더는 성장하지 못하고 멈춰버렸다는 뜻이다. 바꿔서 말한다면 나이는 젊었지만, 정신적 나이는 병들었다는 뜻과 같다.

국가의 정책 혹은 그 정책을 집행하는 위정자의 자세 역시 그러하다. 로마가 지금까지 세계 역사에 기록되는 것은 그들의 사고가 '메멘토 모리'라는 철학과 그 정신이 살아있었음이다. 젊은이든 늙은이든 혹은 위정자 모두는 새로운 것에 도전하려는 의지를 갖고 있어야 하며 그러한 사회와 그 국가는 미래가 있다. 그렇지만 그 반대라면 국가는 늙고 병들 것이며 사회는 늙은 사회가 될 것이다.

제주사회 역시 예외는 아니다. 이는 우리의 미래세대를 위한 삶의 기틀이 무엇이며, 그 대상 산업이 무엇인가라는 질문에 대한 답과도 통한다. 제주의 미래 산업에 관광산업을 빼면 무엇이 있을까. 또 이 관광산업의 기틀을 다지기 위한 정책은 무엇인가.

지금 제주를 찾는 관광객은 2,000만 명에 육박하고 있으며 이들을 받아들이는 제주공항은 폭발 직전이라는 걸 모르는 이 없다. 이 문제를 해결하고자 정부는 2015년도 제주 제2공항 건설 계획을 발표했다. 당시 도의회는 물론 도민의 찬성 여론은 80% 이상 쏟아졌다.

그로부터 6년, 정부는 그사이 한 걸음도 내딛지 못하는 병이 들고 말았다. 소위 몇몇 정치꾼이 정치놀음에 좌고우면하고 말았다. 입지 선정 및 환경문제 등 10여 차례의 토론회를 거쳤지만, 결정적 하자를 찾아내지 못했음에도 정책 결정의 참고용에 불과한 여론조사를 빌미로 공항이 갖는 고도의 전문적 영역까지도 그 그늘에 묻어두고 말았다.

여론조사에 응하는 도민들은 제주 미래의 장단점을 고민하기에 앞서 내가 사는 곳에서 공항이 얼마나 멀고 가까운가, 나와는 어떤 이해관계가 있느냐는 지엽적인 생각 등에 갇혀있음이 대부분이었다. 이처럼 제주 미래에 대한 통찰력이 부족한 여론조사였다는 점을 고려한다면 여론조사 그 자체가 허상인 것은 누구도 부인하지 못할 일이다. 그런가 하면 관계 부처 간 핑퐁식 책임 떠넘기기는 흡사 '스물일곱에 죽고 여든 살에 장례를 치른다'라는 속담처럼 '성장이 멈춰버린 정부' 꼴이 되고 만 셈이다.

이 와중에도 촌분이 멀다 하고 비행기 이착륙은 이어지고 항공기 접촉사고, 이착륙 시간 지연 등은 세계 어느 공항에서도 찾아볼 수 없는 시한폭탄 같은 공항이 되고 말았다. 더불어 개발행위 제한, 토지거래허가제 등 주민의 재산권 행사마저 묶어둔 채 치유될 수 없는 도민 갈등만 심어놓은 결과를 낳고 말았으니 그 갈등의 책임은 누가 질 것인가.

가덕도 공항은 국토부가 안정성, 시공성, 운영성 등의 부적격 사항을 지적했음에도 현장을 찾은 대통령의 한마디에 정부와 국회는 특별법으로 밀어붙였음은 무엇을 뜻하는가. 이제 우리 도민들은 '메멘토 모리'를 외치던 로마시민의 정신을 기억해야 할 때가 왔다. 죽음을 기억하라! 솔직하라! 믿음이 있는 정부, 자기가 발표한 정책에 책임지는 어른스러운 사회를 이끄는 정부, 메멘토 모리!

(뉴제주일보 '제주칼럼' 2021.6.20.)

시몬, 너는 좋으냐. 낙엽 밟는 소리가

...

    오랜만에 제주시 '칠성통' 골목길을 걸었다. 지금은 돌아가셔서 계시지 않지만, 공직 시절 나를 아끼고 사랑해주셨던 선배 윤한병 군수가 생각나서다. 그곳은 그분께서 구십여 평생을 사셨던 동네다.

    한산한 골목에서 들리는 음악은 가신 이와의 추억까지 호출한다. '이브 몽탕'의 '고엽'이다. 불멸의 샹송 가수가 부르는 노래가 선선한 가을 낙엽처럼 내 안으로 진다. 더불어 시(詩)를 좋아하는 나를 위해 서울 출장길에 사 들고 오셔서 내게 선물해 주셨던 시집(詩集)까지 생각난다. 구르몽(Remy de Gourmont)의 '낙엽'이라는 시가 실린 시집이다.

    이 시는 '이브 몽탕'의 노래 '고엽'과 함께하는 가을을 대표하는 시다. '…/시몬, 너는 좋으냐?/낙엽 밟는 소리가/…/발로 밟으면 낙엽은 영혼처럼 운다/…'로 이어지는 이 시를 읽고 있노라면 정으로 가득한 선배님의 따뜻한 영혼을 보는 듯 내 마음이 촉촉이 젖는다.

    특히 '…/가까이 오라/우리도 언젠가는 낙엽이 되리니/가까이 오라/…'로 종결짓는 대목에선 선배님께서 오늘을 예상하시고 내게 선물하신 예언의 시집인 듯해서 가슴이 아리다.

구르몽의 '낙엽'을 가리켜 '가을이라 쓰고 죽음이라 말하겠노라'라고 노래하는 시인도 있다. 그렇지만 구르몽의 시는 생명이지 죽음은 아니다. '…나무 잎새 져버린 숲으로 낙엽은 이끼와 돌과 오솔길을 덮고 있다…'라는 대목이 그렇다. 시들어가는 이끼와 돌과 오솔길을 덮는 낙엽은 죽음이 아니라 새로운 탄생을 위한 자기희생이며 새 생명의 탄생을 위한 마중물이다.

'밟으면 영혼처럼 운다'라는 대목은 감동 이상의 창조적 울림이다. 이것이 구르몽의 시이며 계절을 의미하는 철학이다. 따라서 계절은 멈춤이 아닌 변화다. 변화는 사라짐이 아닌 새로운 것으로의 도전이다. '사라짐'은 사라지는 그 자체보다 더 크고 아름다운 생명을 얻기 위한 자기희생이다. 자연과 환경을 대하는 시각과 처신도 이와 같다. '사라짐'이란 사라지는 것 이상의 미래다. 발전과 또 다른 생명을 탄생시키기 위한 자기희생이다.

여기서 나는 돌아가신 윤한병 선배를 또다시 호명하지 않을 수 없다. 새마을운동 시작과 함께 나는 그분을 제주도청 새마을과장으로 모셨다. "새로운 것으로의 도전." 이것은 그분의 철학이었다. 농어촌지붕개량사업과 함께 변화된 지붕의 색깔을 어떻게 입힐 것인가라는 질문을 던지시던 상상의 세계다. '바닷가마을은 바다색', '산간마을은 초록'이라고 낙서하듯 구상하시던 그것이다.

새마을운동은 우리 삶의 변화였고 환경의 변화였으며 자연의 변화였다. 따라서 이 모든 것은 사고의 변화에서 비롯된 것이다. 지금 제주도는 우리의 삶을 변화시킬 제2공항이라는 정책적 과제를 안고 있다. 그리고 이 정책에 반기를 두는 이들과 마주하고 있다.

　환경파괴, 자연훼손 등의 상투적인 문제를 제기하며 변화를 두려워하는 이들이다. 그들을 이끄는 건 몇몇 자기만이 옳다는 정치인과 시민단체들이다. 그들 못지않게 한때 제주도정을 이끌었던 책임 있는 분들의 함구하는 모습 또한 안타깝다. 여론몰이 · 눈치 보기 · 이기주의적 논리로 몰고 가는 한 제주의 미래는 없다. 고도의 정책과 기술을 수반한 미래공학적 논리로 추진돼야 하는 것이 공항건설이기 때문이다.

　도민들이여! 그래도 변화가 두려운가. 제2공항을 건설함으로 더 좋은 삶의 터전과 환경, 더 아름다운 자연을 조성할 수 있다는 걸 상상해보지는 않았는가. 춥고 배고프고 가난에 찌들었던 그리 오래되지 않은 기억을 벌써 잊었는가.

　그것들로부터의 변화와 도전은 오늘을 있게 했고 제주를 여기까지 오게 했다. 세상은 변하고 또 다른 변화를 요구한다. 지금 배고프지 않다고 훗날 우리 후손도 배고프지 않을 거라고 누가 보장할까.

　우리의 아이들에게 더 나은 환경을 조성하고 멋스러운 삶의 기반을 만들어서 그걸 물려주는 지혜가 요구되는 때다. 변화에로의 도전! 도민들이여 두려워 말자. 여기서 멈추지 말자. 우리의 미래세대를 위한 살맛 나는 세상 그림과 색을 입히자!

(뉴제주일보 '제주칼럼' 2021.10.12.)

'비자림로'의 꿈

...

지난해 봄 우리 집 정원에는 외톨로 서 있는 야자나무에 한 쌍의 까치가 둥지를 틀었다. 어린 새끼까지 키워 출가시
킨 이들은 흔치 않은 행운을 우리 가정에 안겨준 복덩이였다.

그렇게 행복하기만 하던 까치 가정에도 겨울바람은 불행을 예고했다. 세찬 바람에 노출된 둥지 때문이다. 다른 곳으로 옮겨가도록 여러 방법을 시도해봤지만 막무가내다.

그러나 예상은 빗나가지 않았다. 비바람 몹시 불던 날 기어이 올 것이 오고야 말았다. 둥지를 받쳐주던 나뭇가지들이 꺾이고 부서져서 녀석들의 보금자리는 흔적 없이 사라지고 말았다. 이 추운 겨울날 사라진 둥지 주변을 대책 없이 맴도는 녀석들을 바라봐야만 하는 내 처지 또한 부끄럽기만 하다.

제주시로 향할 때 거쳐야 하는 '비자림로'에서도 까치들이 산다. 녀석들에게도 겨울바람이 걱정되긴 마찬가지다. 까치들 못지않게 이 도로에는 걱정되는 것이 또 하나 있다. 오래전부터 이곳은 오가는 차량으로 언제나 만원이다. 가뜩이나 요즘 같은 겨울 날씨는 결빙 현상까지 겹쳐 교통사고마저 잦다. 좁디좁은 편도 1차선 도로에 갇혀 오지도 가지도 못하

는 차량의 답답함을 볼 때마다 생각나는 것이 있다. 때를 놓쳐 고생하던 우리 집 까치 부부의 모습이다.

　진작 옮겼어야 할 둥지를 방치했다가 불행을 자초한 까치의 미련한 모습과 비좁은 도로를 진작 넓혀놓지 않아 자초한 도로 행정의 모순이 어쩌면 이렇게도 닮은꼴일까 라는 생각이 들어서다.

　세계자연유산인 '성산일출봉'과 천연기념물인 '비자림'과도 통하는 이 도로는 제주시·성산읍·구좌읍을 잇는 제주 동부지역에 없어서는 안 될 핵심 산업도로다. 제주 서부지역의 '평화로'에 대정·안덕을 잇는 왕복 4차선 산업도로가 있다면 제주 동부지역 '번영로'를 잇는 이 '비자림로' 역시 그 도로와 맥을 같이 할 만큼 생명선이다. 일일 교통량도 1만 3,000대에 이를 만큼 왕복 4차선 도로의 요건을 훨씬 넘어선 상황이다. 그런데도 이 도로는 아직도 편도 1차선이다.

　그런 문제를 해결하기 위해서 제주도는 지난 3년 전 이 도로를 편도 2차선으로 확장코자 공사를 시도했다. 그런데 공사는 시작과 동시에 멈춰버렸다. 환경단체들의 반대에 부딪혔기 때문이다. 도로변 숲에 애기뿔쇠똥구리, 팔색조, 두점박이사슴벌레 등이 서식하고 있다는 이유에서다.

　나는 환경연구가나 환경전문가는 아니다. 그런데도 자연환경의 가치를 어느 정도는 이해한다. 시골에서 태어나 농사를 짓고 자랐으며 팔십이 넘은 지금도 고향에서 농사일에 손 놓지 못한 채 살고 있으므로 생태환경에 대한 애정 역시 남 못지않다고 자부한다.

환경이라는 명제 앞에서 우리가 간과해선 안 될 것이 있다. 자연의 모든 생명체는 오염된 주변 환경에서 서식하는 것을 원치 않는다. 지금 우리가 겪고 있는 편도 1차선의 비자림로가 이를 웅변한다. 이미 이곳은 빈번한 차량과 사람들의 왕래 등으로 생태계의 신비는 상실한 지 오래다. 보호가 요구되는 팔색조 등은 확장코자 하는 도로에서 멀리 떨어진 곳으로, 애기뿔소똥구리는 숲이 아닌 목초지에서 발견됐다. 이는 비자림로의 환경이 그들로부터 외면당했다는 뜻이다.

따라서 지금 우리가 해야 할 일은 이미 생태환경이 망가진 이 도로를 자연의 생명체와 인간이 공생할 수 있는 쾌적한 친환경 도로로 확장 정비하는 일이다. 더 나가서는 그들이 옮겨가 살고 있거나 살고 싶어 할 대체 생태환경 단지를 조성해주는 것만이 서로를 위한 답이다.

인간을 비롯한 모든 생명체의 존립은 한쪽의 형편만을 주장하거나 한쪽의 생존만을 강조하는 데 있지 않다. 그들은 자신을 보호하고 서로의 환경에 적응하며 생존하려는 공생 능력을 갖추고 있다. 따라서 행정의 논리, 환경단체들의 논리 역시 한쪽이 강자이거나 약자가 되지 않도록 개발과 보존에 균형을 맞춰져야 하는 거역할 수 없는 논리로 이어져야 할 것이다. 이것이 인간과 자연의 공생 논리에 대한 가치성이고 진리다.

새해 2022년이여! 부디 제주 동부지역의 생명줄이며 산업도로인 '비자림로의 꿈'이 이루어지길 기원한다.

(뉴제주일보 '제주칼럼' 2022.01.02.)

뒤집히게 웃기는 일

...

 인터넷을 뒤지다가 우연히 눈길을 끄는 기사가 있어 들여다봤다. 세상에서 가장 웃기는 사진이라는 기사다. 개를 중심으로 찍힌 몇 장이 사진이 보인다. 사진과 함께 작가의 글도 함께 있다. 군중 속에서 앉았거나 엎드려 있는 개의 모습이다. 개는 개의 눈으로 개의 눈높이의 사물을 보고 있다. '개의 눈으로 세상을 보다'라는 타이틀과 함께 '사람들은 그 사진을 보면서 재미있어한다.'라는 글이 관심을 끈다. 미국 사진작가 '엘리엇 어윗'의 사진이다.

 어느새 나의 표정에도 가벼운 미소가 흐르고 있음을 느꼈다. 사진 속에는 예상치 못했던 것이 있었다. 개의 눈높이로 본 세상이 거기에 있었다. 비좁은 지하철 속이나 만원 버스 속에서 겪는 키 작은 사람의 표정을 보는 개의 표정 또는 슬리퍼를 끌고 있는 여인이 마치 개에게 끌려가는 듯한 모습 등이 우리들의 숨겨진 일상을 보는 듯해서다. 늘 누군가에 쫓겨 다니거나 끌려가는 일상이 그것이다.

 눈높이에 따라 달리 보이는 세상, 그래서 세계인들은 '엘리엇 어윗'을 두고 위트와 유머의 사진가라고 한다. 어윗 역시 스스로에게 '사람을 웃게 만드는 것이야말로 큰 성공이며 그만큼 어려운 것이기에 더 보람을 느낀다라고 했다. 웃기지만 웃음 이상의 철학이 있고 깊은 이해력이 요구되는 작품이 '엘리엇 어윗'의 작품이다.

 그렇다. 어떤 웃음이, 어떤 미소가 우리 사는 세상에 철학적 의미를 갖게 하며 기쁨을 줄까. 우리의 주변에도 웃기는 일은 많다. 이 나라 정치 속을 들여다봐도 그렇다. 며칠 있으면 이 나라의 운명을 책임질 대통령이 선출된다. 대통령을 꿈꾸는 후보들에게서도 웃기는 변들이 많다.

 우리를 잘살 수 있도록 하겠다는 공약, '통일이 어쩌고 평화가 어쩌고, 1인당 기본소득을 얼마가 되게 만들 것이며 그래도 부족하면 국가가 보상(?)까지 해준다'라는 수준의 공약이다. 어쩌면 놀고 있어도 국가가 우리를 먹여 살려준다는 천국과도 같은 '말의 성찬'이 우리를 웃긴다.

 제주의 명운이 달린 것이라면서 내건 공약도 있다. 2016년도에 정부가 전라남도를 비롯한 호남권 지자체의 요구에 따라 추진하던 일이다. 제주도의 반대에 부딪혀 백지화됐던 육지와 제주를 잇는 '제주해저터널사업'이 그것이다. 지난 1월 여당의 이재명 후보가 이를 또다시 꺼내 들었다. 이에 송재호 더불어민주당 제주도당위원장이 함께 거들었다.

 '해저고속철은 제주의 명운이 달린 사업'이라며 '제주도 역시 해저고속철 건설에 적극적으로 나서야 한다'라면서 추진 의사를 분명히 밝혔다. 그러나 제주도민들과 제2공항추진연합 등 제주제2공항유치운동단체들은 '표를 쫓는 인기 영합용 발언'이라면서 '제2공항 건설을 약속했던 문재인 대통령의 공약은 어디 가고 생뚱맞은 해저터널사업이냐'고 따져 물었다.

특히 송재호 더불어민주당 제주도당위원장을 향해서는 '해저터널에 제주의 명운을 걸 거라면 차라리 제주제2공항사업에 목숨을 바치라'라는 규탄의 목소리까지 터져 나왔다. 제주의 언론들도 '제주 해저터널, 제2공항 갈등 재점화 불 댕기나'라는 제목을 달며 우려를 나타냈다.

전남~제주 해저터널 건설은 대선 때마다 등장한 단골 메뉴다. 제18대 대선을 1개월 앞둔 시점에서 당시 민주통합당 문재인 후보 역시 공약으로 해저터널 건설공사를 적극적으로 검토하겠다고 밝혔다가 반대 여론이 형성되자 공약을 철회한 바 있다.

이재명 후보 역시 결국 그의 구상을 접었다. '꽤 오래된 논쟁거리라서 구상을 접었다'라는 이유다. 그렇다면 왜 논쟁거리인 이 사업을 명칭까지 살짝 바꿔가면서 또다시 호명했단 말인가. 지난번 대선 때처럼 특정 지역 단체장들의 요구에 의해서인가? 아니면 투전꾼이 화투 놀이처럼 모험을 걸어본 건가? 그렇다면 제주도민은 고작 투전꾼의 놀이 대상 정도밖에 안 된다는 말인가. 웃고 넘기기엔 너무나 저질의 웃음거리다. 만약 '엘리엇 어윗'이라면 이 상황을 그의 카메라에 어떻게 담았을까.

(뉴제주일보 '제주칼럼' 2022.03.01.)

성산포항과 한도교의 조건

...

　고향에 돌아와 민박집을 운영한 지도 20년이 지났다. 그동안 이곳을 다녀가신 분 중에는 싱가포르에서 온 David Wong라는 젊은 고객과 그의 가족도 있다. 그들은 1년 혹은 2년에 한 번꼴로 우리 집을 찾는다. 그들이 우리 집을 찾는 이유는 이곳이 그가 사는 센토사섬을 닮았기 때문이란다.

　특히 이곳은 관광객들로 북적대는 센토사섬보다 조용해서 좋단다. 일출봉 발아래 펼쳐지는 한도만의 철새도래지와 오밀조밀하고 그림 같은 바닷가마을들, 그리고 코발트 빛 바다와 섭지코지, 지미봉 해안선과 멀리 한라산 끝까지 이어지는 나직나직한 오름들은 싱가포르에선 좀처럼 느끼지 못하는 풍광이란다.

　더구나 숙소에서 내다보이는 우도와 일출봉과 성산항의 매력은 여행의 격을 한껏 높여준다고 했다.

　코로나로 인해 마지막 다녀갈 때 나누었던 말들이 잊히지 않는다. 성산포항과 한도교에 관한 이야기다.

　한도교 주변을 산책하다 보면 시드니의 하버브리지가 생각난다고 했다. 그렇지만 한도교는 No so glamorous, 즉 그다지 매력적이지 못하다고 했다. 제주도의 행정집행자가 성산항과 한도교의 가치성을 모르는 것 같다는 의미다.

시드니항을 세계 3대 미항으로 만든 결정적 요인은 하버브리지다. 따라서 일출봉을 비롯한 우도, 한도만 철새도래지 등 성산포의 랜드마크들과 더불어 성산항을 세계적 미항으로 견인할 수 있는 또 다른 조건은 분명 한도교에 있다고 했다. 그런데도 한도교는 아직 그 기대에 못 미쳐서 안타깝다는 것이다.

성산포항이 미항(美港)이 될 수 있는 조건은 항구의 규모가 커야만 되는 것은 아니다. 작더라도 가장 성산포적이면 족하다. 시드니가 미항인 것은 '하버브리지'가 답이듯이 미항으로 가려는 성산포항의 답 역시 '한도교'에 있다.

그런 느낌으로 오랜만에 성산포항 주변을 산책했다. 생각을 바꿨더니 보이지 않던 주변의 모습들이 하나둘 보인다. 무심히 지나치던 성산항 한도교의 모습도 예상치 못했던 부분까지 드러난다. 멋없이 세워진 낡은 교각이 녹슨 철마처럼 흉물스럽다. 이로 인해서 함께한 성산포항과 그 주변까지 보기에 상스럽다.

한도교는 일출봉, 우도, 성산항 등 주변의 관광지와 해양레저를 즐기려 오가는 관광객들이 만나게 되는 첫 번째 관문이다. 그만큼 성산포의 첫인상을 심어주는 현관이다. 그런데도 한도교는 부끄럽고 흉물스럽기 짝이 없다.

한도교는 1990년 건설교통부가 건설한 갑문식 교량이다. 30년 전 정부는 제주도 제1차 종합개발계획을 발표하면서 성산포항 내항인 한도만(灣)의 수위 조절용 갑문식 교량을 설치했다. 더불어 해양리조트 건설과 함께 세계적인 마리나시설 계획도 함께 발표했다. 세계적 관광명소인 일출봉에 걸맞은 교량 구상은 그 첫째였다

그러나 그 거창한 구상과 계획들은 무슨 연유에선지 '허멩이 문세'가 되고 말았다. 쓸모없는 계획문서가 되고 말았다는 뜻이다. 그 거창한 계획은 어디 가고 의미 없이 만들어진 갑문식 교량인 한도교만 성산포항을 지키고 있다.

며칠 전 제주도는 '성산포항 진입도로 확장공사 기본 및 실시설계용역'이라는 거창한 제목의 계획을 발표했다. 사업 명칭을 보면서 참으로 안타깝다는 생각이 들었다. 사업의 주된 목표와 방향이 '진입도로'라는 단순한 행정의 속성에 머물러 있다는 것이다. 어디에도 성산포항을 아름다운 항구로 조성코자 한다거나 또 그를 견인할 한도교에 대한 애정이 어린 내용은 보이지 않아서다.

1960년대 말 정부는 성산포항을 세계항의 전진기지로 만들겠다며 그 첫 삽을 뜨는 현장에 대통령까지 다녀갔다. 정부가 아니면 지방행정 주체만이라도 과거를 잊지 않았다면 또는 제주도 제1차 종합개발계획의 의지를 잃지 않았다면 성산포항을 잇는 한도교가 성산포는 물론 제주도에 미치는 영향이 얼마나 큰가를 깨달아야 할 것이다. 성산포항 진입도로 확장공사를 추진함에 앞서 지역민의 의견, 전문가들과 폭넓은 토론이 요구되는 이유도 여기에 있다. 'No so glamorous'라고 한 외국인의 충고

가 다시 한번 곱 씹혀지는 시간이다.

　시드니 찬가(?)라는 어느 여행객의 기행문이 생각난다. 물살을 가르는 빛나는 열정, 오페라하우스, 하버 브리지 켑틴 쿡 크르즈, 해양레저, 수상스포츠, 석양이 녹아드는 바다, 이러한 것들이 갖춰진 시드니를 추억했다. 부러워할 것만은 아니다. 우리는 우리의 환경 여건에 걸맞은 인프라 조성에 인색하지 말아야 할 것이다, 말뿐인 성산항 해양관광지조성 구상들이 제발 '허멩니 문서'가 되지 않길 바란다.

(뉴제주일보 '제주칼럼' 2022.04.26.)

'기억의 목소리'

•••

지난 8월 9일은 1백 두 살의 나이로 운명하신 나의 어머님의 여덟 번째 기일이었다. 제사상 건너 구석진 곳에는 꽤나 연륜 있고 낯익은 고품(古品) 한 점이 사진과 함께 있다. 또 그 곁 벽면에는 그 사진과 관련된 한 편의 시(詩)도 액자로 걸려있다. 일본식 '발미싱'(treadle sewing machine)과 발미싱의 '사진'과 「미싱」이라는 제목의 시(詩)다. '발미싱'은 일제강점기 때 나의 부모님이 일본 오사카에서 쓰시던 유품이다. 일본 패망을 예감한 부모님께서 유일하게 들고 오신 재산목록 1호다. 덕분에 일제 패망과 "제주4·3" 그리고 "6.25"의 와중에서도 이 '미싱'은 우리 가족을 죽음에서 건져 준 은혜의 산물이기도 했다.

"제주4·3"의 대학살은 나의 할아버지, 할머니, 아버지와 아버지 삼 형제는 물론 아버지 4촌 등 온 집안이 몰살당하는 참변으로 이어졌다. 그 와중에도 세 자녀와 함께 살아남은 나의 어머님은 일본에서 어렵게 들고 온 '미싱'으로 가난한 이웃과 피난 온 분들의 헌 옷, 헌 이불 등을 기워주고 새것으로 만들어 주는 수고까지 아끼지 않으셨다. 그 덕으로 이웃들에게는 '은혜로운 그녀'로 통했다.

밤을 새워가며 미싱질을 하시느라고 두 다리가 퉁퉁 붓는 노역의 병까지 얻기도 하였다. 그처럼 주변 분들을 위해 베푸신 헌신적인 노력과 은혜는 당시 서슬 퍼런 경찰과 서북청년까지도 감동시켜 그녀와 자식들을 학살의 현장에서 살아남을 수 있게 했다.

제주사람들 모두에게는 이와 같은 "제주4·3"의 기억과 흔적이 많다. 그 흔적들은 2021년 "문학동네"에서 출간한 에세이 『기억의 목소리』에서 찾을 수 있다. 시인 허은실과 사진작가 고현주가 공동으로 집필한 '사물에 스민 제주4·3이야기'다.

유족들이 간직하고 있는 4·3관련 갖가지 유품과 수장고에 보관된 신원불명 희생자의 유품 등이 그것이다. 그들이 생전에 했던 일, 살아서 맺었던 애틋한 관계, 일상에서 사용했던 지극히 평범했던 사물(事物)들이었기에 이 평범함은 더 큰 슬픔으로 증폭되어 가슴 쓰린 이야기로 안겨온다. 이날 유품으로 놓인 제사상 곁의 '미싱'과 '사진' 그리고 '시(詩)' 역시 70여 년 전 당시 제주 곳곳에서 벌어진 참혹한 현장을 말없이 지켜봤던 『기억의 목소리』의 사물들과 함께 실린 기록물이다.

유품사진기록작업을 마친 사진작가 고현주님은 프롤로그에서 '세월의 흔적을 혼자 더께로 입고 남겨진 사물들은 4·3의 참혹한 현장 그 자체'라고 했다. 그만큼 기억은 숨겨져 있던 것들의 나타남이며 보이지 않던 것들의 존재함이다. 유족의 증언을 바탕으로 쓴 허은실 시인이 시(詩)「미싱」이 주는 아우라는 사물과 인간이 최후까지 내밀었던 소박하고 내밀한 관계를 엿보게 할 뿐만 아니라 "제주4·3"이라는 아픈 역사와 맞물려 그 울림이 더욱 크게 다가온다.

"젊은 엄마의 두 손 사이/수천수만 번 바늘이 지나간다/튿어진 솔기/

찢긴 세월을 깁는다/조각난 생을 잇는다//밤새 미싱 돌아가는 소리에/아들은 키가 자랐다//바늘 한 걸음에 한 땀/찔려 뒷면을 통과한 자리라야/땀이 된다는 것을 배웠다"(허은실의 시「미싱」중에서)

'미싱' 그 자체만을 본다면 옷감이나 비닐 가죽 등을 박아 여러 가지 의류나 생활용품을 만들어내는 바느질 기계일 뿐이다. 그렇지만 내부적 구조는 '실패에 감긴 윗실'과 '북통에 감긴 밑실' 두 가닥이 천을 잇고 꿰매고 수를 놓는 내밀하고 정밀한 우리 생활 속 삶의 양태다. 어쩌면 우리의 기억 저편에 있는 '과거의 밑실'과 '현재의 윗실'을 이어놓는 아우라일 수도 있다.

이것이 오늘 우리가 찾는 아주 먼 것이 아주 가까운 것으로 나타날 수 있는 "제주4·3"이라는 『기억의 목소리』다. '오래 들여다보지 않으면 보이지 않은 사물의 영혼들, 그 부재 속의 존재들을 기억하며 칠십여 년 전 제주인의 아픔을 『기억의 목소리』로 호명한다.

(뉴제주일보 '제주칼럼' 2022.8.21.)

이 가을이 주는 잠언
- 메릴랜드

...

　조용하다, 너무도 조용하다. 정원이, 정원의 나무가, 정원의 나뭇잎과 정원의 풀잎이, 죽은 듯 꿈을 꾸는 정원, 영혼 가득한 숲속, 정원의 모든 것이 온화하다.

　천사가 드려놓은 정원의 악보가, 악보의 리듬이, 리듬 속에 감춰진 천사의 음성이, 화평이, 화평보다 더한 사랑의 노래가 끔찍이 고요하다.

　숨소리조차 들리지 않은 고요는 더 깊은 공유적 삶이 명징함으로, 어쩌면 엄숙한 질서와도 같다. 나는 이 엄숙한 고요 속의 명징함을 이곳 메릴랜드의 조용한 전원(田園)을 통해서 갈무리해 본다.

　가을에서 비롯되는 모든 것, 가을비와 가을 안개의 공간 속에서 소복소복 쌓이는 낙엽의 우수는 사랑이라는 꿈을 꾸고 이별이라는 노래로 묵상한다. 주변의 모든 사물은 그러므로 가을 속으로 숨어들고 가을 속으로 눈을 감는다.

　눈을 감는다는 의미는 간절함이 있다는 의미이다. 그래서 가을을 기도의 계절이라고도 부른다. 엄숙함으로 충만한 이곳 가을 숲 정원을 보면 안다.

눈을 감아도 뜻으로 열리는 창, 가을을 닮고 싶은 천사들의 음성, 간절함이 짙은 기도, "제 눈빛을 꺼주소서/그러나 나는 당신을 볼 수 있습니다"라는 라이너마리아 릴케의 시구(詩句) 역시 닫혀있는 마음을 참회하는 마음으로 열고자 하는 참사랑 의미의 기도다. 가을 앞에 서 있는 진실한 신심이다.

지난여름 그 많던 이름들은 아무런 의미 없이 우리 곁을 떠난 것 같지만 가을이란 이름 앞에서는 누구나 참회의 눈을 뜬다. 참회는 사랑이다. 그러므로 이 가을은 내게도 조용히 다가와 파도 소리, 뱃고동 소리를 뒤로한 채 새소리, 바람 소리와 함께 이곳까지 왔다. 내 안의 나를 돌아보기 위함이다.

'낳고 키워주신 은혜'를 갚는다는 자식들에 의해 우리 부부는 예상치 못했던 여행을 참회의 시간이란 이름으로 사랑이라는 계절에 이끌려 이곳까지 온 것이다.

이곳에선 가을 낙엽이 심심치 않게 발에 밟힌다. 이브 몽탕(Yves Montand)의 '고엽(枯葉)이면 족한 사랑과 이별과 엄숙한 기도가 이곳으로 펼쳐지고 있어서다.

그는 노래를 시(詩)처럼 읊조리고, 노래처럼 시를 연주한다. 이브 몽탕만이 가질 수 있는 영혼의 음성이다. 시의 바이브레이션이 여기 있다.

"오! 나는 그대가 기억해 주길 간절히 원해요/우리가 연인이었던 그 행복했던 나날들도/그땐, 인생은 더없이 아름다웠어요/그리고 그 태양은 오늘보다 더 찬란하게 빛났죠/낙엽들이 무수히/많이 쌓여 있어요//추억도 미련도 함께 말이죠/….”

뒤이어 들려오는 냇 킹 콜의 사랑 이야기도, 에디트 피아프의 슬픈 사랑 이별도, 이별을 사랑이라 노래 부르는 가난한 연인들의 샹송도, 낙엽 지는 이곳에선 모두가 다가가서 껴안고 싶은 것들뿐이다. 이럴 때 배호의 고엽은 더더욱 감미로운 멜로디로 젖는다.

사랑하지 않으면 죽을 것 같은 가을비는 그래서 슬프도록 아름답다. 그러므로 우리 부부의 여행은 사랑이 있는 곳이면 어디든 간다. 메릴랜드를 거쳐 아나폴리스의 바다 향기와 볼티모어의 사람 냄새를 맡는 것도 좋다. 아니면 뉴욕 혹은 뉴-저지에서 아메리칸드림을 맛봐도 좋다. 그도 아니면 보스턴의 찰스강이든 로드아일랜드의 뉴-포트비치와 동남부까지 이어진 광활한 대륙의 여유로움에 내 좁은 양심의 부끄러움도 비춰본다.

마이애미를 거쳐 남쪽 끝 아직도 헤밍웨이의 숨결이 남아있는 키웨스트와 서든모스트 포인드(Southernmost point)에서 우리들의 삶의 뉘우침을 다시 한번 확인해보기도 하다가 선셋 세일링(Sunset sailing)에서 패배를 모르는 인간의 참모습을 마주해보는 모험도 담아본다.

그렇지만 이곳은 어디까지나 남의 나라 땅, 나의 향수는 이곳이 아닌 내가 떠나온 제주의 가을에 있다. 잠시나마 꿈속같이 행복했던 가을 여행은 그러므로 여기에서 마감해야 한다. 우리들의 영혼이 살아 숨 쉬는 곳, 아름다운 내 고향 성산포 아침 태양이 우릴 기다리고 있어서다. 일출봉 해안 모래밭으로 성가시도록 부서지는 파도의 사연을 서럽도록 들어줘야 한다. 성산항에 묶여있는 어선들의 간절한 몸부림도 다독여줘야 한다.

그보다 더 중요한 것은 신념과 가치 상실이라는 삶의 모순 속에 갇혀 있는 진실을 해방하는 일이다. 시기와 질투와 모함 등의 이전투구로 국가 안위마저 흔들리는 내 조국 내 형제들이 불안한 삶을 위해 이 가을 다 가기 전에 사랑이라는 이름으로 함께 기도해야 할 일이다.

(뉴제주일보' 제주칼럼' 2022.10.23.)

누구든 죄 없는 사람이 먼저 저 여자를 돌로 쳐라!
- 아직도 갈 곳 없는 전두환 전 대통령의 유해

...

　임인년(壬寅年)도 벌써 세밑이다. 누구나 이맘때면 자신이 지나온 한 해를 뒤돌아보게 된다. 잊혔던 기억들이 되살아나는 시간이다. 이 기억들은 어느 순간 암묵기억(暗默記憶) 혹은 데자뷔로 다가와 우리를 기쁘게도 하고 슬프게도 한다. 둘 다 기억에서 얻어낸 결과다.

　"…사랑을 하려거든 연필로 쓰세요…"라는 전영록의 노랫말도 있다. 잊고 싶어도 잊지 못하는 '떠나간 사랑의 안타까운 기억'을 지우개로라도 지워보고 싶다는 노래다.

　어항 속에 갇혀있는 금붕어의 형편은 또 어떨까. 어항에 갇혀 사는 금붕어가 아무런 불편 없이 살 수 있다는 것은 기억력이 없음에서다. 얼마나 안타까운 일인가. 다람쥐가 도토리를 땅에 묻고도 이내 잊어버리는 사례도 이와 같다. 그의 건망증으로 땅에 묻힌 도토리는 이듬해 싹이 돋고 주변은 상수리나무 숲이 탄생한다. 여러 가지로 아이러니한 기억력들이다.

　나는 이 아이러니를 이성낙 박사의 수필에서도 찾았다. 베토벤의 마지막 작곡, 현악 사중주 제16번 '꼭 그래야만 하는가?'라는 제목에서 따온 '갈 곳 없는 유골, 꼭 그래야 하나'라는 이름의 에세이다. 고(故) 전두환 전 대통령에 관한 글이다.

이분은 연세대 의과대학 교수를 역임하셨으며 현재 가천대 명예총장으로 재직 중이시다. 전두환 전 대통령이 서거한 지 1년이 넘었지만, 고인의 유골은 아직도 안장할 자리를 못 찾아 연희동 자택에 있다는 내용이다. 전직 대통령의 유골 모실 자리를 마련하지 못하는 우리 사회의 현실이 부끄럽다는 노학자의 가슴 아픈 고백이다.

더불어 나의 마음도 우울해 짐을 숨길 수 없다. 총장께서는 생전에 '환자와 의사'라는 관계로 전두환 전 대통령과 몇 차례 만날 기회가 있었다고 한다. 그 인연으로 백담사에도 다녀왔던 기억들을 찾아 옮겼다.

"…전(前) 대통령 내외분이 기거하는 요사(寮舍)를 보는 순간은 놀라움을 금할 수 없었습니다…" "…협소하기 그지없고 온갖 물리적 요건이 너무도 참담했습니다. 유배지 그 자체였습니다…" "…누구에게나 삶에서 '공(功)'과 '과(過)'가 공존한다는 것은 만고의 진리라고 합니다…" "전두환 전 대통령과 관련한 '과(過)'에 대해서는 이미 많이 거론됐지만, 이 나라 경제 발전에 이바지한 '공(功)'은 잊힌 부분이 너무 많아 아쉬운 생각을 지울 수 없습니다"라는 꼭지 글과 함께 "꼭 그래야만 하는가?"라는 베토벤의 물음으로 에세이는 끝을 맺었다.

영욕의 세월이라는 말이 있다. 세월이 흐름에 따라 점철되는 영광과 치욕의 과정을 아우르는 말이다. 세계의 역사는 물론 우리의 역사 또한 이 같은 과정을 거치며 성장·발전되어왔음을 부정할 수가 없다. 그 과정에는 뉘우치고 사랑하고 용서하고 화해함이 있었기에 변화와 개선, 더 많은 발전이 가능했다.

예수께서는 '누구든 죄 없는 사람이 먼저 저 여자를 돌로 쳐라'라고 하셨다. 그리고 '나도 너를 정죄(定罪)하지 아니하노니'라고 하셨다. 누가 누구를 벌할 것인가. 우리 가운데 죄인 아닌 자 있는가. 그러므로 우리에게 요구되는 것은 사랑이며 용서며 화해다.

위정자든 아니든 자기감정에만 치우쳐 행동한다면 이는 짐승이나 다름없음이다. 폐위되어 귀향지에서 소천하신 연산군과 광해군도 제10대와 15대 조선의 왕으로 기록되고 있으며 그 묘역 또한 돌아가신 유배지에서 도성 근처로 천장하여 폐비와 함께 안장되고 사적 제362호와 제363호로 지정해 보호 관리하고 있다.

이것이 우리 민족만이 갖는 특별한 심성이다. 그렇다면 역사는 과연 고 전두환 전 대통령 유골을 방치한 오늘 우리들의 모습을 어떻게 평가하고 기록할까. 오늘의 역사 또한 우리가 만든다는 것임을….

(뉴제주일보 '제주칼럼' 2022.12.26.)

어느 정치인의 '팔리지 않은 소설'

...

삼십 년 지기 옛 공직 동료인 '허 아무개'로부터 한 통의 전화가 걸려왔다. 내가 시인이어서 어느 정도 알고 있을 듯해서 문의 전화를 드린다고 했다. 요즘 어느 야당 대표가 무슨 비리 사건에 연루되었다는 이유로 검찰로부터 조사를 받게 되자 '검찰이 소설을 쓴다'라고 했던데 도대체 '소설을 쓴다'라는 정의가 뭐냐는 거다. 거짓말을 꾸며놓은 것이 소설인지 아니면 있었던 사실을 작품으로 표현한 것이 소설인지 그것이 알고 싶다는 거다.

워낙 정치적으로 예민한 사안이라 허투루 대답할 수도 없고 해서 바쁘다는 핑계로 대답을 미뤘다. 순간 이미 고인이 되신 전두환 대통령 집권 시기의 '땡·전'이란 속어가 생각났다. 아침이면 으레 뉴스의 첫머리가 전두환 대통령에 관한 기사로 장식되던 것을 빗대서 붙여진 말이다.

하루도 빠짐없이 보도되는 소위 '대장동 비리 사건' 등과 관련하여 민주당 이재명 대표에 관한 뉴스가 '땡·전'이란 속어와 비유된다. 이재명 대표는 이 뉴스에 답한다는 의미로 수사기관인 검찰이 '소설을 쓴다'라고 했다. 그뿐만이 아니다. '그런 소설이라면 잘 팔리지도 않을 것'이라고도 했다.

책장 한쪽에 박혀있는 대학 재학 시절 학과 교수의 때 묻은 강의 노트를 꺼내본다. '소설의 정의'에 관해서 살펴보고 싶어서다. 소설'이란 인간의 삶 이야기라고 전제되어 있다. 그러면서 세간에 일어난 사실과 민간의 풍속과 소문 등에 창의성과 윤색을 더한 산문이라고도 했다. 이 산문은 진실성, 현실성이 내포된다고도 했다. 그 속에는 작가의 사상성·인생관·사회관이 드러나는 문학양식이라고도 하셨다.

여기서 놓쳐선 안 될 대목이 있다. 소설이 사실성, 진실성과 현실성, 그리고 사상성과 인생관을 쫓고 있다는 점이다. 그런데 이재명 대표가 소환한 '소설을 쓴다'라는 말의 속내는 소설 그 자체를 허구로 치부하고 싶었던 게 아닐까 싶다.

검찰이 쫓는 것은 이재명 대표의 혐의 입증을 위한 사실성과 진실성, 현실성을 놓치지 않으려는 것이다. 이재명 대표 역시 자신의 혐의를 부정하기 위한 사실성과 진실성, 현실성을 입증하려고 노력하고 있다. 그러므로 검찰과 이재명 대표 모두는 소설이 원하는 소재를 안고 있다. 어느 것 하나 소설이 아닌 것이 없다.

그런데 이재명 대표는 검찰을 향해 '소설을 쓰고 있다'라고 하면서 자신은 '소설을 쓰고 있지 않다'라는 의미의 주장을 하고 있는 것이다. 소설의 논리상 자기모순에 빠진 셈이 되고 만다. 물론 소설을 허구라고 정의했을 때는 다르다. 그렇지만 소설의 허구는 패관문학(稗官文學)이거나 설화문학(說話文學)을 논할 때 통할 수 있는 사고다.

나는 법학자나 정치가나 사상이론가는 아니다. 그러므로 나는 여기서 소설의 정의를 들이대면서까지 정치논리와 맞서고 싶지는 않다. 굳이 하고 싶은 말이 있었다면 친구의 물음에 내 짧은 소견을 이 글로 답하고 싶어서다.

그리고 한 가지 덧붙인다면 이재명 대표가 당신의 정치사건에 관련 없는 소설을 왜 호명했느냐는 점이다. 거기에다 '그 정도의 소설이라면 잘 팔리지도 않을 것'이라는 표현을 쓰면서까지 소설 쓰는 작가를 '장사꾼으로 전락시켜 버리는가'라는 거다. 그분의 문학적 사고가 우리를 슬프게 한다.

범죄 혐의자를 쫓고 진실을 밝혀내려 함이 검찰의 사명이라고 한다면 검찰은 그 잘잘못을 가려내는데 충실해야 하는 것처럼 정치인은 정치인대로 사실과 진실에 입각한 민의의 대변자로서 참된 정치사상에 충실해야 할 것이다. 만에 하나 자신의 영역도 아닌 문학의 영역에 끼어들어 자신의 혐의를 변명하는 도구로 사용한다면 이는 순수문학에 목숨을 거는 모든 문학인들에 대한 모독이다.

(뉴제주일보 '제주칼럼' 2023.02.21.)

뉘 집 쇠테우리의 일기

...

    어렸을 때의 기억이지, 글공부를 잘 못 해서 동내 소와 말들을 몰고 뒷동산 풀밭을 찾아다니며 땅따먹기 놀이하던 기억이지,

    그럴 때마다 소 떼와 말 떼는 나보다 먼저 자유의 풀밭에서 자신들만의 시간을 즐기고 있었지,

    머리 좋은 녀석들은 잘 익은 보리밭으로 몰래몰래 튀어들어 여문 곡식과 덜 여문 곡식을 재빠르게 골라 배불리 훔쳐 먹기도 했었지,

    그러다가 남은 곡식은 허리에 찬 책 보따리에 싸 들고 학교 운동장을 달리듯 먼 산 향해 돌고 도는 도망질도 했었지,

    그것도 눈치 못 챈 우리 집 누렁소는 들판의 풀잎이 녹색인지 청색인지 아니면 빨강인지조차도 구분하지 못한 채 색맹인 눈으로 해종일 허기진 배만 붙잡고 하늘천 따지 자로 땅바닥에 주저앉아 향기 없는 풀잎만 물어뜯고 있었지, 그럴 때마다 속이 탄 한라산 산허리엔 겨우내 숨죽여 있던 마른 덤불마저 참지 못해 산불로 일어나 새빨갛게 타들어 가서 세상은 온통 빨강 물이 들고 말았지,

어쩌나! 건너편 밭곡식 훔쳐 먹고 재빠르게 도망하던 그 녀석, 불길 피해 산속 깊이 숨어든 그 녀석,

하늘 천 바라보며 푸른 하늘 은하수 노래 부르던 녀석은 불타는 산허리 어디쯤엔가 숨어들어 몸을 피했던지 이듬해 봄 터덜터덜 산비탈을 내려와 학교 운동회 날이면 그래도 언제나 일등만 해서 내 속을 태우더니 오늘 내 기억 속 그 녀석은 이제 여기에 없고 잊힌 그 자리,

제주 4월의 푸른 하늘 은하수는 뉘 집 이름 모를 작은 무덤 위에 핀 앉은뱅이 유채꽃 되어 뜻 모를 언어로 쇠테우리 일기를 쓴다,

어제 신문에서 읽은 제주소식이지, 한걸음에 달려가도 모자랄 마음이지만 시집보낸 딸년 친정집 첫 방문이라 무더운 여름의 마지막을 뜨거운 가슴으로만 마주한 고향 땅 제주,

문득 가을꽃에 물든 오메기떡이 생각나서 그리움 대신 그 떡 한 차롱 빚어 보내드릴까 하다가,

오 마이 갓!
가을이 깊을수록 우리 마음의 울타리에도 홍시는 익어 여름내 나누지 못한 달달한 목숨을 한 숨 한 숨 따서 그리운 잎에 말아 음력 팔월 대보름달 편에 띄워 보내드린다면,

내 안에 겨울이 온다 한들 하얀 달빛으로 덮여 따뜻할 거라는 생각에 송이송이 눈꽃 송이를 그대의 창에도 매달아 맑고 밝은 아침 되게 한

다면,

　어느새 내 눈물샘에 고인 깊은 밤도 훌쩍 밝아 오늘은 그 차디찬 겨울비 멈추려는지,

　그러면 봄의 향기도 곧 열리려는지,

　아마도 그러면 세상천지 벚꽃들도 만개할 거라,

　때맞춰 우리 마음도 활짝 열릴 거라,

　다투던 사람들도 서로를 사랑하게 될 거라,

　꿈꾸듯 모두를 그리워할 거라,

　춘삼월 지나 사월이면 더더욱 그러할 거라,

　꿩바치 총소리에 놀라 겨우내 숨어 살던 새끼 꿩도 보리밭 덤불 속을 마음 놓고 헤쳐 나와 너와 내가 넘었던 그 보리 고갯길로 쫄쫄쫄 엄마 쫓아 건너올 거라,

　모든 세상일이 그리될 거라, 어제 신문에서 읽었던 제주소식도 아마 그 소문일 거라.

(뉴제주일보 '제주칼럼' 2023.03.28.)

생의 마지막 5분!

···

친구야! 어느새 4월도 상처뿐인 서사(敍事)와 함께 가고 봄 향기 가득한 5월이 이렇게 왔군. 그렇지만 새벽바람은 아직도 스산해서 소년 시절 자네와 함께 거닐던 일출봉 바닷길은 파도 소리마저 거칠다네. 이럴 때면 으레 옛 우정이 되살아나서 거친 파도를 뜨거운 가슴으로 품으며 새벽길을 걷는다네. 내 손에 들린 핸드폰카톡에서는 자네가 띄워 보낸 아름다운 멜로디가 흐른다네. 섬세하고 감성적인 카를라 브르니의 노래 'Stand by Your Man' 즉 '그 사람 곁에서 힘이 되어 주세요'라는 노랫말일세. 황혼에 접어든 우리에겐 감동일 수밖에 없는 음절에 끌려 가벼운 마음으로 걸음을 옮긴다네. 어느새 음악도 끝나고 내 눈길은 카톡의 끝머리에 자네가 올린 글귀에 머물고 말았다네. '생의 마지막 5분'이란 제목의 글일세.

'사형 전 마지막 5분을 주겠다' 단 5분! 사형수는 절망했습니다. '내 인생이 이제 5분 뒤면 끝이라니, 나는 이 5분 동안 무엇을 할 수 있을까.' 그는 먼저 가족과 동료들을 생각하며 기도했습니다. '사랑하는 나의 가족과 친구들은 먼저 떠나는 나를 용서하고 나 때문에 너무 많은 눈물을 흘리지 마십시오' 집행관은 2분이 지남을 알립니다. '후회할 시간도 부족하구나! 난, 왜 그리 헛된 시간을 살았을까? 찰나의 시간이라도 더 주어졌으면….' 마침내 집행관이 알린 마지막 1분, 사형수는 '매서운 칼바람도 이제 느낄 수 없겠구나. 맨발로 전해지는 땅의 냉기도 못 느끼겠구나. 볼 수도, 만질 수도, 없겠구나. 모든 것이 아쉽고 아쉽구나'

사형수는 처음으로 느끼는 세상의 소중함에 눈물을 흘렸습니다. '자 이제 집행을 시작하겠소'…. 사형수의 마음은 간절했습니다. '살고 싶다. 조금만 더 조금만 더 조금이라도….' '철컥' 탄환을 장전하는 소리가 들렸습니다. 그런데 바로 그 순간 '멈추시오, 형 집행을 멈추시오!' 한 병사가 흰 수건을 흔들며 현장으로 달려왔습니다. 사형 대신 유배를 보내라는 황제의 급박한 전갈이었습니다. 가까스로 사형은 멈췄고 사형수는 죽음의 문턱에서 극적으로 돌아왔습니다. 그 사형수는 누구일까요. 바로 러시아의 대문호 도스토옙스키였지요.

죽음의 문턱에서 돌아온 이후 시베리아에서 4년의 수용소 유배 생활로 보낸 후 눈을 감을 때까지 '생의 마지막 5분'을 되새기며 지낸 그는 훗날 '백치'라는 장편소설에서 '이 세상에서 숨 쉴 수 있는 시간은 단 5분뿐이다'라고 할 만큼 인생은 '5분의 연속'이란 각오로 삶을 살았음을 피력한다. '친구야! 이제 우리 나이 팔십에서 셋을 더했구나. 이 세상에서 숨 쉴 수 있는 진정한 시간은 얼마나 되며 무엇을 할 수 있을까. 그 마지막 5분 말일세.'라는 글로 카톡의 글은 끝이 났지요.

나는 지금 인생의 마지막 5분이라는 의미를 새기며 양희은이 부른 유정의 노래 '인생의 선물'을 듣고 있다네. 그 노래 속에는 친구를 그리워하는 마음도 담겨있다네. "봄이면 산에 들에 피는 꽃들이/그리도 고운 줄/… 정말로 몰랐네/내 인생의 꽃이 다 피고/ 또 지고 난 그 후에야/비로소 내 마음에 꽃 하나 들어와 피어있었네/나란히 앉아서 아무 말 하지 않고 고개 끄덕이며/내 마음을 알아주는/친구 하나, 하나 있다면/나란히 앉아서 아무 말 하지 않고/지는 해 함께 바라봐 줄/친구만 있다면 더 이상/다른 건 바랄 게 없어/그것이 인생이란 비밀, 그것이/인생이 준 고마운 선물"이란 마지막 5분 같은 우정의 선물 말일세.

(뉴제주일보 '제주칼럼' 2023.5.2.)

감춤 혹은 내보임의 우주

...

한여름 더위가 성산포 앞바다 일출까지 쩔쩔매게 할 만큼 기승을 부린다. 펄펄 끓는 태양을 밥상 삼아 싱싱한 산채 냉국 한 사발이 그리워지는 여름이다.

이럴 때 냉국 같은 신선함을 기별로 보내준 산골 동네 시인이 있어 잠시 더위를 잊는다. 그는 한라산 숲속 길목에 살고 있다. 그의 숲 집에선 온갖 날것들이 은유로 숨을 쉰다. 열기는 뜨겁지만, 함부로 흥분하지 않으며 짙게 깔린 녹색의 숲은 함부로 드러내려 하지 않는다. 풍길 듯 보일 듯 숨겨지고 감춰진 한 폭의 문인화(文人畵)다.

그러므로 시인에게는 숲은 외면보다 내면의 겸손함과 의연함이 있다. 그래서 나는 그를 미려함이 숨겨진 숲의 우주라고 부른다. '우리가 주목하는 것은 보이는 것이 아니요, 보이지 않은 것이니 보이는 것은 잠깐이요, 보이지 않은 것은 영원함이라'는 우주론적 가르침을 그는 늘 품고 있어서다. 그런데 여기 숲의 시인을 닮은 또 한 사람이 있다 "관 속엔 성경책 하나만…"이라는 말과 함께 이승만 전 대통령 기념관 건립에 필요한 부지 기증 의사를 밝히신 분이다. 한강 변 4천여 평의 용지를 선뜻 내놓으시겠다는 그분은 95세의 원로 배우 신영균 님이다.

해당 토지의 값이 얼마나 되는가 하는 것은 그다지 중요치 않다. 자신이 묻힐 땅과 그 속에 함께 할 성경책 하나 들어갈 여유 공간만 있으면 된다는 진술함이 우주처럼 들린다. 그분은 자신의 소유였던 충무로 명보아트홀도 제주도 남원에 있는 신영박물관 등 500억 원 규모의 재산마저도 모두 다 사회에 환원한 바 있다. 지난 세월 한국 문화예술계를 주름잡던 그분, 이름만 들어도 마음 설레던 신영균 신드롬을 우리는 기억한다. '보이는 것은 나타난 것으로 말미암아 된 것이 아니니라'라는 신앙적 말씀을 기척 없이 몸으로 실천한 분이시다.

여기서 잠시 또 다른 한 사람의 선행자가 있다는 소문의 언론 기사가 있다, 지난 7월 20일 어느 언론에 뜬 기사다. '조민, 모두를 놀라게 한 근황 "수해 이웃돕기 기부"…지지자들 극찬 쏟아져'라는 타이틀로 이어지는 기사가 그것이다. 조민 자신이 개설한 SNS에 그가 이웃돕기에 참여했노라는 사실을 기부영수증 사진과 함께 자랑처럼 밝힘으로써 기사화된 것이다, 그가 띄운 글에는 "매우 큰 금액은 아니지만 작은 보탬이라도 되고 싶어서 모아둔 예금 중 일부를 '희망브릿지 전국재해구호협회 2023수해이웃돕기'에 기부했다"는 내용이다.

조민은 누굴까. 조국 전 법무부 장관의 딸이다. 허위 공문서 작성이란 죄명으로 의사면허가 취소되고 검찰에 기소까지 된 인물이다. 그런 그녀가 이웃돕기를 했노라는 자랑이다. 마치 그녀가 당한 기소의 불명예를 동정받아 보려는 냄새까지 풍긴다. 아무러면 어쩌랴. 아무리 좋게 받아들이려 해도 순수성이 없어 보이는 것이 안타깝다. 이럴 때 '먼저 사람에게 보이려 너희 의를 행치 않도록 하라', '오른손이 하는 일을 왼손이 모르게 하라'는 경구가 떠오른다. 똑똑하다는 그녀 역시 이 경구를 모를

리 없을 것이다. 이럴 때 "관 속엔 성경책 하나만 있으면 된다"라고 하시면서 자신이 갖고 있는 모든 것을 사회에 헌사 하신 노신사와 더불어 내면의 겸손함으로 숲속에 숨어 살 듯 살고 있는 시인이 몹시 존경스럽다.

(뉴제주일보 '제주칼럼' 2023.8.15.)

'2023 詩의 날'
- 날아라. 詩야, 하늘 높이 날아라!

...

    11월 초하루, 이날은 '시의 날'이다. 1908년 六堂(육당) 최남선 선생의 '海(해)에서 少年(소년)에게'가 '소년'지에 발표된 날을 기념하는 날이기도 하다. 이날 광화문 광장에서는 시인과 시 낭송가는 물론 성악가, 배우 등 각 장르의 예술인들이 함께하는 토탈 시향이 화려하고 다채로웠다.

    서울처럼 소문난 행사는 아니지만, 제주에서도 서귀포 시인. 시 낭송가, 음악인 등이 모여 '고찌고찌 詩心(시심)'으로 만추의 서귀포 문을 개방한 데 이어 설문대여성문화센터에서는 제주한소리여성합창단이 '색(色)다른 제주의 카름'이라는 주제로 연주회가 있었다. 혹자는 '이 행사는 음악이 주체이므로 시의 날 행사일 수는 없다'라고 비아냥거릴 수도 있겠다. 그러나 우리가 시를 읊을 때 '시를 노래하다'라고 하는 것을 떠올리면 그 의미를 알 것이다.

    이들 여성합창단이 합창곡 속에는 분명 시가 있다. 양전형 시인을 비롯한 임준택, 이청리 시인 등 많은 시인의 작품이 등장하고 있다. 이들이 들려주는 한 곡 한 곡은 詩의 날 제주의 가을 하늘을 푸르게 수놓았기에 그렇다.

또 다른 이름의 행사도 있었다. 11월 4일에 있었던 행사다. '詩의 날 2023, 제주 詩 페스티벌'이라는 이름의 행사다. 계간문예『다층』지령 100호를 출간하면서 이뤄졌다. 그렇다면 '다층'은 어떤 성격의 문예지일까.

돌이켜 보면 스물다섯 해 전 일이다. 공직자의 때 절은 말년 무렵인 내 나이 쉰을 갓 넘길 때다. 절름발이 시인의 길을 걷고 있는 나에게 새로운 이념과 철학을 지닌 이 지역 20~30대 젊은 문학도들이 찾아왔다. '다층'이라는 이름의 문학동인이었다. 소위 지역문학의 활성화 없이 한국문학의 발전은 없다는 슬로건으로 뭉쳐진 그룹이다.

한국 최초로 '총체시학(總體詩學)'이라는 학문적 영역을 개척하고 중앙문단과 지방 문단이라는 이원화의 행태를 깨부수는 신개념의 문학동인 활동에 나도 감히 끼어든 것이다. 급기야 우리는 전국의 젊은 시인들에게도 그들이 창작영역을 열어놓는 문예지『다층』을 창간하는 데까지 이르렀다. 그것이 오늘 우리가 맞이한 지령 100호의 계간문예『다층』인 것이다.

이제 그 이름 계간문예『다층』은 전국의 '계간문예지편집인협의회'를 주도하고 총체적 한국 시학을 이끌 만큼 한국 문단에 당당히 우뚝했다. 그러다 보니 나도 이제 팔십을 넘은 나이가 들었다. 그러므로 몇 번씩 이들 젊은 그룹에서 2선 후퇴를 결심했었다. 그렇지만 이들은 나를 놓지 않는다. 나의 희미한 그림자일지라도 그것이 계간문예『다층』의 역사라는 점을 인식시켜두고자 함이란다. 그래서 오늘도 나는 그들과 함께하고 있다.

이것이다. 이제 총체시학, 계간문예 『다충』은 젊은 문학인들의 전유물인 문예지가 아니다. 30년 가까이 지켜봐 주시고 이끌어주신 제주도민 모두의 문예지이며 역사다. 따라서 앞으로도 우리 '다충'은 제주도민이 힘찬 격려와 응원 속에 한국 문단을 이끌 것이며 '섬의 문화', '섬의 문학'에서 '한국의 문학', '세계 속의 문학'으로 당당할 것이다. 그것이 시와 음악이 함께하는 제주, 2023년 詩의 날을 맞는 제주도민의 참모습이다.

(뉴제주일보 '제주칼럼' 2023.11.14.)

노부부를 춤추게 한 겨울 농부

...

눈이 오다 갠 날 팔십 넘은 우리 부부가 조그만 텃밭에 나와 있다. 지난가을 파종해둔 월동 무밭을 둘러보기 위해서다. 눈으로 덮인 무밭이 예상외로 싱그럽게 살아있다. 험한 겨울 추위에도 불쑥불쑥 얼굴 내민 무밭의 표정이 밝고 맑다. 몇 평 안 되는 텃밭에 소일거리로 손을 댄 보람이 제법 있다. 나뭇가지에 걸터앉은 혹한의 겨울바람도 신이 난 듯 가볍게 춤을 춘다. 농사를 하네 못하네 다투던 아내의 표정마저 굵은 무뿌리처럼 실하다. 그러나 그러한 기쁨도 잠시뿐이다. 이웃한 밭의 젊은 농군이 던진 쓴웃음 한 마디 때문이다.

"삼춘. 올해 뭇값은 기대 하지맙써!" "그냥 줘도 안 가져 감수다" 지난해 그렇게 잘나가던 뭇값이 올해는 처치 곤란이라는 뜻이다. 과잉 생산 탓인 거다. 값이 좋았다는 소문에 너도나도 덤벼든 욕심의 결과다. 아깝지만 무밭을 갈아엎어 파쇄시켜 버리겠다고 한다. 그간에 우리 부부가 수고로 얻은 무밭 역시 예외는 아니다. 조금 전까지 좋아하던 마음은 온데간데없이 사라져 버렸다. 나뭇가지에 좋아라. 걸터앉은 입춘의 기운마저 찬 서리 되어 서럽다.

어느새 젊은이의 손에 꺾인 죄 없는 소나무 삭다리만 밭모퉁이로 끌려와 모닥불로 타고 있다. 그나마 다행인 건 안타깝던 마음도 삭다리 불씨로 녹아들어 우리가 들고 온 막걸리와 함께 서로의 아픔을 달랜다. 실패한 농사로 마음 상한 우리 늙은 부부의 마음도 어느새 녹는다. 소일거리 삼아 저지른 노인의 행실이야 별것 아니지만, 농사를 생업으로 삼고 있는 후배들 처지가 걱정스럽다, 그렇지만 젊은이의 표정은 그 반대다. 도리어 상황 모르고 무 농사에 덤벼든 노인을 진작에 말리지 못한 자신들이 미안하고 죄송스럽다고 한다.

'삼춘, 잊어붑써!' 농사란 매해 잘 되는 경우보다 잘 안되는 경우가 많으니 실망하지 말자는 뜻이다. 자신들도 포기하지 않겠다고 한다. 다음 또 다음 해 그것도 아니면 또 다음 해를 기대하겠다고 한다. 기다림의 미학을 가진 젊은이들이다. 그렇다, 인생사란 참고 기다림에 있는 것, 실패한 농사일수록 그 경험과 기다림의 교훈은 크고 깊다. 끈질긴 도전과 노력의 대가는 몇 년 없어 훌륭한 결실로 돌아온다는 걸 그들은 알고 있다. 그것이 농사의 기본이며 철학이다. 한때 젊은이들 못지않게 열정 하나로 농사를 짓던 우리 젊은 시절이 새삼스레 추억으로 다가온다.

홀어미의 외아들로 혹독한 가르침을 받으며 자랐던 기억이다. "애비 없는 호로자식이란 말을 듣지 않으려면 밭에서 농사짓는 법부터 배워라! 학교에서의 배움만 공부가 아니다!" 방과 후, 주말, 방학 때면 으레 밭에 나가 김을 매게 하였으며 등짐으로 집과 밭을 오가던 노역의 인내로 삶을 사는 배움을 주셨다. 마구간에서 퇴비를 만드는 법도, 그걸 밭에까지 지고 나르는 수고로움의 가치도 깨닫게 했다. '농자천하지대본(農者天下之大本)'이란 말은 밥 먹듯이 들었다. 어느새 노인이 되어버린 우리들 부부가 그동안 잊고 살았던 소년기의 경구(警句)를 이들 젊은이로부터 새롭게 되새긴다. 지금 우리 사회는 이러한 경구는 고사하고 미래를 보는 눈, 인내하는 마음조차도 보기 힘들다. 오늘, 긍정의 사고로 내일을 지향하는 이 고장 젊은 농군의 모습을 보면서 우리 늙은 부부의 마음은 전에 없이 밝고 젊다. 그들 젊은이에게 감사함을 보낸다.

(뉴제주일보 '제주칼럼' 2024.2.6.)

상처 입은 히포크라테스 정신

...

카카오톡이 아침을 연다. 아침 다섯 시가 지나면 어김없이 울리는 카톡이 그것이다. 예쁜 사진 혹은 이미지 그림과 함께 담겨온 카톡 문자들이 나의 새벽 눈을 뜨게 한다. 멀티미디어 시대가 열린 덕이다. 전 세계 어디서나 누구에게나 전화번호만 있으면 실시간 그룹 채팅은 물론 1:1 채팅도 즐길 수 있는, 실로 새로운 지식과 지혜를 전달하고 전달받는 시대가 열린 것이다. 오늘도 언제나처럼 친구로부터 아침 카톡이 왔다. '오늘은 그대의 남은 생애의 첫날입니다'라는 글귀가 담긴 카톡이다. '남은 날의 첫날'이라는 언어의 뉘앙스가 퍽 흥미로워 다음 글을 이어 읽는다. 수녀 이해인 님의 에세이에서 뽑아 쓴 글이라고 한다.

이해인 님은 이 글을 접하기 전까지는 하루의 기도를 '오늘을 마지막인 듯이 살게 하소서!'라는 기도문으로 손을 모았다고 했다. 그러나 이 글귀를 접하고 난 다음부터는 '오늘이 내 남은 생애의 첫날임을 기억하며 살게 하소서!'라는 기도문으로 바꿨다고 했다. '마지막'이라는 말은 왠지 슬픔을 느끼게 하지만 생의 '첫날'이라는 말에는 설렘과 기쁨이 넘쳐나기 때문이란다. 오늘이 내 생의 '마지막'이라는 의미와 오늘이 내 생애 남은 '첫날'이라는 의미는 사뭇 다른 뉘앙스를 갖게 한다. 같은 '오늘'일지라도 전자가 부정적이라면 후자는 긍정적이다. 그렇다면 이런 차이는 어디에서 오는 걸까. 생각의 차이에서 비롯된 것이 아닐까.

생각을 바꾸면 마음이 젊어진다고 한다. 질병 치료차 병원에서 마주했던 의사의 말이 기억된다. '질병은 죽음과 통하는 길이면서 죽음을 이겨내는 길이다'라는 말이다. 이 또한 생각이 차이다. 옳은 삶을 추구하는 사람일지라도 '그릇된 사고'는 그 또한 질병이라 했다. 질병을 단순히 신체의 정상적 기능상실이라는 의학적 용어를 넘어 인간의 사고가 긍정적이냐 부정적이냐에 따라서 삶의 수단과 방법도 달라지는 병이란다. 의사에게도 지켜야 하고 가야 할 길이 하나 있다. 곧 히포크라테스 정신을 잃지 말아야 하는 길이다.

인간의 수명이 늘어나면서 병원을 찾는 환자 수도 늘고 있다. 반면에 진료를 담당할 의사 수는 점점 부족 현상이다. 의사를 양성할 의과대학생 정원의 동결에 있음이다. 그래서 국가가 이 문제를 해결코자 의과대학 정원을 늘리려고 한다. 그런데 이를 반대하는 무리가 있다. 의사와 의사가 되고자 하는 이들이다. 환자의 아픔을 함께하고 그들의 상처를 보살펴야 할 그분들 그리고 의사가 되고자 하는 학생들을 교육하는 교수들이다. 한마디로 누구보다 이 정책이 필요성을 주장해야 할 지성들이다.

의사가 되고자 하는 모든 이들은 의사 되기에 앞서 히포크라테스 정신의 실천을 서약한다. 이 서약은 자기 양심과 온 인류에 바치는 서약으로서 모든 의사들의 양심이며 목숨과도 같은 것이다. 그러므로 그 서약은 온 인류에 바치는 영혼이다.

'의료직에 입문하면서 다음과 같이 서약한다/나는 인류에 봉사하는 데 내 일생을 바칠 것을 엄숙히 맹세한다/나는 양심과 위엄을 가지고 의료직을 수행한다/나는 환자의 건강을 최우선으로 하여 고려할 것이다/나는 나의 능력이 허락하는 모든 방법을 동원하여 의료직의 명예와 위엄 있는 전통을 지킨다/나는 위협을 받더라도 인간의 생명을 그 시작에서부터 최대한 존중하며, 인류를 위한 법칙에 반하여 나의 의학지식을 사용하지 않는다./나는 이 모든 약속을 나의 명예를 걸고 자유의지로서 엄숙히 서약한다.'

그렇다면 이 서약의 과정을 거친 그들은 그들의 선서대로의 사명을 다하고 있을까. 안타깝다. 그들은 봉사에 앞서 자신의 이익을 우선하고 양심과 위엄 대신 명예와 권위를 내세워 국가와 국민에 군림하려 든다. 이들이야말로 권위와 명예병이라는 독한 질병에 걸린 환자들이다. 누군가 이들의 질병을 치유해줄 선지자가 요구되는 시기다. '오늘이 내 남은 생의 첫날'임으로 첫날의 의미를 살려 상처 입은 히포크라테스 정신을 바로잡겠노라 나설 진정한 의인이 필요한 시기다.

(뉴제주일보 '제주칼럼' 2024.5.21.)

연안습지보호지역 '오조리'에 영광 있으라

...

"우리가 주목하는 것은 보이는 것이 아니요 보이지 않는 것이니 보이는 것은 잠깐이요 보이지 않는 것은 영원함이라" 고린도 후서 4장 18절에 나오는 글이다. 이는 보였다가 잊혀진 것 혹은 보이는 것 이면에 숨겨진 내용의 본질, 그 깊이와 미래를 말함이다. 가슴에 숨겨놓은 연인이거나 향수일 수도 있다. 이럴 때 나는 서울 사는 친구를 기억한다. 고향을 떠난 지 어언 반세기가 지났음에도 아직도 향수병을 앓고 있는 친구다. 어쩌다 안부가 궁금할 때면 그에게서 튀어나오는 말이 있다. '멀리 있어서 보이지 않을 것 같지만 고향은 언제나 내 눈에 보인다!'

마음속 깊이 새겨진 고향의 모습이 시·공간적 관점으로 다가오고 있음을 고백한 말이다. 보이지 않지만 보일 수밖에 없는 고향, 그것은 그 어떤 말로도 표현할 수 없는 인간 본연의 순수다. "넓은 벌 동쪽 끝으로 옛이야기 지줄대는 실개천이 휘돌아 나가고~"로 이어지는 정지용의 '향수'가 공감각적 심상이라고 한다면 이는 분명 보이지 않으면서도 보이는 영혼의 내재율이다. 그러므로 누구나 가슴 속에 고향 하나씩은 품고 산다는 어느 시인의 말은 옳다. 친구가 그리워하는 고향은 제주 성산포 일출봉과 마주해 있는 '오조리(吾照里)'라는 마을이다.

이 마을은 40만 평에 이르는 습지대를 품고 있다, 끝없는 조갯벌에 숭어, 장어, 새끼돔, 모살치 등은 물론 물수리, 노랑부리저어새 등이 찾는 철새도래지이면서 천연기념물인 황근과 1백여 종의 상록활엽수림대도 함께한다. 더 특별한 것은 일출봉과도 마주해 있으므로 일출의 기운을 제일 먼저 받는 마을이기도 하다. '아침에 눈을 뜨면 일출이 제일 먼저 나를 찾아와 비춘다'라는 의미에서 붙여진 마을 이름 못지않게 마을 앞바다 물빛 또한 거울처럼 맑아서 그 물빛에 스스로의 양심을 비춰보며 사는 사람들의 마을이라고 붙여진 이름이기도 하다.

고향에 대한 친구의 간절함도 이런 연유에서다. 그래서일까, 최근 이 마을에는 놀라운 낭보가 들려왔다. 정부가 오조리 내수면 일대 0.24㎢를 연안습지보호지역으로 지정·고시했다는 소식이다. 전북 고창 운곡의 남사르습지자연생태공원 등 전국 십여 개 지역처럼 연안습지로 지정 보호받게 됐다는 것이다. 참으로 기쁘고 자랑스러운 일이다. 그렇지만 다소 안타까움도 있다. 습지보호지역으로 지정된 면적이 고작 0.24㎢(7만 여 평)에 불과하다는 데 있다. 이는 오조리가 품고 있는 습지 면적 40만 평의 20%에도 못 미치는 면적이다.

고창의 운곡(1,797㎢), 무안(28㎢), 순천만(42㎢) 등의 람사르등록 습지 면적에 비하면 오조리 0.24㎢는 한마디로 아이들 놀이공원에 불과하다. 앞으로 오조리 연안 습지가 생태교육과 생태관광자연학습지로 활성화되고 람사르 습지로 지정받기 위해서는 보다 멀리, 보다 넓게 바라볼 수 있는 안목이 요구된다. 현재 보유하고 있는 40만 평의 습지가 모두 보호지역으로 지정되어야 한다는 뜻이다. 이를 위한 제주도정과 정부의 의지가 당연히 요구된다. 더불어 그 꿈이 성사되기 위해서는 지역주민, 고향을 사랑하는 모든 이들의 참여와 응원도 함께 해야 함은 물론이다. 이는 곧 오조리 6백 년 역사와 함께해온 습지가 이 지역의 미래임과 동시에 람사르협약 정신과도 일치되는 세계 속 오조리의 열림 마당이 될 것이기 때문이다.

(뉴제주일보 '제주칼럼' 2024.7.17.)

그대는 누구를 존경하고 사랑하는가

...

문안 편지 혹은 선물 등을 누군가로부터 받는다는 것처럼 반갑고 기쁘고 행복한 일은 없다. 얼마 전 우리집 우편함에는 한 통의 우편물이 꽂혀 있었다. 주소란에 꼭꼭 눌러쓴 손글씨가 보낸 이의 정성을 느끼게 한다.

봉투를 열었다. 『김형석, 백 년의 지혜』라는 제목의 책이다. '누구나 존경해 마지않은 이 시대의 진정한 석학, 105세 철학자가 전하는 세기의 인생론'이다. 시대의 고민에 답하는 실존주의 철학자 김형석의 인생 수업이라는 표제가 더욱 눈길을 끈다. 인격과 삶 자체의 향기를 듬뿍 담은 분의 저서라는 점에서 나에게는 더할 수 없을 만큼 감동적인 선물이다.

공무원 재직 시절 함께했던 김태환 전 제주특별자치도지사께서 보내주신 책이다. 어떤 면에서도 내가 먼저 갖췄어야 할 예의 순서가 바뀐 형세다. 그렇지 않아도 이 책을 구입해서 읽으리라 생각하고 있었던 참이었다. 그런데 그분이 내 마음을 미리 알고 보내주신 것이다. 민망스럽기 이를 데 없다. 공직을 마감하고 그분과 헤어진 지도 20년이 지났으니 이쯤이면 잊을 만도 한데 뜻밖이다. 솔직히 말해서 현직 시절의 김태환 지사와 나와의 관계는 흔히 말하는 서로 통하는 '김태환 사람'은 아니었다. 그렇지만 이렇게 귀한 책을 보내주셨다.

공직을 마감하고 사는 곳을 성산포로 옮겼다. 그분과 나 사이는 사는 곳이 다르므로 서로 만나볼 기회 역시 그리 많지 않았다. 그렇지만 그분은 자신의 움직임 하나하나를 인정의 기회로 만드신다. 어쩌다 성산포를 다녀가실 일이 생기거나 거쳐 가실 기회가 있을 때면 그냥 지나치지 않으신다. 아주 오래된 친구 대하듯 '강 선생' 혹은 '시인 강중훈'이라는 호칭으로 찾아와 주신다. 옛날 관직은 호명하지 않는다. '당신과 내가 상하관계'였음을 굳이 드러내려 하지 않음이다. 그렇다. 그만큼 그분은 매사의 언행에 조심하며 상호의 인격을 존중한다.

그러고 보니 그분과 나는 동년배다. 이제 팔십의 중반에 접어들었다. 서로 격이 없이 만날 수 있는 것만으로도 영광이며 신이 준 축복이다. '현직에 있을 때 그와 나는 특별한 관계였어'라고 말하는 것 자체가 호사가들의 사치스러운 말장난이다. 지와 예를 갖춘 존재는 무감각한 대상에서 앞선다는 걸 나이와 함께 깨닫기 때문이다. 간혹 내가 들여다봐야 할 지인들의 경조사가 있을 때가 있다. 놀랍게도 그곳에는 김태환 지사가 계신다. 그만큼 그분은 모든 이와의 관계가 친척이며 형제며 삼촌이고 조카처럼 원활하다. 이웃사촌이라는 전통적 제주인의 정체성이 몸에 밴 분이다. 이건 분명 그분에게만 있는 아우라다.

그분은 외출할 때 자동차를 이용하지 않는다. 돈이 없어서가 아니다. 제주시내에서는 아무리 멀다 해도 걸어서 다닌다. 건강을 위해서라기보다 걷다 보면 누구든 만날 수 있다는 기대 때문이다. 그때마다 누구라 할 것 없이 손을 잡는다. 이는 분명 그분만의 것인 '보통사람의 미학'이며 노년이 향기다. '김형석, 백 년의 지혜' 설법도 이와 같다. '무엇이 의미 있는 인생인가'라는 대목에선 '나는 왜 태어났는가'라는 질문을 던지게 되고 '인생은 무엇을 남기고 가는가'라는 물음에는 김태환 지사의 정에 겨운 '만남의 철학'을 느끼게 한다. 노년의 삶의 지혜가 이분, 김태환 지사에게 있다. 늦었지만 나도 그걸 보고 익히려 한다. 참으로 기쁘다.

(삼다일보 '제주칼럼' 2024.9.23.)

까치에게 쫓겨난 신령님

...

　모처럼 겨울 밭을 둘러보려 나섰다. 눈이 내릴수록 잎이 푸르르다는 소나무마저 추위에 떤다는 대설인 줄도 모르고 나선 길이다. 들길에는 무성하던 억새들조차 말라비틀어져 황량하다. 그만큼 사방은 정이라곤 하나도 없는 허허로움뿐이다. 그래도 다행인 것은, 내가 농사한 겨울 무 밭이 주인을 반기는 양 파랗다. 그보다는 오랜 세월 그 밭을 지켜온 늙은 소나무와 그 소나무 가지에 둘러앉은 한 무리 까마귀 모습이 더욱 반갑다. 특히 겨울 나뭇가지에 앉아있는 까마귀 무리는 옛날의 추억을 물고 오는 존재여서 더더욱 형이상학적이다.

　예전에는 까마귀가 우리와 함께했던 동네 친구였다. 그러다가 때로는 미움의 대상이 되기도 했다. 이는 김행락(1708~1766)의 '탐오란'이라는 작품에서도 잘 나타나 있다. "제주섬에 귀향 가 있을 때, 집 안은 물론 부엌까지 들어와 그릇을 깨뜨리고 밥이고 고기고 간에 사정없이 먹어 치우던 까마귀 떼의 난폭함과 참다못해 화살로 쏘아봤자 워낙 무리가 많아 소용이 없고…"라는 대목에서. 때려죽이고 싶도록 미운 존재였을 거다. 새까만 몸통도 그러려니와 울음소리마저 정이 가지 않았을 거다. 그래서 사람들은 까마귀를 흉조라고도 했다.

　그렇지만 그것들은 늘 우리 곁에 있었다. 밉지만, 식구 같고 귀찮지만,

가족 같은 존재였다. 기쁨이 있을 때는 물론 슬픔이 있을 때도 그것들은 늘 우리와 함께했다. 어쩌면 우리에게는 영적인 존재일 수도 있었다. 집안에 슬픈 일이라도 있으면 어김없이 까마귀는 울타리 돌담 위 혹은 지붕 위에 있다. 누군가를 찾거나 기별하려는 듯한 몸짓이다. 특히 4·3으로 온 섬이 죽임으로 몰고 가던 때 그것들의 울음소리는 차라리 억장 무너지는 혼령의 울부짖음이었다.

어디 그뿐이랴, 제삿날이면 그때도 어김없이 까마귀는 찾아온다. 어쩌면 멀리 있어 찾아오지 못한 가족 혹은 친척의 전령이거나 망자의 혼백이다. 그러던 그것들이 안타깝게도 지금은 우리 마을에 없다. 길조라는 까치들에게 쫓겨 저 소나무의 까마귀들처럼 산과 들을 헤맨다. 마치 4·3 때 누명을 쓰고 죽어간 사람들처럼 '흉조'라는 오명 때문이다. 도대체 까치라는 새는 1980년대 말까지만 해도 제주에 살지 않았다. 그러던 것이 어느 언론사와 항공사가 '길조인 까치가 제주도에 없어선 안 된다'는 이유로 육지의 까치를 포획해서 방생시켜 놓은 것이 제주도에 까치 천국이 된 효시다. 결국 길조는커녕 난폭하기 이를 데 없는 까치들에 쫓긴 텃새 까마귀만 지금처럼 방랑자 신세가 되고 만 것이다.

지금, 나의 손에는 '까마귀 검다 하고'라는 한 권의 '까마귀사진집'이 펼쳐있다. 원로 언론인이자 전, 제주도4·3평화재단 이사장 이문교 님이 펴낸 책이다. 이 사진집에는 마을에서 쫓겨난 까마귀들 모습이 대거 실려있다. 이곳 제주도4·3평화재단 드넓은 공원에 서식하고 있는 그들의 모습이다. 여한에 맺힌 영령들을 위무(慰撫)하려 함일까. 아니면 그들 자신이 가신 이의 혼령일까. 4·3평화공원위령재단 승화탑(昇華塔)에도 잠들지 못한 영령들인 듯 까마귀들은 있다. 재단이사장 이문교 님은 그

재단에서 향을 사른다. 영령들의 여한을 저승까지 전달하고자 함이다. 까맣게 마주한 까마귀 무리의 표정 또한 가신 이의 혼령인 듯 너무도 엄숙하다. 늦었지만 '까마귀사진집'을 펴낸 이문교 님이 깊은 뜻을 비로소 알 것 같다.

(삼다일보'제주칼럼' 2024.12.8.)

대상과 배경

억새꽃, 그의 정체

...

코스모스 허리가 가늘게 휘어지는 계절인 가을이 문턱을 넘는다. 그 곁을 지나는 길손의 마음마저 휘감아 돌다 건너간다. 휘어지는 것은 계절뿐이 아니다. 어린 손자놈의 손에 이끌려 어디론가 가고 있는 한 촌노의 허리도, 그 맞은편 산허리도, 산허리에 매달린 늙은 소나무 가지도, 그것을 바라보는 필자의 마음까지도 계절처럼 바람처럼 휘어진다. 세상이 온통 휘어지는 것뿐인 느낌이다.

그러나 지극히 다행스러운 것은 휘어지지 않는 것이 있어서다. 우리 곁에 당당하게 남아있는 것 바로 억새 그놈이다. 제주 땅 해안에서부터 한라산 정상부근까지 어디라 할 것 없이 바람이 몰아쳐도 눈비가 내려도 제멋에 겨워 자생하는 놈, 밟으면 밟을수록 더 단단히 뿌리내려 싱싱하게 자라는 놈, 그놈이다.

그렇다면 억새는 우리에게 무엇일까. 이럴 때 시인 김순이님의 '억새의 노래'가 문득 생각난다. "억새꽃 피면/가자 가자/맨발로 가자/이 도시의 가면을 벗어 던지고 맨살의 억새꽃 춤추는/바람의 들판으로 가자 구름의 들판으로 가자/(중략)/눈감고 싶은 귀 막고 싶은/이 도시의 껍데기를 벗어 던지고/가자 가자 억새꽃 피면/야성의 들판으로,"

이처럼 시인 김순이는 일상에서의 탈출을 억새에서 찾고자 했다. 그러면서 그는 또 다른 작품에서 "억새꽃 다발은 사랑하는 이에게는 보내지 마세요"라고 했다. 그의 작품에서의 억새는 황량한 들판에 누군가 못 견디게 그리다가 하얗게 머리가 새어버린 넋이 나간 여인의 영혼 같은, 그런 억새를 보고 있는 듯하다. 억새에서 비롯한 일상에서의 탈출과 그리움, 이것은 아마도 제주적인 제주인만이 갖는 정서가 아닐까. 마치 이어도를 향한 제주인의 마음 같은. 그러나 불행하게도 이어도를 향한 우리의 꿈을 훼방 놓는 억새와의 전쟁이라 해도 과언이 아니다.

억새 그 자체가 척박한 땅에서 자라는 볏과에 속하는 양지성 다년초이므로 그것이 바로 제주인의 생명력과도 같다. 논이라고는 그림자도 찾을 수 없는 제주의 척박한 땅에서, 그 땅을 일구어 농사를 지으며 사는 도민들 특히 농민들에겐 억새는 원수다. 그것들은 야금야금 농토에 그들의 삶의 터를 넓혀가기 때문이다. 그들이 삶의 터를 넓힌다는 의미는 그것들이 뿌리를 내려 농지를 잠식한다는 의미다. 서로는 살기 위해 터를 넓히고 그 행위는 어차피 전쟁이다.

예로부터 제주도에 내려오는 말이 있다. "집치레는 하지 말고 밭치레는 하라"라는 말이다. 아무리 보잘것없이 농사가 잘 안되는 밭일지이라도 그런 밭일수록 정성을 다해서 기름진 땅으로 만들면 그것이 기와집이라는 뜻이다.

제주섬 토양 자체가 산성이라 풀 한 포기 자라기도 어려운 성질의 땅이라서 매년 연작하는 것마저도 토양의 기력이 부족하다. 더불어 자갈투성이인 중산간마을 농토는 1년 휴한(休閑), 또는 2작 휴한, 3작 휴한은 물론 심지어 화전지대에서는 한번 경작했던 밭은 5~6년은 쉬게 해야 할 정도로 지력 회복이 늦었다. 이처럼 밭을 쉬게 하는 기간을 '쉰 돌이'라고 했다. 그러면 그 쉰 돌이 기간의 밭은 어떻게 되는가. 그 기간은 소와 말을 몰아넣어 오줌과 똥을 받아내고 지력을 높이는 지력 회복 기간이 된다.

그런데 그토록 공들여 지력을 회복시키는 기간에 도둑고양이처럼 그 땅에 야금야금 뿌리내리고 땅을 잠식하는 놈이 있으니 이게 바로 억새다. 그것들은 어느새 쉬고 있는 농지 전체를 잠식하고 무성하게 싹을 키워 끝내는 당당하게 하얀 꽃을 피워 화냥년처럼 뻔뻔스럽다. 그것도 모자라 이제는 그 들녘에 보란 듯이 억새꽃축제라는 잔치까지 벌인다. 그걸 즐기는 사람들은 이것들이 잔악함도 간사함도 모른 체 함께 즐긴다. 아름다운 제주의 들녘이다. 과연 그럴까. 1년 휴한, 2작 휴한, 3작 휴한을 하던 저 들판은 억새들의 세상으로 가득하고 아직도 제주인은 저 들판에서 얻는 것과 잃은 것을 가리지 못하고 마냥 축제에 취해있는 것을.

(한라일보 '한라칼럼' 2001. 10. 19.)

저 외롭고 외로운 전설의 화전마을

...

30년 공직을 마치고 그간 살던 제주시에서 거소를 고향인 성산포로 옮겼다. 성산포와 제주시까지의 거리는 약 자동차로 5~60분이면 넉넉한 거리다. 나는 요즘 특별한 일이 있어 제주시로 다녀올 일이 있을 때마다 왠지 왕래하는 그 길이 꽤나 상쾌하다. 확 넓혀진 일주도로 때문이 아니다. 나는 근본적으로 일주도로에서의 드라이브를 별로 즐겨 하지 않는다. 일주도로는 나를 구속하는 것이 많다. 앞뒤 옆으로 정신없이 내달리는 자동차의 행렬도 행렬이지만 곳곳에 숨어있는 무인 감시카메라가 더욱 나를 구속한다. 그놈 곁을 스칠 때나 괜히 지은 죄 없이 죄인이 된 착각에 주눅이 들기 때문이다. 그래서 따로 선택한 길이 있다. 중산간 도로다.

성산포에서 대천동을 거쳐 산굼부리 쪽에서 5·16도로를 만나면 곧장 제주시가 눈앞이다. 이 길에서는 나를 구속하거나 화나게 하는 것이란 없다. 겁 없이 질주하는 차량의 물결도, 몰래카메라도, 내 시야를 방해하는 그 어떤 것도 이 길에선 찾을 수 없다. 알맞게 휘어지고 알맞게 곧고, 그러다 숲이 우거진 도로를 만나면 조금은 흥이 나서 콧노래도 절로 난다. 이러한 주변의 환경은 아예 그 어떤 속도마저도 거부당한다.

질편한 들녘을 끼고 달릴 때면 철 지난 억새들이 마지막 남은 하얀 털

꽃들은 해 넘긴 풀잎들과 함께 내 양심의 소리처럼 서걱거리며 다가온다. 어디 그뿐인가 억겁의 세월을 버텨온 나직나직한 제주의 오름들은 애잔한 제주의 역사와 함께 인문학적 파토스를 이끈다. 조금 더 가노라면 빛바랜 초가집 몇 채가 우리의 옛 모습을 보는 듯 아프다. 그래도 무너지지 않은 내 영혼의 쉼터 오름과 오름들이 펼쳐진 대천동 들녘을 지날 때면 어느새 나는 내 잊혀진 어머니 품에서 잠이 든 듯한다.

그뿐이 아니다. 한라산에 눈이 내리는 날이면 예외 없이 덩달아 눈이 덮이고 마는, 그래서 겨우내 눈 속에 갇혀있던 화전마을 교래, 그 추억의 마을도 있다. 이제는 제법 관광객뿐만 아니라 내 입맛까지 유혹하는 토종닭집 간판들이 즐비해서 내 입맛을 다시게 한다, 그 길을 따라 한라산을 향해 이어진 산굼부리 길을 달리노라면 길 양편으로 늘어선 나무와 나무, 숲과 숲, 넝쿨과 넝쿨들이 어우러져 계절을 못 이겨 떨어지다 남은 단감나무 열매들마저 저마다 계절의 마지막 정열을 불태운다.

밤사이 늦가을 서리가 내렸는지 어느새 아침 햇살에 익은 이슬방울들도 눈이 부실 만큼 매달려 나는 더 달릴 수가 없다. 이 미치도록 아름다운 길에서 나는 갑자기 쓸쓸함과 허전함과 부끄러움을 동시에 느낀다. 저 외롭고 외로운 전설의 화전마을로 이어지는 이 길을, 요정이라도 걸어 나와 반길 것만 같은 이 길에 오가는 차량이라곤 한 대도 보이질 않으니 어쩌면 좋을까. 관광버스 한 대만 지나가도 저 마을 어느 토종닭집 주인의 얼굴에 얽은 주름살 한 줄은 펼 수 있을 텐데….

어제 목욕탕에서 만난 옆집 젊은이들이 저들끼리 내뱉던 입맛 쓴 푸념이 생각난다. "산천이 아름다운들 뭣에 쓰나, 올 놈이 와 줘야지." "횡-하고 자동차로 한 바퀴 돌아보고 나면 그놈이 그놈인 것을 두 번 세 번 봤던 것 보러 올 놈도 없고, 와 봤자 바가지나 잔뜩 쓰고 가는 이곳을 누가 다시 올 건가."라는 대목에선 이 분야에 종사하는 나 역시 듣지 말았으면 할 만큼 곤혹스럽게 하였다.

오늘도 제주도 미래의 청사진인 "국제자유도시특별법(안)"은 여야 공동 발의라는 미명아래 줄다리기가 한창이고, 특별법 반대를 외치는 어느 시민단체의 목소리까지 덩달아 도민의 판단을 혼돈으로 끌고 가는데 관광버스 한 대 지나치지 않는 이 길가의 전설의 화전마을 토종닭집 간판은 내일도 쓸쓸히 바람에 흔들릴 것을 생각하니 가슴이 아프다.

(한라일보 '한라칼럼' 2001. 11. 29.)

2002년, 실로 걱정된다

...

　21세기 첫해를 맞던 지난해 아침이 그랬던 것처럼 2002년도의 아침도 커다란 희망과 기대 속에 이렇게 밝았다. 희망을 품는다는 것은 기대했던 것들과 기대하지 않았던 그것들까지도 이루어지길 기대하는 바람이다. 그 희망은 늘 소박한 것이었다. 소박함이란 새로운 것에 대한 기대보다는 기대에 부응치 못한 것에 대한 뉘우침도 함께한다. 우리의 일상이라는 것들이 이루어진 것보다 이루지 못하는 것이 많기 때문이다. 따라서 새해의 희망은 곧 목적함을 성취하기 위한 또 다른 뉘우침일 수도 있다. 제주 관광 역시 그렇다.

　지난해 제주도 입도 관광객의 목표는 예년의 410만 명보다 10만 명 더 많은 420만 명이었다. 그 계획은 처음부터 무리였다. 그렇지만 그러한 무리수는 최선을 다하겠다는 일종의 제주도민 의지이고 기대며 희망 그것이었다. 그런데 하늘은 우리 편에 서주기를 거부했다. 연초부터 몰아닥친 폭설, 여름 휴가철에는 전국적으로 이어지는 가뭄, 동남아경제의 침체, 거기에 더해서 미국 뉴욕의 9·11테러 등은 가뜩이나 어려운 제주 관광의 현실을 더욱 어렵게 끌고 갔다.

　그렇지만 그것이 변명이 될 수는 없는 일이다. 어쨌거나 관광객은 유치목표에 겨우 턱걸이하다가 말았다. 그보다 더 중요한 것은 관광객 수치에 매달리기에 앞서 관광객의 만족도, 또 그것을 뒷받침해 줄 각종 인프라, 도민의 관광마인드 등이 얼마나 달라지고 발전했는가 하는 데 있다. 그렇다면 관광객들은 과연 어떤 평가를 내렸을까. 특별히 나아진 것이 없다는 것이 솔직한 그들의 평가다. 왜 그랬을까. 문제를 찾지 못해서일까. 대책이 없어서일까.

그동안 우리는 관광 관련 세미나, 토론회, 학술 발표회 등에서 셀 수 없이 많은 문제와 해결 방안 등을 제시해왔다. 그러나 현실은 언제나 한결같다. 원인이 어디에 있는 걸까. 올해 제주 관광은 대박이 터지는 해라고들 한다. 월드컵축구대회다. 전국체전이다, 주5일 근무제다. 국제자유도시 시행의 원년 등등이 그렇다. 그러나 이 호재가 악재로 둔갑 될 수 있다는 것도 유념해 둘 필요가 있다.

해외관광객의 주류를 이루는 중국 관광객의 예를 생각해보자. 6천만 명의 해외여행 잠재 고객을 보유하고 있는 중국 관광객들은 단체관광을 원칙으로 한다. 단체관광의 속성은 주어진 옵션에 의해서 가이드의 안내를 받으며 움직인다. 1인 1일 여행경비도 4~5만 원이 고작이다. 하루 4~5만 원의 여행경비, 이 턱없이 모자라는 경비로 여행사는 이들에게 무엇을 제공할 수 있을까. 결국은 싼 것이 비지떡이라고 하듯이 돈에 맞추다 보니 때로는 돈 적게 드는 무자격 가이드까지 활용한다. 따라서 변변한 볼거리, 먹을거리, 즐길 거리는 물론 제주의 문화를 접할 기회마저 제공받지 못한다. 무자격 가이드가 제주 문화를 알 턱이 없으니 제주다운 제주의 문화를 접하는 것조차 상상할 수가 없다.

이런 사정을 알 길 없는 해당 관광객은 제주를 먹을 것, 즐길 것, 살 것이 없는 곳, 심지어 문화가 없는 섬이라고 혹평하기까지 한다. 사정은 이 것만이 아니다. 덤핑관광이 가져온 결과는 결국 죄 없는 도내 관광업계와 제주도민에게 덤터기가 씌워지고 만다. 그렇다고 이들 여행사의 덤핑을 규제할 법적 근거도 없다. 정부가 각종 규제 조항을 철폐했기 때문이다. 도내 관광업계가 나서서 자율, 통할 기능도 발휘할 수가 없다.

중국전담여행사는 제주여행사가 참여하기엔 구조적 모순이 있다. 문화관광부가 그 업체를 지정한다. 현재 지정된 업체는 55개의 단체여행 알선업체다. 이 업체로 지정되려면 제주여행사로서는 조건에 맞는 여력이 없어 힘들다, 그 때문에 55개 여행알선업체는 1개 여행사를 제외하고는 모두 서울에 소재하고 있다. 이들 업체가 이끄는 제주관광산업이 미래를 좌우한다. 참으로 안타까운 현실이다. 올해 이 제주섬에는 예년에 볼 수 없었던 450만 안팎의 관광객이 올 것으로 예상한다. 제주를 다녀간 그들의 기억 속에 앞의 예들처럼 아름답지 못한 인상만 남게 된다면 제주 관광의 미래는 과연 어떻게 될 것인지. 실로 걱정뿐인 제주관광의 현주소다.

(한라일보 '한라칼럼' 2002. 01. 04.)

누구냐, 제주인을 '부유한 노예'로 만드는 자

...

이제 입춘, 포근한 날씨 속에 봄을 시샘하는 한파 예보가 마음을 거슬린다. 그리고 보니 지난해 이맘때 때아닌 폭설로 많은 관광객의 발길을 끊어놓았던 일이 재현되지나 않을까 걱정된다. 가뜩이나 중병을 앓고 있는 제주관광시장에 또다시 그런 일이 생겨서는 안 되겠기에 더욱 그렇다. 중병을 앓고 있는 제주관광, 얼마나 중증일까. 한마디로 자연경관만을 앞세운 제주관광은 이제는 아니다. 우리는 그것을 깨달은 지 이미 오래다. 그런데도 자꾸만 뒤처지고 있으니 이것이 중병이다.

도민의 70% 이상이 관광에 의지해 살고 있다고 하면서도, 관광은 도민의 생명산업이라고 하면서도, 생명산업을 살리려면 고부가가치의 관광상품 창출이 급선무라고 외쳐대면서도, 인프라 구축이 요구된다고 하면서도, 그러기 위해서는 보다 개방적인 사고가 요구된다고 하면서도, 정작 그 일을 하려고 들면 무슨 조건이 그렇게 많은지 모른다.

골프장은 자연이 파괴돼서 안 되고, 리조트단지는 생태계 파괴되므로 안 되고, 케이블카는 신령 서러운 산에 쇠말뚝을 박으니 안 되고, 카지노는 도박산업이라고 해서 안 되고, 도민 자본은 영세해서 경쟁력에 어림없어 손댈 엄두를 못 내고, 역외자본유치사업은 그 사업의 종류가 도민 정서에 맞지 않는다고 해서 안 되고, 도민 정서에 맞는 사업은 경쟁력이

약하다는 이유로 투자자들이 이를 기피하고, 그래도 우여곡절 끝에 '국제자유도시 특별법'이라는 걸 만들어 좀 살맛 나는 세상이 열리려나 싶으니 여기에도 말들이 많다.

어떤 이는 도민의 합의를 이루지 않았느니, 어떤 이는 국제자유도시에 걸맞은 캐릭터가 없다느니 '빈대떡에 피자포장'을 한 것이라느니, 또 어떤 이는 '기존의 제주도개발특별법과 크게 다를 바 없다'라느니, 또 다른 어떤 이는 '그 모습이 어떠한 형상인지 정확히 예단할 수 없지만, 지역경제에 미치는 영향은 클 것이다'라고 하면서도 "그러나 그 속에 거주하는 제주인들은 '부유한 노예'로 전락할 수도 있다"라고 하는 목소리들이 그것이다.

이제 겨우 쌀과 물을 장만했는데 그 쌀과 물을 솥에 붙기도 전에, 간도 맞추기 전에, 불을 지펴보기도 전에 밥이 설겠다는 둥, 익겠다는 둥, 싱겁겠다는 둥, 짜겠다는 둥, 맵겠다는 둥…. 희망보다는 절망을, 기대보다는 우려를, 단합보다는 이간을, 사랑보다는 미움들이 제주인의 정서를 그르치게 하고 있다. 이러한 모습을 보면서 다른 지역 사람들은 이것이 제주인의 병이라고 낙인찍는다.

그 법이 우리에게 꼭 필요한 법이라면, 더러 부족하거나 입맛에 맞지 않는 부분은 힘을 합쳐 손질해서라도 입맛에 맞게 고치면 될 것이다. 25시'의 게오르규는 '제주에서 가장 인상적인 것이 바람과 그것을 사방에서 수용하는 초가와 돌담이었다"라고 했다. 그것이다. 제주인의 병은 수용함 즉 받아드림의 결핍에서 비롯된다. 그것은 외지자본이 유입된 투자가 제주인을 부유한 노예로 만들 것이라는 두려움도 한몫한다. 제주의 미래를 약속하는 것은 제주인의 병 고치기에 있다. 그렇다면 다른 지역은 받아들임의 철학을 어떻게 수용하고 있는가. 우선 민족의 영산이라는 지리산을 보자.

최근 이곳엔 경남·전북·전남의 3개 도와 지리산권 5대 지방자치단체가 벌이는 관광개발붐이 한창이다. 백두대간으로 이어지는 수정봉 자락에 30여만 평 규모의 골프장, 산동면 온천 단지에서 노고단까지 이어지는 케이블카 건설, 또 베트남전 적지를 모델로 한 '공비토벌루트' 개설 등등… 또 다른 지역 하나, 우리가 앞서 유치하려던 카지노사업을 목숨 걸고 거머쥔 강원도, 동강 보전에 발 벗고 나섰던 강원도는 이제 그 동강의 상류에 동계올림픽유치를 앞세워 초대형 스키 골프리조트를 건설하고 있으니…. 가리왕산 중봉리조트의 규모는 국내 최대를 자랑하는 용평리조트를 능가하고 내로라하는 보광휘닉스파크보다도 훨씬 클 만큼 매머드급이다. 그런데 지금 제주는 몇 시쯤에 멈춰있는 걸까. 도대체 누가 제주인을 '부유한 노예'라고 부르는가.

(한라일보 '한라칼럼' 2002. 02. 05.)

그림이 있는 지도

...

나는 종종 사무실 벽에 걸린 대형 세계지도와 마주할 때가 있다. 그럴 때마다 내 마음은 몹시 즐겁다. 지도 속에는 서로 다른 인종과 문화와 그 지역 풍광들이 나를 한없이 유혹하기 때문이다. 나는 그 유혹 속에 빠져 멀리는 유럽대륙에서 아프리카와 남미, 북미대륙을 거쳐 동 남북 아시아까지 상상의 여행을 지도 속으로 떠나보기도 한다.

저 먼 오리엔트 지역에서는 이슬람과 알라신의 위대함과 성스러움에 놀라고, 아테네와 영국을 잇는 유럽대륙에서는 오로지 강한 자의 문화만이 위대하다는 이치를 깨달으며, 또 다른 곳 아프리카를 거쳐 끝없는 대륙 아메리카에 도달하면 부의 가능성만이 존재하는 힘의 나라를 부정할 수 없다. 또한, 유구한 역사를 지닌 나라 중국에서는 천안문과 만리장성과 같은 역사 유적들이야 그렇다 치더라도 개방의 물결과 함께 뜨거워지는 개발의 열기에 나는 그만 기를 펼 수가 없다.

이제 우리의 산하, 그 남쪽 끝에 붙어있는 조그만 점 하나. 다른 나라 세계지도에는 아예 찾아볼 수조차 없는 작디작은 섬 내 고향 제주도를 만난다. 나지막하고 오밀조밀하게 붙어있는 지붕들, 그 사이로 가느다란 선 같은 점이, 점 같은 섬이 가슴을 여는 듯 여리게 그어진 또 하나의 지도를 따라가다 보면 천년의 왕국, 탐라 개국의 발상지인 삼성혈로 들어선다. 이름하여 그 일대가 제주시 도심 속의 공원 '신산공원'이다.
 이곳에는 삼성혈과 맥을 함께 하는 민속자연사박물관을 비롯해서 제주민속관광타운, 제주도 문예회관 등이 이웃처럼 모여있어 긴 여정에 지친 나그네의 심신을 풀어주기에 충분하다. 나는 오래전부터 이곳으로의 산책을 즐겨왔다. 그러나 그때마다 안타까운 마음에 속을 끓였다. 그것은 전통과 현대가 어우러지는 이들 시설물이 서로 이웃해 있으면서도 상호 돋보일 수 있도록 하는 아무런 연출도 이루어 내지 못하고 있기 때문이다.

 도심 속 공원의 기능은 동서남북 어느 쪽에서도 접근할 수 있어야 한다. 그러나 안타깝게도 북쪽과 남쪽으로는 민속자연사박물관과 문예회관의 울타리가, 동북쪽으로는 민속관광타운과 민간소유 땅들이, 서쪽으로는 산지천 상류 계곡과 그 일대 민가들이 제각각 시설과 시설의 연결고리를 끊어놓아 시민의 자유로운 접근마저 불가능하게 한다. 접근할 수 있는 길이란 겨우 문예회관과 민속관광타운 사이로 열어놓은 폭 7~8m짜리 진입로가 고작이다. 공원으로 가는 길이 마치 답답한 호리병 속으로 기어들어 가는 느낌이다.

 그런데 최근 이곳에 이상한 일들이 벌어지고 있다. 좀처럼 허물지 못할 것 같던 문예회관 울타리가 헐리면서 공원의 기능을 함께 살려 놓았는가 하면 향토문화예술의 요람을 시민들로 하여금 공유할 수 있도록 하는 공간을 열어놓았다. 또한, 제주시에서는 동북쪽 민간소유 땅들을 매입해서 꽃과 잔디와 나무와 벤치들을 마련해서 공원의 풍취를 한껏 부풀려놓고 공원 진입의 여유마저 확대시켰다. 이제야 비로소 닫힌 공간에서 열린 공간으로 바뀌어 가고 있는 것이다. 우리는 감히 이 일을 해낸 제주도와 제주시에 힘찬 박수를 보낸다.

 이제 더 욕심을 내자면 자연사박물관의 성벽 같은 울타리마저 헐렸으면 좋겠다. 삼성혈과 박물관을 가로막는 도로, 하천, 민가 등을 목적하는 바대로 조성될 수 있도록 하는 것이다. 그때 비로소 시끄럽고 어지러운 도심 그곳에는 패기 발랄한 젊은이들이 정서가 열리는 문화공간이 될 것이고 탐라 천년의 문화가 꽃피어 단란한 가족들의 발길도 줄을 이어 몽마르트르언덕과 같은 지역예술인들이 연출해내는 명소가 자연스럽게 자리매김할 것이다.

 어디 그뿐인가 그래서 찾아드는 관광객들은 말로만 듣던 원웨이티켓으로 탐라 천년의 숨결이 살아있는 삼성혈과 민속자연사박물관을 거쳐 민속관광타운과 문예회관에서 열리는 갖가지 향토문화예술의 향연을 만끽할 수 있으므로 세계인이 제주를 찾아온 보람을 느낄 것이다. 나는 지금 그런 그림이 있는 세계 속 제주의 지도를 상상한다.

(한라일보 '한라칼럼' 2002. 03. 15.)

너희가 출일(出日)을 아느냐

•••

"성산에 올라 인시(寅時)에서 사시(巳時)까지 일선쌍륜·금파대명(一線雙輪·金波·大明)을 두루 보아야 출일(出日)을 보았다고 할 수 있다" 심제집(心齊集)에 실려있는 영주십경 중 제일 경인 성산출일에 대한 설명이다. '일선쌍륜'이란 인시에 수평선에 그어진 선(線) 하나가 점점 넓어지면서 주변 바다가 온통 황금빛으로 변하고 조금씩 솟아오른 태양이 수평선에 받쳐지면서 바다 밑으로 투영되어 그 태양이 수평선 상하로 쌍륜을 이룬다는 뜻이다.

'금파·대명'은 쌍륜이라는 일단의 순간을 지나 수면 아래로 투영되던 태양이 수평선 위로 훌쩍 솟아올라 그때까지 천지를 물들여 놓던 황금빛 물결마저도 파란 제 모습을 찾게 한다는 뜻이다. 이때를 가리켜 사시(巳時)라 하며 이 일단의 과정을 일컬어 성산출일이라는 것이다. 출일과 일출의 의미가 다름도 그런 뜻에서이다. 따라서 일출은 출일의 다음 단계를 의미한다.

요즘 성산포 일출봉 주변에는 새벽마다 그러한 출일과 일출을 보려는 관광객들로 몹시 붐빈다. 그러나 그들은 번번이 실망만을 안고 돌아서기가 일쑤다. 시샘이라도 하듯 수평선 위로 드리워진 몇 겹의 구름 띠가 출일을 방해하기 때문이다. 이럴 때 더욱 위대한 건 홀로 우뚝한 일출봉뿐이다. 내가 어렸을 때 보던 일출봉도 그렇게 위대했다. 일출봉을 마주 보면서 자란 나는 태양이 그곳으로부터 떠오르는 것을 볼 때마다 만약 일출봉이 없었다면 태양은 아예 다른 곳에서 떠올랐을 것이라고 믿고 있었다. 그러던 내 생각이 바뀌게 된 것은 일출봉과 마주해 있는 내 고향 오조리(吾照里) 마을과 출일과의 관계를 알게 되면서부터다.

"吾照(나를 비춰준다는 뜻)". 곧 동녘에 출일 하면서 그 태양이 제일 먼저 비춰주는 곳이 바로 '오조리'라는 뜻이다. 일출봉과 마주해 있으면서 언제나 얌전한 새색시 같은 '오조리', 오십여만 평의 잔잔한 호수 같은 '한도만(灣)', 그 만(灣)에서 무시로 뛰어노는 숭어 떼와 바다 메기와 돌낚지들, 물 반 모래 반 조개 반이랄 수 있는 조개 벌과 뱀장어군(群), 그리고 일백여 종의 해안식물과 난대성 상록 활엽수들이 치렁치렁 자라고 있는 지방기념물 '식산봉', 그 위로 철 따라 찾아드는 온갖 철새의 도래지가 바로 '오조리'라는 마을이다.

그렇게 설촌된 마을 오조리는 출일의 햇살을 받을 때 더욱 찬란해서 한도만의 해수면은 온통 거울같이 맑다. 아침마다. 사람들은 그들의 일상을 양심에 비춰보듯 그 한도만의 해수면에 자신들의 모습을 비춰보며 스스로를 다스린다. 그들이 바로 오조리 마을사람들이다. 성산출일이 제주의 관광명소 중 제일경이 될 수 있는 이유도 바로 여기에 있다.

장엄한 일출봉이 거기 있고, 지아비를 섬기듯 그 만(灣)을 우러르며 앉아있는 식산봉과 잔물결도 잔잔히 잦아드는 한도만이 내 누이 옷섶같이 이어지기 때문이다. 그런데 최근 성산출일의 그 위대한 장관이 제 모습 보여주길 꺼린다. 원인이 무엇일까. 우리는 최근 일출봉과 함께해왔던 주변의 경관 그리고 이웃들의 동향을 눈여겨볼 필요가 있다. 찬란한 아침의 의미를 깨우쳐 주던 오조리 한도만은 버려진 생활수에 오염되어 탁해진 지 오래고, 그 물 위로 스스로의 양심을 비춰보던 우리 이웃들의 양심의 모습도 덩달아 흐려져서 빛을 잃은 지 오래되었다

또 아침 햇살과 함께 언제나 푸르르던 식산봉의 천연수림들도 송충이에 쫓기고 또 원래의 이곳이 자생지도 아닌 대나무가 새마을운동소득사업에 기여한다는 이유로 외지에서 드러다 심어놓은 것이 숲을 이뤄 본래의 식산봉은 그 근본부터가 사라지고 있다. 식산봉이 있으므로 성산일출이 빛이 나고 오조리 한도만 물빛이 있으므로 아침 태양이 찬란한 것임을 증명함에도 그 이치에 대해서 제주도민은 물론 이 지역에 살고 있는 누구도 관심이 없다. 혼자가 아닌 너와 내가, 너와 내가 아닌 우리가 함께했을 때 주변은 아름답고 위대하다는 인식이 아쉽다.

(한라일보 '한라칼럼' 2002. 04. 19.)

성년의 날에 떠오른 단상(斷想) 하나

...

　성년의 날에 웬 관광 타령인가 할지 모르겠다. 하지만 요즘 제주사회는 두 사람만 모여도 화두는 월드컵 축구와 국제자유도시에 관한 이야기다. 그리고 그 화두 속에 안주처럼 끼어드는 것이 있으니 바로 관광이다. 또한, 그 안주에 맛을 치는 것이 양념이라면 역시 관광의 제맛은 문화관광이라 할 것이다. 다시 말해서 '월드컵'이다 '국제자유도시다'라고 하는 것들 모두가 제주 관광산업을 살찌우게 하는 것이고 그것의 성공은 문화관광으로 유도될 때 가능하다는 의미다.

　본디 관광이란 주나라 역경이라는 주역의 문헌에서 그 유래를 찾을 수 있다. 즉 '관국지광 이용빈우왕(觀國之光利用賓于王)'이라는 기록이 그것이다. '나라의 빛을 본다(보여준다)'라는 뜻으로서 자국의 훌륭한 빛, 훌륭한 문화를 본다(보여준다)라는 뜻이다. 문화란 '지식, 신앙, 법률, 도덕, 관습 그리고 사회의 한 구성원으로서 인간에 의해 얻어진 다른 모든 능력이나 관습들을 포함하는 복합 총체'라고 했다. 이를 요약한다면 높은 교양과 깊은 지식, 세련된 생활, 우아함, 사유, 예술성 등 인간집단의 생활양식이라고 할 수 있다. 주역에서는 이러한 것들을 보거나 보여주는 것이 관광이라고 했다.

　거리를 나서보자. 오늘도 관광객 발길은 이 제주 땅 곳곳에 계속해서 이어지고 있다. 그러나 그 수는 그리 많지 않다. 이유는 다른 데 있지 않다. 그들을 감동케 하는 제주의 향기 즉 교양, 세련됨, 우아함 혹은 사유 같은 제주적인 문화가 없기 때문이다. 그렇다고 우리에게 문화가 없는 것은 아니다. 남을 배려하고 이웃과 이웃끼리 신뢰하고 도우며 사는 수눌음정신, 삼무(三無)정신도 제주를 대표하는 전통문화다.

남을 배려하는 마음을 가진 이의 얼굴에는 꽃보다 더한 아름다움이 있고 달콤함이 흐르고, 남을 신뢰할 줄 아는 이의 모습에서는 함께 하는 이웃의 즐거움이 있고 향기가 있다. 역시 모든 관광객은 그러한 향기를 맛보고 싶어 한다…. 이것이 관광의 본디 의미다. 그러나 이제 이 지역에 그러한 향기는 없다. 오직 시기와 질투와 이기심과 냉소와 협잡과 모략과 방관과 충동질과 이간질이라는 썩은 냄새들로 가득하다.

관광객이 제주를 외면하는 이유 중의 하나도 바로 향기에 있다. 왜 향기를 잃었을까. 한마디로 의로운 자, 지혜로운 자, 어른스러운 자가 없어서다. 있어도 있는 것 같지 않기 때문이다. 도리어 그들 스스로가 그러한 잘못을 저지르고 있기 때문이다. 나서야 할 곳과 나서지 말아야 할 곳을 분별하지 못하기 때문이다. 자기만 살려고 하는 자기 독식 성이 이를 뒷받침한다.

언필칭 '성추행 사건'이라는 것도 그 한 예다. 피해자 가해자를 주장하는 사람들의 문제는 뒤의 문제로 두더라도 소위 이 지역사회에서 최고 지도자가 되겠다고 하는 사람이 "피해 여성이 찾아와 억울함을 호소하기에 약한 여성을 도와주기 위해서 녹음기(몰래카메라 같은 몰래 녹음기)를 피해자에게 마련해 줬다" "녹음에 성공했다는 전화 등 격려 전화를 수 차례 주고받았다"라는 등등의 사설과 변명을 며칠 전 어느 TV 방송을 통해서 시청했다. 나는 그것이 지도자가 취할 가장 적절한 선행인지 얼른 판단이 서질 않는다.

 성서의 말씀대로 모든 것을 협력하여 선을 이루는 지혜'가 진실한 지도자의 양심이라고 믿기 때문이다. 피해 여성으로부터 도움을 요청받았다면 은밀한 행동보다는 가해자에게도 직접 사실여부를 확인해 보는 화해의 해법을 찾는 길이 어른 된 지도자의 행동이 아닐까 하는 아쉬움이 있기 때문이다. 속담에 '흥정은 붙이고 싸움은 말리라'는 말이 있다. 이 문제가 새삼스러운 것도 오늘이 성년의 날이기 때문이다. 아직도 우리는 성년이 되지 못한 탓이 아닐까 하는 쓸쓸함이 함께 한다. 제주를 찾는 관광객에게 혹여 이런 추한 모습이 제주의 문화처럼 보여질까 몹시 염려스럽다.

(한라일보 '한라칼럼' 2002. 5. 20.)

섬을 주제로 한 에토스와 파토스

...

요즘 제주지역에 섬을 주제로 한 논쟁이 부쩍 늘고 있다. 이럴 때는 문득 에토스와 파토스, 로고스에 관한 아리스토텔레스의 지혜라도 빌리고 싶은 생각이 든다. 지난 6월 9일부터 11일 사이에 있었던 해양문명사에서 잠녀(潛女)의 가치와 문화적 계승이라는 주제의 '세계잠녀학술회의'가 있었다. 또 지난 4월에는 '2002 제주평화포럼', 지난해 8월에는 '제5회 제주 섬관광정책포럼' 등 '섬'을 주제로 하거나 '바다, 해녀'를 주제로 제주인의 정체성에 관한 논의 등도 있었다. 이러한 현상은 "섬은 이제 더 변방이 아니다"라는 것을 실증해주는 노력의 증거이기도 하다.

바다를 말할 때 사람들은 섬을 생각하고 섬을 생각할 때 그들은 고립과 단절, 배타적 특성을 연상한다. 제주사람의 특성을 말할 때도 그러하다. 이러한 현상은 바다를 곧 격절의 매체로 인식하기 때문이다. 그러나 바다를 격절의 매체로 접근하는 것은 대단한 착오다. 오래전부터 바다는 사람과 사람, 문명과 문명, 대륙과 대륙을 연결시켜주는 교동의 연결매체로서 기능하여 왔기 때문이다.

바다가 섬과 섬, 대륙과 섬 사이의 분명한 경계로 작용하여 왔음에도 불구하고 육지에서보다는 훨씬 타지와의 교류를 원활히 하여주는 연결매체로서 기능하여 왔다는 점이다. 섬이 섬으로 남기를 원치 않아서가 아니라 육지가 타지역과의 교류수단으로서는 섬을 통한 교류를 원했기 때문이다. 이 과정에서 섬은 그 나름의 타지와의 경계성과 자아의식의 주체성이 확립되었으며 공동체적인 성격을 강고히 하는 기능도 하게 된 것이다.

섬사람들에게서의 배타성이란 이러한 섬사람들만이 갖는 공동체 의식이 타자에게 비춰진 독특한 인상일 뿐이다. 특히 제주인에게서 배타적인 인상이 짙은 것은 이러한 일련의 과정 중에서도 중앙지배권력의 수탈과 착취 또는 중앙지배권력이 아닐지라도 중앙으로부터 멀리 떨어져 있기 때문에 중간통치관리의 수탈이나 착취를 통제할 기능마저 상실한 구조적, 자의적 수탈에 대항하는 도민의 생존권적 차원의 투쟁 의식이 깊이 내재해 있었음도 부정 못 한다.

따라서 섬을 타지역, 타자를 연결시켜주는 매개체로 본다면 섬은 사랑이요, 평화 다. 그렇다면 섬사람으로서 제주인의 정체성은 무엇일까. 섬에 사는 사람이기 때문에 스스로 살아남기 위한 노력 즉 공동체성, 상생의 정신, 평화, 사랑과 같은 주체성, 바로 이러한 것들을 제주인의 정체성이라고 하지 않을까. 그러므로 근간에 논의되는 주제 역시 정체성을 잃고 있는 제주, 정체성이 없는 제주. 정체성이 무너진 제주라는 말들로 표현되고 있다. 특히 '관광개발이다 국제자유도시건설이다'라고 하는 대목에 와서는 더욱 그렇다. 그러나 정체성이란 그렇게 간단히 무너지는 것은 아니다.

'정체성(Identity)이란 본디 타자에 대응하여 스스로 홀로 서 있는 모습'을 의미한다. 따라서 타자에 대응하여 홀로서기 위해서는 그 상대에 따라 행동은 여러 가지 측면에서 변화가 요구된다고 하겠다. 다만 그 변화되는 정체성이 어느 만큼 합목적적이며 가치 중립적이냐 하는 데 있을 뿐이다. 그런 의미에서 "정체성이란 동태적이며 창조적이다"라는 의미로도 해석될 수도 있다.

최근 벌어지고 있는 '섬'을 주제로 한 각종 행사는 물론 관광개발이다, 국제자유도시건설이다, 하는 일련의 개발붐들 역시 파괴를 전제하기보다 제주의 밝은 미래를 향한 우리의 정체성을 살리는 바탕 위에서 이루어지고 있음을 전제할 때 우리가 우리의 정체성을 지키는 일은 개방이나 개발에 대한 두려움이 아니라 그것들에 대한 자신감이 요구된다는 것을 강조하고 싶다. 섬을 주제로 한 에토스와 파토스, 로고스에 관한 논의도 함께 필요한 시점이다.

(한라일보 '한라칼럼' 2002. 06. 20.)

테우 이야기

...

    날씨가 몹시 무덥다. 더불어 섬을 찾는 관광객들도 부쩍 늘었다. 우리 집 가까이 있는 소섬(牛島) 역시 예외는 아니다. 가까이 있는 만큼 소섬은 내 어린 시절의 반려다. 좋든 싫든 늘 내 앞에 있었다.

    해마다 이맘때면 내 또래 아이들과 함께 이웃집 아저씨들이 메어놓은 낚싯배를 몰래 훔쳐 바다 한가운데로 몰고 나갔던 기억이 있다. 그곳은 우도와 성산포 우리 동네를 잇는 바닷길이다. 또 그곳은 언제나 어랭이 술맹이들이 풍성한 어장이다. 소섬이 거친 물살을 가로막아주기 때문이다. 더군다나 집 앞까지 밀려온 바닷물이 썰물로 낚싯배를 느긋하게 밀어놓기 때문에 노저을 걱정도 없다. 또 우리의 낚시 놀이가 끝날 즘엔 밀물이 다시 낚싯배를 집 앞 포구까지 밀어다 주기 때문에 노저을 걱정은 없어도 된다.

    일명 '테우'라고 부르는 제주특유의 전통뗏목배다. 그런데 안타깝게도 테우의 속성은 제아무리 열심히 노(櫓)를 저어도 더딘 것이 특징이다. 더군다나 어쩌다 바람이라도 부는 날이면 파도에 떠밀려 표류 아닌 표류가 십상이고 그럴 때마다 동네 어른들을 속 태우는 일도 다반사다. 그렇지만 우리를 위기에서 구해주는 구세주가 있다. 바로 소섬이라는 이름의 우도다. 때로는 풍랑이 거칠 때 소섬은 바람을 막아주는 역할도 하지만 풍랑에 떠밀려가는 테우를 머물게 해서 아이들을 구해주는 곳도 소섬이다.

나는 지금도 우도를 바라보면 어린 시절 테우의 기억을 낚시다. 아무리 손바닥이 터져라 노를 저어도 남 바쁜 줄 모르고 제가 갈 수 있는 능력만큼만 가는 우직함이 전부였던 테우, 그렇지만 어머니나 누이가 미역 혹은 모자반이나 다시마 또는 감태 같은 무겁고 무거운 해초를 캐는 날이면 테우는 우직할 만큼 그 모든 무게를 몸으로 수용하는 충직함도 있었다. 그런데 왜 많고 많은 배 중에 하필이면 우리 제주인들은 풍선 같은 날렵한 어선 대신 우직하기 짝이 없는 이 통나무 테우를 만들어 삶을 살았을까.

민속학자 정공훈 님은 제주인에게 테우문화가 발달 될 수 있었던 것은 제주연안이 암초지대로 형성됐기 때문이라고 한다. 암초지대에서 간단없이 어로작업을 할 수 있는 것은 오직 테우만이 갖는 장점이라고 주장한다. 하지만 김영돈 님의 주장은 또 다르다. 섬이기 때문에 유배지일 수밖에 없었던 제주에 이끌려온 유배인을 제주 이외의 지역으로 빠져나가는 것을 막기 위해 제주인 모두에게 테우 이외의 다른 어떤 어선도 조선하지 못하도록 했던 중앙정부의 조치 때문이었다는 것이다.

어쨌거나 사면이 바다인 섬사람들이 어선을 대신해서 연안에서만 이동할 수 있는 테우만을 고집(?)했다는 것은 더욱 그만한 이유가 있었겠다. 지금 제주인에게 삶의 현장에서 테우는 사라진 지 오래다. 그렇다면 그 우직하면서 충직하기만 한 테우와 함께 해온 제주인은 지금 어디쯤에서 무엇을 하며 살고 있을까. 달포 전 성산포 일출봉과 마주한 오조리 노인회관에서는 당시의 주역들인 노인들이 모여 열띤 토론을 하고 있었다. 섬 중의 섬인 우도와 제주관광의 제일경인 성산 일출봉을 찾는 관광객을 대상으로 테우와 함께했던 그 노인들이 할 수 있는 일이란 무엇일까를 논의하는 자리였다. 바로 테우를 이용한 삶의 체험을 관광과 연결시키고자 함이다.

관광지 길목에 자리한 오만여 평의 오조리 한도만(灣)은 그 목적을 충족시키기에 충분하다. 그곳에 띄워놓은 수십 척의 테우와, 노인들과, 관광객들의 어울림과, 그것들로 인해서 더욱 아름다워지는 성산일출봉과, 반가운 손님을 반기듯 금방이라도 "우~" 하고 소 울음소리가 들릴 것만 같은 소섬(우도)를 상상해보자. 얼마나 아름다운 그림인가. 그러나 그들이 요구하는 테우활용방법은 과연 정책 입안자들에게도 먹혀들 것인가. 대답 없는 노인들의 메아리로 남을 그것을 생각하니 새삼 어릴 적 추억으로 가슴이 아프다.

(한라일보 '한라칼럼' 2002. 07. 26.)

이솝우화 같은 이야기

...

 "관광객을 맞이하는 제주도민의 매너는 어떠한가"라는 문제를 가지고 관광에 관심이 많은 몇몇 젊은이들과 대화를 나눈 적이 있다. 그들은 한결같이 찾아오신 분들의 마음을 즐겁게 하는 것, 즉 올바른 예의와 범절을 갖추고 그들이 원하는 곳을 찾아 보여주거나 안내하는 쪽에 초점을 맞추고 있었다. 또 다른 시각은 사전적인 의미가 갖는 에티켓과도 같은 것으로 받아들이고 있었다.

 매너란 사람과 사람의 만남에 있어 갖춰야 할 태도와 예절이라고 한다면 에티켓이란 그 태도와 예절이 상대방으로 하여금 불쾌하지 않게 함은 물론 호감을 갖게 하는 일종의 배려와 존경이다. 그렇다면 어떻게 하는 것이 배려하는 것이고, 무엇이 그들에게 호감을 주는 것이며, 무엇이 그들에게 존경의 뜻을 표하는 것일까.

 많은 관광객들이 제주를 찾는 가장 큰 이유가 하나 있다. 그것은 제주가 섬이기 때문이다. 섬은 바다를 동반하기 때문이며 바다를 동반한 제주에는 다른 섬에서 느낄 수 없는 제주만이 갖는 독특함 즉 다른 지역에서는 느낄 수 없는 냄새, 혹은 그 문화가 살아있기 때문이다. 쪽빛 물살과 신선한 바람과 드넓은 초원과 원시의 한라산과 그리고 마음껏 휴식을 즐길 수 있는 공간과 인정 넘치는 섬사람들…. 관광객은 그들과 함께 즐길 수 있게 되기를 원한다.

　파도를 가르며 몸과 마음을 함께 열 수 있는 수상 스키나 보트 놀이도 놀이의 한 방법일 수 있지만 갖가지 해초와 고기떼들과 또 그것들이 무리 지어 놀고 있는 바닷속 비경을 감상할 수 있는 즐거움 같은 것이 있으면 더없이 좋은 즐길 거리다. 어디 그것뿐이랴. 제주관광에서 빼놓을 수 없는 것 하나를 뽑는다면 제주의 해녀와 함께하는 해녀문화체험이다. 제주해녀의 숨은 역사. 그들의 강인한 삶의 의지 같은 것을 관광객은 보고 싶어 한다.

　해녀의 삶과 그 문화를 함께 나누는 체험을 하고 싶어한다. 또 수많은 남정네가 목숨 걸고 바다와 싸워온 역사 그중에서도 지금은 사라져 버린 그렇지만 어느 마을 바닷가 한쪽에 버려진 듯 버림받은 테우와 덕판배를 보고 싶어 한다. 그것들에게서 그 옛날 제주인의 삶과 문화의 흔적을 돌아보며 체험하고 싶어한다.

　관광객을 위한 매너란 바로 그들이 원하는 것을 보고 즐기고 체험하도록 노력하는 데 있다. 그렇다면 제주는 관광객들에게 그들이 원하는 바를 충족시켜주고 있는가. 문제는 그렇지 않다는 데 있다. 해녀를 예로 들자. 제주에 해녀는 지금도 존재하고 있다. 그러나 관광산업 차원에서 해녀는 없다고 함이 옳다. 해녀 자신들 모습이 관광상품이기를 거부하기 때문이다. 어디 해녀뿐인가. 국내외 다이버들의 사랑을 받는 제주 해안은 또 어떠한가, 스쿠버 다이빙은 고사하고 그 흔한 작은 고둥 한 마리 잡는 체험마저도 안 된다. 제주어장에선 어민이나 해녀가 아니면 낚시질 혹은 해루질이 안 되기 때문이다. 법이 그렇게 묶어놨기 때문이다.

어민과 해녀들이 관광객을 위해 바다를 개방하지 않는 한 제주바다는 관광객에게 한낱 그림의 떡일 수밖에 없다. 덕판배와 테우 역시 그러하다. 제주도민의 삶의 애환이 듬뿍 묻어있는 테우와 덕판배와 그 사공들, 그들의 그림자는 이제 흔적조차 없고 그때를 재현시켜줄 주역들은 오늘도 마을 노인당에 있다. 누군가 그들을 그 현장으로 불러주지 않은 한 그들은 그렇게 늙어 갈 것이다. 그들이 관광객들에게 제주의 문화를 체험할 수 있는 길잡이가 될 수 있도록 하는 제도가 마련되기를 바랄 뿐이다.

이솝우화의 여우와 두루미가 생각난다. 관광객을 불러놓고 즐길 수 있는 길을 막아버린 현상이 되고 말았으니 말이다. 관광과 도민이 함께 즐기고 공생할 수 있도록 바닷길이 열리는 바람직한 제도가 마련될 수 있기를 기대해 본다.

(한라일보 '한라칼럼' 2002. 10. 30.)

떴다 떴다 비행기

...

 윤석천의 '경영과 인생' 중 '너 살고 나 살고'라는 제하의 에세이 의미를 떠올려본다. 그는 생존의 역사를 생존기반의 중요성에 두고 있었다. 그리고 그 지혜는 일찍이 곤충과 포유류에서 나왔다고 했다. 꽃가루와 꿀을 먹이로 선택한 곤충들은 자기 생존기반인 현화식물의 번식을 도왔고, 식물의 열매를 먹이로 선택한 포유류도 열매식물의 씨를 멀리까지 날라주는 상호 생존기반의 번성을 도왔다는 것이다. 사회생활에서 상호관계를 맺고 있는 당사자 사이도 서로가 생존기반이 된다는 의미다. 국가와 국민과의 관계도 주고받음의 생존기반이다. 한마디로 독불장군이란 없다는 뜻이다. 그 같은 실증으로 구 소연방공화국을 예로 들었다.

 군사적으로 미국과 함께 세계 최강을 자랑하던 나라, 그러나 국민의 빵 한 덩어리를 사기 위해 장사진을 치고 기다리게 했던 나라, 그 나라가 외국의 침략 없이 스스로 무너진 것은 필연의 법칙이라는 것이다. 그것은 바로 국가의 생존기반이 무너졌기 때문임을 역설한다. 이는 국민을 잘살게 하려는 국가정책의 부재와 국민이 국가정책을 믿고 따르려는 공동의 생존기반 구축의 부재에서 비롯됐음을 이름이다.

 요즘 제주도에 일고 있는 지방정부의 정책에 대한 몇 가지 논쟁들도 예외는 아니다. 그 가운데서도 지역항공사 설립문제를 살펴보자. 본시 정책이란 특정의 이익이 아닌 그 국가 국민 혹은 지역주민 모두의 수혜자이기를 요구한다. 또 그러한 수혜자의 요구가 수용됐을 때 그 정책은 성공한 정책이라고 말할 수 있다. 그렇다면 제주도가 추진하는 소위 '지역항공사 설립' 문제는 그러한 수혜자의 요구를 수용하고 있는가. 수용하고 있다면 왜 논쟁거리가 될까.

제주는 누가 뭐라고 해도 섬이며, 이 섬과 내륙을 잇는 연륙 교통수단은 항공편일 수밖에 없다. 이것은 도민 98.4%가 항공기를 이용한다는 제주 YWCA 조사에서도 근거하는 바다. 그런 데 문제는 도민에게 주는 항공료 부담이 만만치 않다는 데 있고, 그나마 독과점적 위치에 있는 양대 항공사가 해마다 적자 폭을 이유로 항공탑승료를 인상하는 데 있으며, 이를 도민의 힘으로 막지 못하는 데 있기 때문이다. 어디 그뿐인가. 항공요금과 관광객 입도객 수와도 함수관계가 있다.

관광산업에 목숨을 건 제주도민들에겐 항공요금이 오른다는 건 관광객 수가 줄어든다는 의미로 받아들인다. 그만큼 도민에게 안겨주는 부담 내지 피해가 과중하다 못해 앞뒤로 목을 조른다는 표현이 오히려 옳다. 이 문제를 해결하기 위해 금년 봄 제주도민은 항공료 인상 저지 범도민 궐기대회를 비롯한 온 도민 서명운동 등 각계각층의 총체적 저항운동까지 벌였다. 그러나 결과는 어떠했는가. 오를 것은 그대로 오르고 도민은 순한 양으로 돌아와 터질 것 같은 울분을 소리 없이 삭일 수밖에 없었지 않았는가.

이럴 때 대안이란 무엇일까. 우리 스스로가 뭍 나들이를 포기하거나 아니면 한 가지 방법, 도민의 항공사를 설립해서 같은 값이면 내 돈 내고, 내 비행기 떵떵거리면서, 당당하게, 여봐라는 듯이 한 번 타서 다녀 보자는 것일 거다. 그런데 왜 '된다, 안 된다' 하는 말들이 많은가. 이유는 경영의 타당성 보장 문제라는 것 때문이다. 긴 설명은 주어진 난이 한정되어 있어서 더할 수가 없다.

해답은 타당성 용역 결과가 전문 용역업체로부터 나왔다는 데 있다. 사실 항공사 설립이라는 것이 그렇게 용이한 것만은 아니다. 그렇지만 전문용역기관 판단이 그 타당성을 제시했고 또 설립 목적이 국제자유도시라는 바탕 위에 제주관광진흥과 도민복지라는 공동의 수혜를 전제한 정책적 배려라는 것을 고려할 때 그 정책을 믿고 함께하는 공동의 노력만이 바로 미래를 약속하는 '생존기반이 아닌가 하는 믿음을 가져본다. 지금은 그 정책에 힘을 실어주는 일, 그 일이 생존의 역사를 엮는 일이기 때문이다.

(한라일보 '한라칼럼' 2002. 11. 29.)

우리를 우울하게 하는 것들

...

한 해가 또 저문다. 저물녘 하늘색이 붉으락푸르락 야단이다. 야단스러운 것은 하늘뿐만이 아니다. 젊은 대통령을 선택한 정치권에서도 개혁 대통령에 걸맞은 개혁정치를 요구하는 젊은 목소리가 그렇고, 국내경제가 올해보다 더 나빠질 것을 우려하는 목소리와 함께 인력 채용 동결과 구조조정을 주장하는 경제권의 목소리는 물론 이라크 전쟁설과 북한 핵 문제 등 불확실 성의 국제질서에 대한 우려의 목소리가 그러하다. 정치·경제·사회·문화 어느 한 분야도 야단스럽지 않는 것이 없다.

이 모두가 송구영신(送舊迎新)하기 위한 분주함이라고 하기엔 그 전에 볼 수 없었던 야단스러움이 크다. 그것은 새로운 것에 대한 기대보다는 불안과 혼돈의 불확실성에 대한 위기의식이 원인이라고 함이 옳을 것이다. 제주사회 역시 여기에 예외일 수는 없다. 도민의 절대 산업이 되어 버린 관광산업만 해도 그렇다.

겉으로는 주 5일 근무제다, 중국관광객 비자 없이 출입허용이다, 막혔던 대만 ~ 제주 간 항공로 개설이라든가, 제주국제자유도시특별법에 의한 골프장 입장료 인하와 쇼핑 아울렛, 내국인 면세점 개장 등에 의한 시너지 효과 등 그럴싸한 기대들도 많지만, 그것들이 '기대만으로 성사될 일만은 아니다'라고 생각하니 괜한 우울증이 도진다. 예상되는 어두운 경제전망이 여행객의 발목을 잡을 것이라는 대목에 우울함은 더하다. 주 5일 근무제는 오히려 접근이 용이한 서울 근교 혹은 사통팔달로 이어진 동해안이나 서해안을 여행 목적지로 선택할 것이라는 어느 기업체 자체 설문조사 결과가 그러한 우울증을 더욱 부채질한다. 이뿐만이 아니다.

제주관광에 악영향을 끼칠 금강산 육로 관광길이 더욱 우리를 우울하게 하며, 각 지방자치단체마다 여행객 유치실적에 따라 제공하는 엄청난 금전적 인센티브 공세가 우리를 우울하게 한다. 어디 그것들뿐인가, 아무런 대응도 하지 못하는 우리의 열악한 재정여건이 슬프도록 우리를 우울하게 하고 제주여행의 헤게모니를 중앙의 대형여행사가 갖고 있다는 현실과, 갈수록 자생력을 잃고 있는 왜소한 도내 여행업계의 현실이 안타까워서 우울하다. 거기에 그들의 영역을 야금야금 침탈하고 있는 무허가 여행알선업자가 성행하고 있다는 것들이 피가 마르도록 우울하다, 그런데도 이러한 아픔을 덜어줄 규제법이 보이지 않는다. 설사 법은 있지만 강력한 의지의 법 집행 의지가 보이지 않음이 우리를 더욱더 우울하게 한다.

한술 더 떠서 새해부터는 여행업체에 무자격 관광안내원 고용까지 허용한다고 하니 이것이 우리를 우울하게 한다. '자격 없는 안내원의 안내를 받은 관광객이 다시 이곳을 찾아줄까'라고 생각하니 식은땀이 흐르도록 우울하다. 더더욱 우울한 것이 하나 더 있다. 제주국제자유도시개발센터 사무실이 서울 테헤란로 어느 초호화 빌딩에 세 들어있다는 소식이 우리를 우울하게 하는가 하면 며칠 전 문을 연 내국인 면세점이 바로 그 개발센터의 것이라는 것을 생각하면 더욱 우울하다.

면세라는 메리트가 관광객의 발길을 제주로 돌리도록 할 것 같지만 그들의 발길은 면세점을 향할 것이므로 영세한 도내 관광업계는 역으로 관광객 발길이 줄어들 것만 같아 우울하다. 그럼에도 불구하고 연간 60억 원이라는 매장 임대료를 지급하면서까지 공항 구내에 면세점을 개점함으로써 도내 영세사업자와 경쟁 관계가 되었다는 것이 슬프고 우울하다. 바라건대, 새해에는 '새로 취임한 대통령께서 개혁적인 정책을 발휘해 주실 것을 기대하며 그 기대가 무너지지 않을 것이라는 믿음을 가질 때 더러는 우리의 우울함이 풀릴 것이다. 그런 생각을 하고 있자니 바보처럼 하나도 우울하지 않다는 것이 우습다.

(한라일보 '한라칼럼' 2002. 12. 30.)

김영갑 그리고 그 은은한 황홀

...

나이가 들수록 시간이 간다는 것에 퍽 예민해진다. 이것은 시간에 대한 보편적 관념보다는 심리적 관념이 강한 데서 비롯된 것이리라. 그래서 그런지 이럴 때마다 부질없는 생각에 빠져드는 버릇이 있다. '흐르는 시간을 멈추게 하거나 역류시킬 방법은 없을까' 하는 생각이 그것이다. 오늘도 나는 이런저런 생각을 하면서 한동안 만나보지 못한 사진가 '김영갑'을 찾았다. 그가 있는 곳은 옛 성산읍 삼달리 초등학교 자리다. 폐교가 되어버린 그 학교를 그가 임대해서 갤러리로 변조해 기거하며 운영하고 있다.

내가 사는 동네 성산포에서 자동차로 약 10분, 한라산 쪽을 향해 달리다 보면 조그만 마을 어귀에 자리한 곳. 아직은 마무리 덜 된 마당의 조경들이며 갤러리의 내부 인테리어며, 또 크고 작은 작품들이 제 자리를 찾아들지는 못했지만 그래도 어수선한 분위기 한쪽에 마음의 문을 열고 내게 다가오는 그의 '은은한 황홀' 사진전이 겨울 나뭇가지 같은 김영갑 체구만큼 내 눈길을 끈다. 한순간 나는 그곳에서 '정지된 시간' 아니 오래 전에 내가 알고 있었던 은은함과 황홀함이 그 '정지된 시간 속에 억류되어 흐르고 있거나 노닐고 있음을 발견한다.

아주 훨씬 전에 우리가 맨발로 뛰놀았던 뒷동산 언덕 하며, 풀인지 풀꽃인지 분간 안 될 들판을 맨몸으로 나뒹굴던 계절 같은 시절이며, 광풍이 휘몰아치는 세상 밖으로 우리를 내몰았던 암울한 4~50년대 어린 시절 같은 한라산, 가지 부러지고 허리 휜 외 소나무 삭다리 그림자들 하며, 그렇지만 무너지지 않아 당당하고, 철 따라 예쁜 옷 갈아입고, 꽃이 없어도 잎이 흔들리고, 새가 없어도 풀잎의 가냘픈 새의 날갯짓 같은 아름다움으로, 바람이 없어도 제 갈 길 찾아가는 하얗고 하얀 구름송이를 껴안을 수 있어서 황홀하고, 기쁨이 없어도 즐거움이 보이고, 슬픔이 없어도 눈물이 흐르고, 악보가 없어도 음악 소리가 들리는 그 들판과 그 하늘과 그 울창한 숲과 나무들을 그의 공간 속 필름을 통해서 바라본다. 그것들의 시간을 정지시켜 놓거나 역류시켜 놓고 즐긴다.

그는 프리랜서다. 그것도 사진 쪽을 고집하는 프리랜서다. 그의 말을 빌리자면 대부분 사람은 "사진은 눈에 보이는 것을 찍는 작업"이라고 믿고 있지만 "좋은 사진은 눈에 보이는 것 외에 눈에 보이지 않는 내면을 볼 수 있을 때 가능하게 된다"라고 주장한다. 그의 카메라 렌즈에 피사체로 다가선 제주 제주인의 모습도 그러하다. 『섬에 홀려 필름에 미쳐』라는 자전적 에세이에서 그는 제주를 한 마디로 '바람과 돌멩이뿐'이라고 전제하면서 이러한 곳에 살고 있는 '제주인에게서 웃음이란 있을 수 없다. 하나 같이 전설 속에 등장하는 비련의 주인공들뿐이다'라고 했다.

그처럼 그의 작품 속에 숨어있는 피사체 한 점 한 점에서 제주의 과거와 현재와 미래가 묻어있고, 울고 웃고 노래하며 춤추는 굿판 같은 삶도 녹아 흐르고 있음을 엿볼 수 있어서 좋다. 그런 그가 제주인이 된 지도 이제 20년이 다 되어간다. 또 폐교가 될 만큼 외로운 산골 마을에 갤러리를 열고, 그래서 그 마을이 외부로 알려지고, 관광지로 변하듯이 그의 내면의 필름에서 인화된 제주의 모습들도 국내외로 널리 알려져서 더불어 많은 이들로 하여금 제주를 사랑하게 만들었다. 그 어떤 자산가도, 그 어떤 유능한 행정가도 집행관도 하지 못할 그 일을 그가 해냈다.

 가진 거라곤 카메라밖에 없는 그가 오늘도 끊임없이 그 작업을 하고 있다. 더구나 그를 돌봐줄 한 사람의 가족도 없이 '루 게릭'이란 불치의 병으로 시한부 삶을 살고 있음에도 불구하고 마지막 순간까지 실천하는 예술인이며 영원한 제주인임을 자부한다. 그렇지만 그는 함부로 드러내지 않은 제주관광의 홍보대사다.

 이제 그의 삶의 시간은 '루 게릭'이라는 병으로 점점 짧아지고 있다. 누구도 단축되어 가는 그의 시간을 정지시키거나 연장해 줄 의인은 없다. 그러나 의인은 있다. 그것은 그의 갤러리 공간에 정지시켜 놓은 제주 제주인의 삶의 모습 바로 그들이다. '은은한 황홀' 같은….

(한라일보 '한라칼럼' 2003. 02. 27.)

마을이여, 안녕!

∴

제주도의 탄생과 역사를 밝히는데 기초가 되는 제주마을 시리즈가 소설가 오성찬 님의 노력으로 이어지다 열일곱 번째로 그 막을 내렸다. 실로 안타깝고 가슴 아픈 일이다. 이 마을시리즈는 나에게도 상당한 인연이 있기 때문이다. 지난 85년, 그해 끝머리쯤에 오성찬 님 요청으로 취재에 함께할 기회가 있었다. 그는 제주마을 시리즈 그 두 번째 발간계획으로 내가 자란 오조리 마을을 취재하고 싶다고 해서다. 그의 손에는 '섬의 머리마을 도두동'이라는 소책자가 들려있었다. 그 책이 바로 마을 시리즈 첫 번째 작품이다. 그 책의 머리글에는 다음과 같은 발간 취지가 적혀있다.

"마을은 인류가 모여 사는 가장 기초이며 최소단위이다. 작지만 그 안에는 사회적 의미의 모든 요소와 행위가 압축되어 있다. 마을에는 어느 성씨의 흥망성쇠가 마치 나라 안에서 민족이 흥하고 쇠하는 것처럼 명멸하고 있었다. 그것을 가까이서 실감하니까 가슴이 떨렸다."

그의 가슴이 떨렸듯이 그의 계획을 듣고 보는 나 역시 그러했다. 그만큼 오성찬이 접근하려는 마을은 3백 년 혹은 5백 년 동안 살가운 이웃들이 모여 사는, 가장 정체성이 강한 우리들 삶의 모습이 담겨있는 마을이기 때문이다.

그는 이러한 마을을 1년에 5개 마을씩 10년 동안에 50개 마을을 정리해서 제주마을의 표본으로 삼고 싶다고 했다. 그의 이러한 마을연구에 대해서 서울대 신용하 교수는 "마을연구는 고향에 대한 지극한 사랑과 고향 사람들에 대한 내면적 이해와 애정을 갖고 있지 않으면 해낼 수 없는 작업"이라고 했다. 그만큼 그 어떤 전문학자도 해낼 수 없는 심층적 역사와 진실발굴 그리고 향토 문화 창조라는 일념으로 이 일에 매달렸다. 그만큼 이 마을시리즈는 마을 마을마다 안고 있는 삶의 궤적들을 담아내었다. 이제 그 흔적들이 오성찬의 책 속에서 영원한 마을로 남아 밝게 빛날 것이다. 그 정체성은 고사하고 마을의 근본 형체와 정체성이 살아있는 우리들의 이야기를 통해서 이 책 속에 담겨있게 된 것이다.

이처럼 커다란 의미를 갖고 출발한 마을 시리즈는 17개 마을을 엮어냈다. 그 기간은 자그마치 18년이나 흘렀다. 그렇지만 이제 그마저도 가중되는 재정적 부담으로 더는 계속할 수가 없어서 꿈을 접게 됐다니 안타깝기 그지없다. 안타까움은 비단 나 혼자만이 느끼는 감정은 아닐 것이다. 돈 한 푼 되지 않는 이 작업을 발로 뛰면서 그나마 지금까지 왔다는 것은 순전히 그의 순수한 작가적 정신이 아니면 해낼 수 없었던 작업이다.

지금 제주는 국제자유도시의 꿈이 한창 무르익고 있다. 21세기 기회의 섬, 청정환경과 독특한 섬의 문화를 바탕으로 제주도는 세계적인 관광휴양지인 동시에 친환경적인 제주형 국제자유도시로 거듭나게 될 것을 역설한다. 그 꿈을 실현 시키고자 많은 투자자가 연일 투자 의향을 피력한다고도 한다. 이름하여 제주만이 갖는 독특한 역사와 문화, 즉 제주다운 것들을 중심으로 한 관광상품의 개발을 꿈꾼다는 것이다. 그렇다면 제주다운 것은 어디에서 찾아야 할까. 다름 아닌 최소 마을 단위에서 그 뿌리를 찾아야 할 것이다.

관광의 원칙도 드러나거나 드러나지 못한 최소단위의 마을에서 찾아야 할 것이다. 왜냐하면, 관광이란 그 지역 사람들의 삶을 이해하는 데 있기 때문이며 "제주사람들의 삶을 이해하려면 마을로 찾아가라"라는 오성찬의 역설처럼 그의 마을 시리즈가 이를 웅변하고 있다. 제주 마을 시리즈는 어떤 형태로든 정리되어야 하며 행정당국도 이 문제에 대해서 고민해야 할 때다.

지난 18년 동안 그와 그의 동지들이 발로 뛰면서 조사한 제주 마을의 풍성한 자료들이 오늘도 정리되지 못한 채 그의 서고에서 잠 못 이루고 있을 걸 생각하니 가슴이 아프고 답답하다. "마을이여, 만세!"하고 외치던 그의 의지가 이제는 마을이여 안녕! 이라는 말로 끝나야 할 것인가.

(한라일보 '한라칼럼' 2003. 04. 01.)

대상과 배경

...

　미적거리는 장마가 영 물러날 기미를 보이지 않는다. 기상대 통계를 굳이 빌리지 않더라도 올해 들어 맑게 갠 하늘을 볼 수 있었던 날이 열 손가락으로 꼽을 만큼 연일 짓궂은 기상이다. 내가 살고 있는 성산포에도 밤잠을 설치면서 새벽마다 일출봉을 올라 일출을 보고자 하는 관광객이 많지만 맑지 않은 기상상태 때문에 그 속상함은 크다. 이럴 때 그들의 입에서는 볼멘소리가 흘러온다. 그들이 성산포를 관광지로 선택한 이유가 일출봉에 일출을 보기 위함에 있었다면 당연한 일이다.

　그렇다면 일출이 우리에게 주는 의미는 무엇일까. 이는 영원성과 광명 그리고 역동성을 의미한다. 그것은 제주신화, 천지왕본풀이에서도 찾아볼 수가 있다. 아침은 혼돈에서 탈출하는 우주론적인 상징성을 지니고 있다면 태고의 영원과 함께 오랜 어둠을 물리쳐 깨트리는 희망은 단연 일출에 있다. 그뿐만이 아니다. 일출이라는 의미의 태양은 풍요이면서 자애이기 때문이다. 또 우리의 풍습이 말해주듯 벽사의 의미까지 함께 하고 있음도 이를 입증한다. 그래서 우리는 더욱 아침에 솟는 태양의 모습을 볼 수 있게 되기를 원하고 있으며 그 위대함과 경건함을 초자연적 신앙으로 받아들이고자 함도 여기에 있다. 그러므로 일출은 관광객들에게는 매우 위대한 대상이다.

그러나 여기서 한 가지 이 '초자연적 위대함'이라는 대상 앞에 더불어 생각하지 않으면 안 될 '배경'이라는 것을 우리는 무시할 수가 없다. 배경이 없는 대상은 대상이 아니다. 저 위대한 일출도 이 제주섬 동녘에 돌출되어 우뚝한 기암 '일출봉'이라는 배경이 없다면 일출의 의미는 퇴색된다. 왜냐하면, 일출은 어디서도 있고 어디서건 볼 수 있기 때문이다. 만약 '일출봉'이 없었다면 그 수많은 관광객이 이곳까지 찾아올 리가 없다.

따라서 배경은 어떻게 보면 대상보다도 더 중요한 의미를 갖는다고 할 수도 있다. 남편과 아내, 부모와 자식, 이웃과 이웃, 동네와 동네, 나라와 나라, 이 모든 것들이 서로가 대상이면서 배경이다. 위대한 인물 뒤에는 필시 그를 만든 배경이 있듯이 '성산출일'이라는 제주 제일의 관광명소 역시 그 배경에는 성산일출봉과 또 다른 배경들이 함께하고 있다.

이름하여 일출을 맞이하는 성산일출봉과 그 뒤에 다소곳한 식산봉(일명, 옥녀봉), 아름다움을 잃지 않은 한도만(灣)과 그 광활한 조개어장, 그리고 그 왼편으로 금방이라도 '우~! 하고 소리 지르며 따라나설 것 같은 소를 상징하는 '우도(牛島)'가 있음이다, 그의 오른쪽 끝, 최근 드라마 '올인'으로 뜨고 있는 섭지코지와 멀리 한라산을 사이에 두고 성곽처럼 둘러쳐진 크고 작은 오름과 오름의 군락들, 이것들 모두는 성산일출봉의 아름다움을 더해주는 배경들이다. 한마디로 용기와 사랑이 하모니를 이루는 '아름다운 가족'이다.

저 늠름하고 패기 넘치는 일출봉, 그것은 믿음직한 우리들의 아버지일 수도 있다. 그러므로 그는 거친 파도와 세찬 비바람을 맨몸으로 막으며 등 뒤에 있는 식상봉을 시작으로 한라산까지 이어지는 크고 작은 산과 오름들을 배경으로 두면서 자신의 가족으로 보호한다. 그뿐만이 아니다. 그의 왼 편에 위치한 소(牛島)를 이끌고 아침을 향해 힘차게 일어서듯 이 모든 자연은 보는 이로 하여금 가히 역동적이고 동태적이면서 서정적, 목가의 풍경으로 다가온다. 이것이 바로 대상과 배경이라는 자연이 인간에게 주는 교훈이다.

(한라일보 '한라칼럼' 2003. 07. 28.)

관광객이 제주를 찾는 이유

...

　지난여름, 비로 시작해서 비로 끝이 나버린 재미없는 계절은 결국 그 끝자락에 와서 사상 유례없는 '매미'라는 이름의 태풍을 몰고 와 한반도 전체를 망가트려 놓고 말았다. 그런 와중에 어느 중앙 TV뉴스에는 '정' 아무개의 사망으로 한동안 논의가 중단됐던 북한 육로관광 문제가 해결되게 됐다는 요지의 뉴스가 보도됐다.

　온 나라가 태풍피해로 난리를 죽이는 마당에 이 뉴스가 유독 나의 눈길을 끈 이유는 북한 육로관광이 제주관광에 미칠 영향이 실로 태풍 뒤에 오는 또 다른 태풍 같은 느낌이 들었기 때문이다. 그것은 제주관광객 90% 이상이 내국인인 점과 또 북한 육로관광길이 열리면 이들 대부분이 그곳을 다녀오고 싶다는 여론조사 결과이고 보면 제주관광에 미칠 영향은 가히 짐작되고도 남는 일이기 때문이다.

　그런데 이러한 현실을 위기로 보려 하지 않는 부류가 있어서 걱정이다. 이유 중 하나는 주 5일 근무제 실시로 인한 여가선용이 제주관광과 연결될 것이라는 주장이고, 다른 하나는 북한 육로관광이 열린다고 해도 아직은 많은 관광객을 수용할 수 있을 만큼 수용시설이 갖춰있지 못하다는 이유다. 정말 그럴까.

먼저, 주 5일 근무제 실시가 가져올 영향을 생각해 보자. 작금의 관광 패턴은 가족단위 관광이다. 가족단위 관광에서 가장 요구되는 것은 접근성이다. 이 문제는 언제나 제주가 안고 있는 가장 큰 숙제다. 따라서 그들은 '접근이 용이한 동해안, 서해안 혹은 남해안 어느 조용한 섬이나 해안마을을 찾을 것이다'라는 것이 지난해 제주를 찾은 가족 단위 여행객을 대상으로 조사한 설문 응답 결과다.

수용시설에 관한 문제는 어떤가. 현재 북한 육로 관광사업을 추진 중인 현대아산 측의 구상은 적어도 다양한 상품을 구상 중인 것을 간과해선 안 될 것이다. 즉 당일 코스, 1박 2일 코스, 2박3일 코스는 물론 "숙박은 설악산에서, 관광은 금강산에서"라는 구상도 있을 법한 일이다. 어떻든 북한 육로관광은 제주관광에 적지 않은 영향을 몰고 올 것이다, 발길을 돌리는 관광객을 다시 돌아오게 하는 정책이 더욱 필요한 것도 이런 연유에서다. "관광객이 왜 제주를 찾았는가"라고 하는 물음과 답을 찾아야 할 때다.

관광객은 왜 제주를 찾을까. 바다가 있어서? 섬이기 때문에? 한라산이 있어서? 아니다. 제주에 가면 다른 곳에서 맛볼 수 없고 다른 곳에선 느낄 수 없는 그런 색다른 즐거움이 있을 거라는 기대가 있기 때문이다. 따라서 우리는 그들에게 그런 걸 찾아주기만 하면 된다. 거창한 관광개발 프로젝트 같은 것은 그다음 일이다.

제주섬엔 물 반 고기 반인 어장이 있고 해녀가 있고, 그 바다와 함께 살아온 제주인의 애환 서린 문화가 있다. 그렇지만 그 바다를 다스리던 제주인의 문화를 과연 얼마나 많은 관광객이 접해 보거나 체험해 보고 있을까. 갯바위 돌 한 덩어리도 들춰보지 못하도록 어민만을 위한 어장으로 닫혀버린 갯마을 어장, 명성만 요란한 해녀는 기념사진 한 장 함께 찍을 수 없을 만큼 관광객에게 인색하다.

고기를 낚는 낭만도, 또 관광을 즐기는 유어선마저도 낡아서 불안하다. 제주인의 한이 서린 태우문화마저 관광객에게 그것들을 선보여 줄 주인공인 노인들까지 노인당 깊숙이 소외되어 있다. 그들을 바다의 현장으로 끌어내 줄 그 어떤 정책도 보이지 않는다. 한라산? 그곳은 건장한 젊은이들, 그야말로 선택된(?) 분들만이 찾을 수 있는 공간이다. 물가는 턱없이 비싸고 친절은 말뿐이다. 늦었지만 이런 문제를 해결해 주는 지혜가 화급히 요구되는 시기다. 그런 지혜가 정책으로 이어질 때 북한의 육로관광 따윈 염려가 되지 않을 것이다.

(한라일보 '한라칼럼' 2003. 09. 29.)

아름다운 삶의 의미
- 양옥룡 박사를 기억하며

...

　내일 모래면 11월도 끝이다. 겨울 초입의 한라산에 가을을 건너가는 계절 흔적이 너무도 처절하다. 나뭇가지에 잎 몇 개 걸어놓고 아직도 안간힘을 쓰고 있는 찢어지도록 붉디붉은 단풍나무 잎들 하며, 속 썩이는 노릇을 보다 못해 모가지를 댕강 잘라 저 들녘에 무참히 내동댕이쳐 버린 듯한 노란 은행잎, 그 사이로 두루마기를 걸쳐 입은 듯 아니면 소복의 여인인 듯, 뉘 댁의 잃어버린 넋인 듯. 미치도록 산허리를 감아 도는 억새의 하얀 꽃잎들은 차라리 예비 된 쇠락의 끈질긴 생명이다. 이럴 때 가을과 겨울 사이에 선 것 같은 나이 든 이들에게 이 계절이 주는 의미는 자못 엄숙하다. 동양의 문화가 말하는 겨울의 의미가 마침이면서 죽음이고 저장이면서 안녕이라고 한다면 우리는 지금 바로 그 '마침표' 앞에 서 있기 때문이다

　나는 여기서 잠시 양옥룡이라는 공학박사 한 분을 소개하지 않을 수 없다. 제주 서귀포시 안덕면 화 순리가 고향인 그분은 우리나라 가스터빈 공학의 제일인자인 것만큼 한국 공학계의 거목이 시다. 이분을 여기서 소개하는 이유는 지금부터 12년 전 지금의 내 나이보다 두 해가 더 많은 이분의 나이 65세 되시던 해에 나에게 들려주신 명심보감 같은 글귀 하나가 생각났기 때문이다. 일본 구주지방의 어느 초등학교 교장을 지내신 天中耕一郎이란 당시 94세 된 분이 남긴 '멍청하지 말고 오래 삽시

다'라는 제하의 글을 우리 글로 번역하여 주신 내용이 그것이다. 다음은 그 글의 요약이다.

  늙은이가 되면 설치지 말고, 미운 소리 우는소리 헐뜯는 소리 그리고 군소릴랑 하질 마세요. 남의 일엔 그저 그저 칭찬만 하고, 알고도 모르는 척하기만 하고, 묻는 것만 조용히 대답하세요. 젊은이를 이기려 들지 마세요. 져 주시는 모습과 또 한 가지, 한 걸음 물러서서 양보하는 모습, 그리고 한가지 또 잊지 말 것은 언제나 어디서나 '고마워요!'라는 말, 한 다발 꽃과 함께 안겨 주세요. 돈, 돈, 돈 욕심을 버리시구려. 태산 같은 덕만을 쌓으시구려. 그렇지만 그것은 겉으로만 하는 이야기, 속뜻은 정말로는 따로 있는 법. 돈은 죽을 때까지 지녀야 하오. '돈이 있어야 모든 이들이 나를 돌보고 깍듯이 받들어 모셔 준다나(?)'. 우리끼리 말이지만 솔직한 말은 이 말이 사실이고 진실이라오. 옛날 일들일랑 모두 다 잊고 제 잘난 자랑은 하질 마세요. '그대는 훌륭해 나는 틀렸어' 그러한 자세로만 지내시구려. 우리의 시대는 다 갔으니…. 나의 자녀, 나의 손자 그리고 이웃, 누구에게나 존경받는 늙은이라면 두뇌도 새롭게 세탁을 하고 취미도 한 가지는 가지셔야 하오. 그것이 오래 사는 비결이고요. 더더욱 멋있는 인생이라오"

  94세의 天中耕一郎이 세상 읽기는 참으로 경이롭다. 나아가 이 글을 번역한 양옥룡 님 또한 더더욱 존경스럽다. 번역은 그 번역물이 갖는 참 의미를 공감했을 때만 가능하다. 이분은 이를 공감하셨고 아름다운 삶을 실천하는 분이시기에 그러하다. 희수를 건너고 계시는 양옥룡 님, 이분은 뵐 때마다 내 느낌은 엄숙하면서도 자상하고 인자하면서 당당하다. 또 언제나 여유와 넉넉함이 부처 같다. 늙었으나 늙지 않았고 가진 것 없으나 이웃에게 나눠주시길 즐겨 하실 만큼 마음은 언제나 부자다. 소위 '곱게 늙는 어른', 선생이 바로 이런 분이시다. 양옥룡 님을 생각하면 어두운 밤길도 밝고 환하며, 추운 겨울도 따뜻하고, 바람이 불어도 흔들리지 않는다. 이 겨울 우리가 그분을 새롭게 추억하는 것은 14살 나이에 홀로 일본으로 건너가 누구의 도움도 없이 자력으로 중학교와 고등학교를 졸업하고 게이오대학 공학박사를 취득할 만큼 억척스런 그의 삶의 과정은 주어진 란이 모자라서 옮기지 못함이 몹시 안타깝다. 우리 모두 경망스럽지 않고 곱게 늙는 법을 깨닫고 실천하는 계절이 됐으면 한다.

(한라일보 '한라칼럼' 2003. 11. 28.)

용사, 그대 이름은 영웅
- 노인 강정민

...

몇 년 전 방영된 TV 드라마 '국희'를 기억하지 못할 사람은 그리 흔치 않을 것이다. 그만큼 '국희'는 우리의 기억에 오래도록 자리하고 있는 인기 드라마였다. 그것은 그 드라마가 엮어내는 한 시대의 아픔을 우리가 모두 공감할 수가 있었기 때문이다. 또 다른 한 가지, 이 드라마가 우리의 가슴을 그토록 아리게 했던 것은 그 간극을 잔잔히 흐르는 BGM 곡인 'Oblivion(망각)'의 멜로디다. 감각적이며 시적으로 이어지는 애잔한 이 곡은 '망각'이라는 어휘와는 달리 아이러니하게도 잊힌 과거를 파도치듯 되살아나게 하였기 때문이다.

나의 거소는 'Oblivion'의 멜로디가 들려오는 듯한 바다가 보이는 그런 곳이다. 그런데 이 바닷길을 아침저녁 홀로 오가는 한 사람이 있다. 칠십이 훨씬 지난 강정민이라는 노인이다. 그의 얼굴은 검푸른 바닷가 바윗돌 같고 배의 닻줄과 씨름하던 손과 발은 티눈이 설만큼 멍이 들어 철판 같다.

그의 눈은 언제나 우수에 차 있지만, 바다 앞에 선 눈빛은 쇠갈매기 눈빛보다 더 날카롭게 번득인다. 그럴 때 그는 더 이상 노인이 아니다. 그의 바닷길은 언제나 혼자다. 조그만 발동선에 그는 선장이며 기관사며 어로장이다. 선원이 없어서가 아니라 오로지 혼자이기를 고집한다. 그가 혼자이기를 고집하는 이유는 바로 '망각'이라는 이름의 고독한 과거가 있기 때문이다. 그의 과거는 소위 귀신도 때려잡는다는 해병대 3기생이다. 그만큼 생사를 넘나드는 전장의 용사다. 용사에게는 훈장과 계급이 유일한 명예다. 그러한 명예가 그에게도 있었지만, 지금은 없다.

6.25 한국전쟁을 맞던 때는 그의 나이 갓 스물, 자기 키만 한 M1 장총과 함께 그는 인천상륙 작전의 용사로 참전한다. 그 길로 서울수복과 원산 상륙, 도솔산 전투 등의 선봉에 섰고 그 과정에서 얻은 명예는 서너 개나 되는 훈·포장과 함께 유일하게 빛나는 지금의 '하사'인 계급장 하나다. 그런 용사의 공적으로 해서 해병 헌병부대 범죄수사대원으로 발탁되기도 한다. 그러나 그의 운명은 여기서 갈린다. 육군 장교 한 사람이 월북을 시도하다 잡혀 왔다. 물론 심문과 조사는 팀장인 그와 그의 대원에게 맡겨졌다.

고향을 찾아 월북을 시도하다 붙잡힌 그 장교는 밤사이 스스로 목숨을 끊고 만다. 사인은 당시 육군병원의 부검 결과 "직접적인 원인은 '비소'라는 약물 음독에 의한 사망이지만 구타의 흔적도 간접 원인이 된다"라는 판독이 나왔다. 결국, 그 책임은 구타자가 누구냐는 것도 밝히지 못한 채 고스란히 팀장이었던 그의 몫이 되고 말았다. 이로써 그가 받았던 훈·포장 몰수는 물론 빛나던 계급장도 이등병으로의 강등과 함께 불명예제대를 당하고 말았다.

휴전되어 그와 함께 참전했던 전우들도 무공담으로 밤을 새우지만 그에겐 오직 불명예제대라는 꼬리표만 저주스러운 추억일 뿐 잃어버린 그의 과거를 찾아주려는 이는 한 사람도 없었다. 이럴 때 바다는 '망각'을 키워주는 유일한 바이러스다. 그런데 늦게나마 다행한 일이 전개되고 있다. 해병 3,4기 제주동지회가 그의 과거를 되찾아주고자 일어선 것이다. 우선 잃어버린 훈·포장을 찾아주었으며 빼앗긴(?) 계급장과 명예도 마저 찾아주는 운동이 조용히 전개되고 있다.

참으로 장하고 기쁜 일이다. 우리는 이와 유사한 참전 용사들의 잃어버린 과거도 더불어 찾아주는 운동이 함께 전개되기를 바란다. 마치 Piazzolla의 'Oblivion'이 잊혀졌던 과거를 새록새록 되살아나게 하듯 용사들도 그들의 과거를 되찾아서 언제 어디서나 당당한 삶을 살 수 있도록 하는 것은 우리의 몫이기 때문이다.

(한라일보 '한라칼럼' 2004. 02. 20.)

바오름아! 바오름아!
- 4월은 잔인한 달

...

  거소를 옮겨 3년째 살고 있는 이곳은 제주에서도 가장 바람이 세기로 소문난 성산포 터진목과 마주한 바닷가다. 일 년 사계절 하루도 바람 잘 날 없는 곳, '터진목'이란 지명이 말해주듯 겨울 한 철을 넘기고 나면 그 세찬 해풍에 나무 하나 풀 한 포기 살아남는 게 없을 지경인 것이 이곳 사정이다. 그래도 더러는 그 혹독한 겨울바람과 맞서 이겨내는 게 있으니 이걸 두고 기적이라고 하는 것인지. 요즘은 제법 물오른 풀잎과 나뭇잎들이 파릇파릇 싹을 틔워내며 예(禮)까지 차리는 듯한 모습을 보면 '4월은 잔인한 달'이라고 노래한 T.S 엘리엇의 역설이 새삼스럽다.

- 바람 잘 날 없는 '터진목'

  식목의 달 4월, 많은 사람이 들로 산으로 나무를 심느라고 야단들이기에 그만큼 나무 한 그루의 소중함을 마음으로 느끼고 또 정성으로 심고 가꾸었는지 하는 엄숙한 자기반성도 해봄 직하다. 혹이면 나무를 심는다는 명분으로 산을 들락거리다가 어린싹들을 이유 없이 밟아 죽게 만드는 우를 범하진 않았는지. 아니면 바람곶 바위틈에 당당하게 버티고 앉은 고목 한 그루를 몰래 캐내는 욕심의 무지를 범하진 않았는지….

  지금 나의 거소와 마주한 곳엔 해발 45m의 '바오름'이란 별칭이 있는

'식산봉(食山峰)'이 나직하게 앉아있다. '바오름'이란, '바람을 막아선 오름'이라는 뜻이다. 그의 별칭만큼 이 산은 세찬 터진목 바람까지도 몸으로 막아서서 그 앞에 우뚝한 제주 제일경인 일출봉(日出峰)과도 감히 맞선다. 이 조그만 산이 일출봉과 맞선다는 것은 그만한 이유가 있다. '한도만'이라는 50여만 평의 내수면을 끼고 돌며 일백여 종의 난대성 상록활엽수와 천연기념물인 황근 등 해안 식물들이 숲을 이루고 있는 곳이기 때문이다. 또 철 따라 찾아 드는, 고니, 청둥오리 같은 철새들과 어우러져 철새도래지로도 명소를 이루기 때문이다.

산이 위치한 오조리(吾照里)의 설촌연대가 5백 년이 넘은 걸 보면 이들 희귀 식물들의 식생 연대 역시 마을과 함께했을 가능성이 크다. 심한 해풍으로 인해 식생대 형성이 극히 어려운 환경임에도 유독, 이 '바오름'만이 풍성한 자연림 생태계가 조성되었다는 것은 그 억겁의 시간에 누군가 이 산에 나무를 심고 가꾸고 보호해 왔다는 증거다. 그렇다면 누가 그 역할을 했을까. 바로 이 마을을 설촌했던 그들과 그 후손들이다. 그 정신은 면면히 이어져 나의 어린 시절 추억에도 남아있다, 이른 봄이면 남녀노소 가리지 않고 온 마을 사람들이 몰려나와 죽은 나뭇가지와 가시덤불들을 베어내고 방화벽을 쌓는가 하면 또래의 아이들은 봄볕이 잘 드는 나무숲을 헤집으며 병정놀이로 호연지기를 길렀던 기억이다.

- 풍성한 자연림 생태계

그런데 이 산이 돌보는 이 없어 죽어간다. 60년대 새마을소득사업을 한다는 미명아래 육지 땅 어디에선가 이식해다 심어놓은 족보 없는 대나무가 그로부터 40년 가까이 흐른 지금은 야금야금 온 산을 잠식해서 대나무밭이 돼가고 있기 때문이다. 그야말로 날아온 돌이 박힌 돌을 뽑아내고 말았으니 기가 막힐 일이다.

아름드리 자란 나무들과 희귀식물들은 하나둘씩 저 독한 대나무 뿌리에 밀려 고사하고, 우리의 놀이터인 나무숲과 잔디밭은 발 들여놓을 여지조차 없는 대나무밭으로 바뀌고 말았다. 식목의 달'이라는 말조차 없던 그 옛날에도 '바오름'엔 나무를 심고 가꾸는 정성이 지극했건만 다양한 해양 내수면 생태계의 보고인 '바오름'은 이제 대나무의 공격으로 무참히 죽어가고 있다.

이 4월, 나무를 사랑한다는 의인들, 그들은 지금 다 어딜 갔을까. 저 '바오름' 숲의 나무들이 고사해 가는 줄도 모르고.

(한라일보 '한라칼럼' 2004. 04. 20.)

존재의 의미

...

 한동안 대통령 탄핵이다. 총선이다. 하고 전국이 어지럽게 흔들리더니 이번엔 제주도지사를 비롯한 제주시장, 도의회 및 제주시의회 재·보궐 선거라는 열풍이 조용하던 이 제주섬까지 후 끈 달궈놓고 말았다. 그래서 그런지 철 이른 더위마저 기승을 부린다. 뜨거운 건 그것만이 아니다. 지역생산과 소비가 42개월째 침체라는 뉴스와 더불어 날로 상승하는 실업률, 늘어가는 가계부채 등 어느 것 하나 우울하지 않은 것이 없을 만큼 주변의 상황들은 너무나 열불나게 하는 것뿐이다.

 이럴 때 백성들 몇몇만 모이면 나누는 대화가 있다. "새로운 사람이 도백 자리에 앉았으니 뭔가 좀 달라질 것 아닌가" 하는 기대심리다. 그런 기대에 화답이라도 하듯 요즘 길거리에 내걸린 큼지막한 플래카드에 "성원에 꼭 보답하겠습니다"라는 신임 도백의 당선사례 글귀가 눈길을 끈다. "보답하겠다"라는 뜻은 직무를 성실히 수행하겠다는 뜻으로 이해된다.

 현대 국가나 자치단체의 존재 의미가 국민의 복지를 위해서 존재하는 것인 만큼 오늘의 도정 역시 도민의 복지증진을 위한 삶의 불만족을 만족으로 이끌어가야 하는 무한책임과 의무를 지겠다는 뜻이다. 따라서 어떤 것이 백성의 행복지수를 높여주는 것일까 하는 물음은 새로운 도백이 짊어져야 할 커다란 숙제다. 철학자나 사회학자들이 주장하는 행복조건은 권력, 부, 명예, 지식, 건강 등 다섯 가지다. 그러나 백성이 관으로부터 얻는 행복조건은 관의 논리가 아닌 민의 논리로서 백성을 백성답게 대접하는 일이다.

플래카드에 적힌 당선사례 글귀 역시 그와 같은 주민 만족의 행복조건을 약속하는 것이라고 생각을 해볼 때 행복은 멀리 있는 것이 아니라는 소박한 생각마저 든다. 실로 오늘의 도정은 난제가 많다. 크게는 국제자유도시건설, 1·3차 산업육성 등 갖가지 지역 현안 사업들이 한둘이 아니다. 그러나 이런 정책은 도정의 중장기적 관점에서 다뤄져야 할 일들이기에 여기에선 논외로 해둔다. 문제는 백성이 행복지수를 높여주는 일이다.

삶의 현장에서 백성의 아픔이 묻어나는 갖가지 오피니언과 오피니언 리더들이 쓴소리까지도 도정은 얼마나 깊이 있게 귀 기울이고 있으며 그것에 대한 해결 의지를 보여주거나 보여주려고 노력하고 있는가 하는 것에 초점을 맞춰야 한다는 것이다. 그것이 백성의 행복지수를 높여주는 첫 번째 일이기 때문이다.

"그것보다 급하고 중요한 일들이 얼마나 많은데….."라는 자세로 소위 "늘랑 앙주 시라, 나는 나 할만이 아랑 하키여(너는 떠들라 나는 나대로 알아서 하겠다)." 이런 배짱이라면 몰라도 법적 제도적 장치가 없다는 이유로 문제의 사안을 기피해 버리는 도정이 제발 되지 말았으면 하는 바람이 앞선다. 혹여 잘못된 법과 제도로 인해서 주민의 삶에 불편을 주고 있다면 그 법, 그 제도를 고치거나 만들어서라도 해결해 보겠다는 의지가 요구된다. 안되면 될 때까지 노력하는 의지가 있어야 한다. 혹 자기 보신 적 입장만 고수한다면, 그것은 진정한 목민관의 취할 자세가 아니다.

우리는 왜 일에 미쳐있는 사람을 존경하는가. '미쳐야 미친다(不狂不及).'라는 정민 교수의 저서는 "세상에 미치지 않고 이룰 수 있는 큰일이란 없다"라고 강변함이다. 목민관의 역할도 이와 같다. 관리는 백성이 있으므로 존재하는 것인 만큼 백성의 행복지수를 높여주기 위해서는 그가 맡고 있는 일에 미쳐있어야 한다. 백성은 중병을 앓고 있는데 목민관은 자기 보신과 자기 직권만을 좇아간다면 과연 중병을 앓고 있는 백성은 어찌 될까, 밤을 새우면서 백성을 위해 고민하는 모습이 그리울 때다. 누가 시켜서가 아니라 스스로 불을 밝히는 모습이 아름다운 때다. 기대되는 신임 김태환 도백님! 우리는 당신의 능력을 믿습니다.

(한라일보 '한라칼럼' 2004. 06. 22.)

제주 제1의 관광지?

...

　제15호 태풍 '메기'는 도내 곳곳에 많은 침수피해를 끼쳤다. 그러나 다른 한편으로는 달포째 계속되는 가뭄도 덕분에 끝이 났으니 가뭄 해갈이라는 점에선 어쩌면 효자다. 정원에 나뭇잎은 시들다 고사하고 풀꽃은 물론 잔디마저 메말라 가는 것과 함께 논밭이 타들어 가는 것을 볼 양이면 목이 타는 것 이상으로 몸 안의 피돌기마저 멈추게 했었기 때문이다.

　가뭄과 맞물려 타는 가슴이 또 있다. 줄어드는 관광객들이다. 벌써 올 여름 성수기 관광객 수가 작년 대비 6% 가까이 감소했다는 소식이다. 관계기관의 분석에 의하면 국내 경기침체와 갑작스러운 항공사의 항공요금 인상이 관광객 발목을 잡았기 때문이기도 하단다. 그리고 보면 내가 운영하는 조그만 민박집 손님들도 목소리는 같다. 여행경비 중에 50%가 항공요금이다 보니 여행을 포기하는 이가 많다는 것이다. 그렇지만 관광객 감소원인을 꼭 그것으로만 돌려야 할까. 예를 들면 이렇다.

　해마다 2백여만 명의 관광객이 드나드는 성산포관광지 관문인 한도만(灣)에 약 90만㎡에 달하는 조개밭의 예를 보자. 이 조개밭은 음력 초하루·보름을 전후한 일주일 즉 한 달 중 보름 기간은 관광객의 체험어장으로 장관을 이룬다. 누가 오라고 하지 않았는데도 스스로 찾아든다. 하루 2~3천 명은 족히 된다. 그런데 이곳엔 이들이 작업을 끝낸 후 손발을 씻어낼 공동수도시설 하나 갖춰진 곳이 없다. 그보다는 급한 대소변마저 해결해야 할 곳이 없다. 급하면 물속에 앉아 볼일을 보는 경우가 있는가 하면 인근에 있는 민가의 신세를 지기가 일쑤다.

그렇지만 인근의 집들도 이용하는 객들이 한둘이면 좋은데 줄서기로 몰려와 젖은 발로 정원이나 화장실 등을 더럽히고 수돗물에서 멱까지 감는가 하면, 젖은 옷까지 빨고 가는 데서야 주인의 입에서 좋은 말이 나올 수가 없다. 결국, 이 일로 해서 모든 제주도민은 인심 사나운 사람들로 평가받고 만다. 더불어 이런 대접을 받고 떠난 관광객들이 다시 오고 싶어 하겠는가.

행정은 서비스다. 한해 2백만 명이 드나드는 성산포 관광객을 위해서 할 수 있는 서비스란 뭘까. 혹시 "어서 오십시오" "안녕히 가십시오" "또 오세요" 하는 인사말 한마디로 승부를 걸겠다는 건 아닐까. 소위 몇억 원씩 투자하는 화장실 문화시설은 아닐지라도 이곳에 조그만 공중화장실 하나 만드는 것마저도 외면해 버리는 인색함은 이런 곳에 투자할 가치가 없어서일까. 아니면 그곳으로는 도무지 눈이 닿지 않아서일까.

그들이 다녀간 뒷자리에 제멋대로 나뒹구는 각종 오·폐물들로 인해 오염되는 자연생태계에 대한 대책은 무엇일까. 해마다 한두 사람 이상씩 익사 사고를 당하는 이곳에 수중안전요원, 안전게시판 하나 제대로 배치하거나 설치된 것이 없으니 이건 어떻게 된 건가. 소 잃고 외양간 고치듯 몇 해 만에 겨우 위험지구를 알리는 부표를 수중 멀리 띄워놓는 것으로 할 일을 다 했다는 것일까.

말로는 체험관광을 외치면서도 체험어장이라는 푯말은 고사하고 조개를 캐는 기구하나 빌려 쓸 곳이 없다. 또한, 이 넓고 아름다운 조개밭 해안변에 비록 한강 고수부지 같은 주민과 관광객을 위한 휴식공간은 못 만들지라도 날로 심각해져 가는 한도만 해안부지 정화계획 하나 없으니. 그래도 성산포를 제주 제일의 관광지라고 부를 수 있을까. 더구나 이 조개밭은 성산일출봉의 관문이어서 그렇다. 딴은 그 조개밭을 배경으로 찍은 사진을 관광사진 공모전 우수 작품으로 선정하면서도 관심이 없으니 안타깝다. 그냥 웃기도 아깝다.

(한라일보 '한라칼럼' 2004. 08. 25.)

순수, 그 아름다운 은유

성산포 지역은 산남인가 산북인가

...

　지난 1일 대한민국 행정구역상 자치도 명칭이 「제주도」에서 「제주특별자치도」로 승격됐다. 거리마다 '위대한 제주시대의 개막'이라는 플래카드와 현수막 등 축하의 물결이 출렁인다. 노무현 대통령이 주문하였듯이 '세계인이 사랑하는 평화와 번영이 이 섬 가득 펼쳐질 것'같은 느낌이다. 이와 관련하여 제주도정은 산북지역보다 상대적으로 낙후된 산남지역의 균형발전이라는 목적으로 올해 초 제주지역 혁신도시 건설을 옛 서귀포시 권역으로 확정시키는 등 서귀포지역 배려를 아끼지 않았다. 여기서 제주특별자치도에서의 「서귀포시」라 함은 지존 기초자치단체인 서귀포시와 남제주군을 합친 것을 의미한다. 별칭 산남지역이다.

　그러나 이러한 구상들이 산남지역 균형발전에 얼마나 많은 도움을 주고 있는가에 대해서는 의문이 많다. 명분은 산남지역 균형발전이라고 한다. 그러나 그 속을 들여다보면 모든 사업의 중심은 과거 기초자치단체 시절인 서귀포시를 축으로 해서 계획되고 집행된다는 점이다. 다시 말해서 기존 서귀포시를 중심으로 동쪽인 성산포 지역과 서쪽인 대정읍 지역을 아우르는 균형발전에 오류를 낳고 있다는 점이다. 예를 든다면 이렇다.

　옛 서귀포시에 잉크 물을 떨어트려 보자. 그 잉크는 동과 서로 번지다가 동쪽은 남원읍쯤에서 서쪽은 안덕면쯤에서 멈춰버릴 것이다. 설사 성산읍과 대정읍까지 다 번진다고 하더라도 그 잉크의 농도는 다르다. 지금 서귀포시의 동과 서를 아우르는 지역개발의 행태가 이런 것이다. 결국, 산남지역에 대한 일단의 배려는 옛 서귀포를 위한 배려일 뿐 동·서부지역을 함께 아우르는 균형개발이란 정책은 없다. 한마디로 '빛 좋은 개살구' 격이다.

그렇다고 이러한 제주도의 지역개발기본전략이 잘못됐다는 것은 아니다. 문제는 이와 병행해서 핵심지역에 못지않은 지역별 특화 전략이 부재라는 점이다. 적어도 지역균형발전을 논할 때만이라도 '산남·산북'이라는 이분법적 행정구도가 아닌 '산남·산북', '산동·산서'지역이라는 '2+2'의 지역균형발전 구도를 선택해 달라는 것이다.

제주도의 동쪽 끝인 성산포지역을 살펴보자. 하루가 멀다고 부도가 속출하는 가구, 자고 나면 문 닫는 소상공인, 2만여 명에 이르던 인구가 1만 5천 명에도 못 미치는 인구의 감소 현상, 거기다 제주대 고성보 교수가 발표한 자료에 의하면 가구당 농가 부채비율 제주도 평균 4,777만 원인데 비해 성산읍은 8,659만 원이다. 전도에서 가장 높은 부채비율을 보일 만큼 성산은 지금 절체절명의 위기에 서 있다. 특히 성산일출봉, 섭지코지, 우도 등 명색이 제주 제일의 관광명소를 소유하고 있음에도 제주의 어느 곳보다도 접근성이 떨어진다. 일주도로는 물론 동부관광도로에서 성산으로 진입하는 간선도로마저 시골길 찾기보다 어려울 만큼 도심에서 가장 먼 거리로 낙인찍혀버렸다.

동부관광도로에서 성산~대천동을 잇는 직선화 산업도로 역시 지역주민의 그렇게 소망하는 사업임에도 꿩 구워 먹은 자리다. 예산이 모자라면 미래 개설을 약속할 수 있는 구상(안)만이라도, 혹은 인터체인지만이라도 설계해달라는 건의를 했지만 묵묵부답이다. 또 지난번 섭지코지에 유치 결정했다고 법석 떨던 '제주도해양과학관건립사업'마저도 해가 바뀌고 달이 바뀌었으나 예산 한 푼 반영되지 않은 체 오리무중이다. 뻔질나게 홍보하던 바다목장화사업도 물 건너가 버린 지 오래다. 40년간 공드려온 성산해양관광단지 개발사업마저도 이제는 기다림에 지쳤다.

또 농업용수로 사용하겠다는 조건으로 주민동의를 얻어낸 하수종말처리장 배출수 역시 해양군립공원으로 배출함으로써 청정해역오염과 악취를 유발시켜 관광객의 접근마저 막아놓을 기세다. 이러한 일련의 지역 현안문제와 개선방안에 대한 건의서를 수차례 발송했고 도지사 면담까지 가졌지만 아무런 답이 없다. 이것이 제주특별자치도라는 미명아래 내건 지역균형발전의 현주소다. 이런 상황으로 버림받고 있는 제주제일의 관광지 성산읍을 구제해 줄 사람 거기 누구 없나요?

(제주신문 '특별기고' 1996.7.22.)

백경(白鯨)

...

 늦가을 비가 질척이는 오후다. 오디오에서도 오십 대인 나의 가을 감정을 알아차린 듯 「오십구 년 왕십리」가 싸구려로 흐른다. '오십구 년'이라! 듣기만 해도 가슴이 짠하다. 이럴 때 나의 기억은 50년대 폐허의 서울 변두리 빈민촌 왕십리 골목길로 들어선다. 그리고 제주에서 중학교를 갓 졸업한 어느 까까머리 소년이 무작정 상경한 모습과도 만난다. 소년은 3백 부가 더 되는 무거운 신문 덩어리를 양어깨에 둘러메고 텐트촌, 판자촌을 누빈다. 신문배달 소년은 누굴까. 내 기억 속 영상으로 오버랩되는 내 어릴 적 모습이다.

 신문 뭉치에 눌려 낑낑대던 그 길목에는 소년의 눈길을 끄는 영화 포스터 하나가 있다. 왕십리 「광무극장」 간판과 더불어 붙여진 영화 포스터다. 포스터에는 흰고래의 잔등을 타고 앉아 작살을 고래 등에 꽂아 대는 포경선 선장의 모습이 인상적으로 그려져 있다. 그 인상적 그림에 이끌려 생애 처음으로 들어가 본 영화가 「백경(MOBY DICK)」이나.

 포경선 선장 '에이해브'로 분장한 '그레고리 펙'의 살기 어린, 그리고 이지적인, 그러면서 아무것도 놓칠 수 없다는 듯 강렬한 눈빛은 그때 서울이라는 미지의 세계에 빈손으로 도전한 까까머리 소년에게는 잊을 수 없는 인상이었다. '아, 바로 저것이다. 내가 취해야 할 내가 이겨내야 할 마음의 자세는'하고 부르짖을 만큼 '좌절하지 않은 용기와 도전의 정신을 심어준 영화'였다.

포경선 선장 에이해브는 고래를 잡던 중 거대한 백경에게 한쪽 다리를 잃는다. 그 후로 그는 백경에 대한 복수심으로 오대양을 누빈다. 그의 시선은 복수를 넘어 증오의 눈빛으로 가득하다. 그 증오심은 함께한 선원에게도 갖게 한다. 그것은 일종의 편집광적 집념이다. 끝내 찾아낸 백경과 선장 에이해브는 삼일간의 사투를 벌인다. 백경의 등에는 선장이 꽂아놓은 창(槍)들이 대나무 숲처럼 꽂혀있다.

바다는 온통 백경이 흘린 피로 시뻘겋다. 선장 에이해브 역시 자신이 꽂아놓은 작살줄에 포승 당한 듯 엉켜있다. 거대한 백경이 마지막 몸부림은 포경선「피쿼드」호를 침몰시킨다. 소용돌이치는 바닷물 속으로 백경도, 작살줄에 엉킨 선장 에이해브도 서서히 사라진다. 그리고 단 한 명의 선원 '이쉬마엘'만이 살아남아 이 사실을 전한다. 이 영화가 우리에게 전하는 메시지는 뭘까. 잊히지 않은 그 영화의 장면 장면들을 새록새록 기억하며 고학생이라는 서울의 삶을 살았다. 그리고 영화가 주는 메시지는 고학생인 나에겐 무엇이든 끝까지 싸워야 한다는 것과 참고 이겨내야 한다는 것이었다.

그러나 그 깊은 의미는 한참 후의 일이다. 하루하루를 삶에 지친 내가 어떻게 싸워야 이기는 것인지에 관해서 고민하면서다. 선장 '에이해브'가 백경을 쫓는 이유는 삶을 이기는 것임을 깨달았다, 그리고 그 한참 후에는 더 깊은 의미도 깨달았다. 그것은 곧 인간의 무능과 연약함에 대한 반기를 드는 일이며 도전에 있음이다.

비록 그의 도전이 자신과 동료 선원의 죽음까지 결과했을지라도 그와 그 동료들의 죽음 역시 함께하는 인간의 삶 속에서 나를 위해서 혹은 너를 위해서 아니면 우리 모두를 위해서 투쟁해야 하고 죽어야 할 만큼 도전하는 운명임을 암시한다는 의미인 것이다. 무모한 것 같지만 이유 있는 도전, 그것이 비록 십 대인 내가 서울이라는 삶의 전쟁터에서 당당히 일어설 수 있게 하고 이겨낼 수 있게 만든 충격적 교훈이었다. 그 교훈은 지금까지도 옳다.

나는 가끔 우리 집 아이들에게 소년 시절의 왕십리 이야기를 들려준다. 그 속에는 내 인생의 길을 가르쳐준 영화「백경(MOBY DICK)」을 빼놓지 않는다. 그리고 '에이헤브'로 분한 '그레고리 펙'의 먹이를 쫓는 듯 날카로운 눈빛과 포기하지 않은 삶의 의지와 '도전하는 정신없이는 결코 벽을 깰 수 없다'라는 그 정신을 늘 새긴다.

(제민일보 '내 추억 속의 영화' 1996.11.27.)

톨스토이의 「이반 일리치의 죽음」
- 나의 영원한 멘토 정문길 형의 번역서를 읽다

...

톨스토이의 단편 「이반 일리치의 죽음」('07. 이름미디어 출판)은 미국에 살고 있는 정문길의 번역문학작품이다. 나는 이 책을 손에 넣는 순간 역자인 정문길에 대한 추억이 파노라마처럼 다가왔다. 고향 선배이기도 한 그는 내 인생의 길을 열어줬을 만큼 내 청소년시절의 멘토였다. 그런 인연의 그분에게서 소식이 온 것은 실로 40여 년 만의 일이다.

지난 4월 초, 그는 오랜만의 소식을 이 책과 함께 보내왔다. 더불어 이 책에 대한 독후감까지 청탁해 왔다. 그가 문학에 심취해 있고 더구나 번역문학의 전문가로 우뚝 섰다는 건 너무나 감격스러운 일이었다. 그만큼 그의 번역문은 놀라운 것이었고 그의 청이 아니더라도 독후감은 당연한 것이었다. 그러나 이 책을 받은 지 한 달이 지났음에도 아직도 나는 독후감 쓰는 것을 망설이고 있다. 이유는 이러하다.

독후감의 초점을 단순히 이 번역물의 저자가 의도하는 문학적 가치성에 둘 것인가 아니면 역자가 톨스토이의 그 많은 작품 중 그의 첫 번역작품으로 유독 이 단편을 선택한 이유가 무엇인가에 대해서 살펴봐야 할 것인가 하는 고민 때문에서다. 결국, 나의 이러한 고민을 풀기 위해서 나는 우선 그의 성장 과정을 비롯한 과거 그의 삶의 흔적을 반추해 봄으로

써 답을 얻기로 했다. 그의 번역서 후기 "문학을 통하여 무엇인가를 얻고자 오늘도 서툰 솜씨로 컴퓨터 자판을 더듬거린다."라고 술회한 것처럼 칠십이 넘은 나이임에도 불구하고 열심히 노력하는 흔적이 보여서 그렇다.

노력하는 것, 투쟁하는 것 그곳에 그의 '삶의 철학'이 있을 것이며 그의 그러한 철학이 이 책의 번역과도 상당한 상관관계를 맺고 있을 거라고 여겨졌기 때문이다. 역자 정문길은 제주도 동쪽 해 뜨는 성산포 일출봉과 마주한 섭지코지 신양리가 고향이다. 그는 홀어머니 밑에서 네 살 아래인 동생과 함께 그곳 성산포에서 자랐다. 그의 나이 열일곱 살, 중학교를 졸업하던 해에 그는 혈혈단신으로 상경(上京)이라는 모험을 걸었다. 요즘의 표현으로 말하자면 무작정 상경이고 당시의 표현으로 빌리자면 청운의 큰 뜻을 품은 위대한 모험이었다.

한국전쟁이 막 끝난 50년대 후반, 잿더미뿐인 서울 그리고 오라는 사람도 머물 곳마저 없는 황량하고 폐허뿐인 서울은 열일곱 살 섬 소년에겐 한마디로 감당하기 힘든 죽음 같은 삶의 현장이었다. 왕십리, 뚝섬, 금호동, 옥수동, 무학봉 산비탈로 이어지는 그곳은 하늘의 별빛마저 쏟아져 내릴 것만 같은 찢겨져 낡아빠진 소위 텐트촌이다. 움막 같은 그곳 텐트집(?)에서 그와 그의 동생과 그 동생의 친구인 필사가 함께 거처했다. 하루에 두 번씩 찍어내는 조간과 석간신문을 등에 지고 다니던 신문팔이는 우리의 유일한 생계 수단이었다.

콩비지를 풀어 끓인 꿀꿀이죽으로 허기를 채우면서도 그는 배명고등학교를 졸업했고 꿈에 그리던 고려대학교 영문과 입학에 당당히 합격했다. 그러나 그 기쁨과 영광도 잠시, 3년 뒤엔 함께 고생하는 동생 역시 그의 뒤를 쫓아 고려대학교에 합격하기에 이르렀다. 결국, 그는 동생 대학의 길을 돕기 위해 요즘의 3사관학교인 간부후보생이라는 직업군인의 길을 선택하게 된 것이다. 물론 그의 희생으로 동생은 형이 이루지 못한 한을 풀어 형이 다니던 고려대학교를 졸업할 수가 있었다.

남하고 말대꾸 한마디 할 줄조차 모르던 그가 '직업군인'이 되고 어느덧 태권도 8단이라는 무술 장교의 모습으로 새롭게 변해있었다. 그는 그 일로 해서 70년대 당시에 잘나가던 이란 팔레비 왕가에 대한민국 정부가 추천한 경호 책임자로 파견되어 다음의 왕위를 이을 왕세자의 경호실장이라는 핵심 직위를 차지할 만큼 승승장구해 있었다. 그러나 그도 잠시, 팔레비 왕가의 몰락과 함께 그들 왕가의 행방처럼 그 또한 행방이 묘연했다. 몇 년 전부터 간간이 그가 뉴욕 어딘가에서 새로운 삶을 시작했다는 소식을 막연히 들었을 뿐 직접적인 소식은 이번이 처음이다. 기실 그와 내가 그의 동생이며 나의 친구와 함께 왕십리 무학봉 텐트촌에서 고학생이라는 이름으로 살았었기 때문에 그 역시 내 소식이 궁금했던 터였다.

「이반 일리치의 죽음」이라는 이 번역문학의 책머리에서 그는 끝없는 학문적 도전 의지를 밝혔다. 즉 한국 나이로 치면 70세가 넘은 나이임에도 불구하고 "영어와 문학을 통하여 무엇인가를 얻고자 한국디지털대학에 입학했다"라고 스스럼없이 밝혔다. 그가 청년 시절 어쩔 수 없이 포기할 수밖에 없었던 그의 학문적 꿈을 기필코 이루어 보고자 하는 의지 표현의 대목이다. 나는 그가 이러한 학문적 야심 속에서 특별히 톨스토이의 문학작품을 번역문학의 대상으로 선택할 수밖에 없었던 이유를 서서

히 밝혀낼 수가 있었다.

그의 인생역정을 보노라면 톨스토이가 그랬듯이 시골 농부의 아들이던 그가 천신만고 끝에 획득한 대학을 중퇴하고 사관후보생이 된 그와 톨스토이와의 정신세계가 비록 세기는 달랐어도 철학적 관심과 사고는 같았음 직하다. 왜냐하면, 톨스토이 역시 농민 생활을 개선하려던 인권주의자였기 때문이다. 더구나 그가 걸어온 수많은 난관과 극복의 과정에서 얻어진 종교적 삶의 철학은 '죽음', '사랑', '용서'라는 톨스토이의 도덕적 가치관을 대변하는 「이반 일리치의 죽음」에서 찾을 수 있었기 때문이다.

너무나도 어린 나이에 일찍 알아버린 삶의 현실과 살기 위해 행하는 추악한 인간상과 그 와중에서도 올곧게 살기 위해 어떤 것과도 타협하려 들지 않았던 그 다운 삶의 철학은 결국 「이반 일리치의 죽음」이라는 주인공을 통해서가 아니라 그의 해박한 문학적 소질의 번역문학을 통해서 그의 고국 한국인 모두에게 전해주고 싶었던 게 있었다. 어디 그뿐이랴. 대부분의 번역문학은 어디까지나 원문에 충실함을 원칙으로 할 뿐 그 원문의 의도하는 해설을 따로 달아주지는 않는다.

그러나 그는 '해설'이라는 또 다른 공간을 마련하고 원작자가 의도하는 문학적 가치관을 철학적 관점에서 해설(解說)로 평을 달았다. 톨스토이의 철학적 세계관을 독자에게 이해하기 쉽도록 너무도 철저하게 열어준 셈이다. 여기서 한 가지 더 짚고 넘어야 할 것은 원문 단어에 대한 '단어풀이'다. 그가 그 힘든 고학(苦學)의 길을 걸을 때 가장 애를 먹었던 것이 영어라는 어학이었음을 나는 안다. 남들처럼 정상적인 학교 수업을 받지 못하던 그에게 다른 나라 언어 즉 영어는 너무나 힘든 영역이었다. 그는 그 당시 기회 있을 때마다 "나는 이담에 독학하는 후학들에게 영어만큼은 쉽게 공부할 수 있는 방법을 가르쳐주고 말겠다."라고 입버릇처럼 했다.

결국, 그는 원문의 어려운 단어와 숙어들을 '단어 풀이'라는 공간을 함께 만들어 알기 쉽게 풀어놓고 고국의 후학들을 위해 독학할 수 있는 길을 여는 데도 수고를 아끼지 않았음이 존경스럽다. 나는 정문길의 역작 「이반 일리치의 죽음」이라는 번역문학을 다 읽고 덮으면서 위선과 오만과 자기부정의 사회에서 우리가 결코 지켜야 할 철학은 무엇이며, 그가 갈구하는 '죽음 앞에서 당당할 수 있는 삶'이 무엇일까, 라는 명제를 떠올려본다.

그와 나 그리고 그의 동생인 문필이 셋이서 서울 무학봉 꼭대기 천막촌에 함께 기거하며 고학이라는 인생철학을 몸으로 배웠던 추억을 반추한다. 어느 추운 겨울날 옥수동으로 가는 그 험한 금호동 고갯길을(지금은 터널이 뚫려있음) 눈비에 미끄러지면서도 신문뭉치를 등에 지고 손등으로 눈물을 닦아대며 오르내리던 추억 또한 우리들의 아름다운 인고의 한 장면이다. 오늘 이렇게 우리가 당당할 수 있음도 오로지 정문길, 당신이 그곳에 큰 나무로 버텨주셨고 멘토가 되어 주셨기 때문입니다. 이제 위대하고 존경스러운 당신에게 감사의 인사를 드립니다. 당신은 위대합니다. 그리고 사랑합니다.

(뉴욕 '한인지' '나의 독후감' 2007.5.9.)

내가 만난 일본 시인 '혼다 히사시'

...

'뱀은 결국 목적지를 행해 직진한다(ねくねく 蛇は 巣穴へ 直進す)' 일본 시인 혼다 히사시(本多 壽)가 뱀띠인 내게 적어준 휘호다. 그는 시인이자 일본의 전문문예지를 발행하는 발행인이며 편집인이다. 그러면서 그는 화가이기도 하다. 그가 나를 만난 건 지난 2008년도 첫 달인 1월 9일이다. 계간문예『다층』의 편집주간 변종태 시인의 소개로 비롯됐다.

밤늦은 시간 일출봉과 마주한 나의 민박집 '해뜨는집' 거실에서 그의 딸 스기나(서울 유학 중인 딸) 양과 함께였다. 조금은 낯설었음직한 그와 나는 너무도 낯익은 옆집 막걸리 친구 같은 인상의 만남을 가졌다.

46년생이니까 나보다 다섯 살 밑이다. 그래서 그는 선뜻 나를 형님이라고 불렀다.

일본 미야자끼현(宮崎縣)에서 태어났고 그는 지금도 그곳에 살고 있다. 스물여섯에 시작(詩作)에 몰입하여 제1회 '이토세이유상'과 마이니찌 출판문화특별상, '일본 현대시인회상' 등 큼직한 상들을 두루 수상했다. 그는 한국을 좋아한다. 그래서 그는 여러 차례 한국을 방문한 일본 시인 중 몇 안 되는 친한파 시인이다. 그만큼 한국문단의 잡지에 자주 그의 번역된 시(詩)가 게재되어서 시집 '피뢰침' '말' '진혼제' 등 우리에게 많이 읽혀지고 있기도 하다. 그뿐만 아니라 그는 한국시를 일본어로 번역하여 일본 시단에 소개하는 역할도 아끼지 않고 있다.

처음 만난 그와의 대화는 한라산소주를 사발로 들이키면서부터다. 골때리는 문학 얘기가 아니라 우리가 살아가는 삶의 이야기가 중심이다. 그가 살고 있는 미야끼현의 농사얘기에서부터 새소리, 바람 소리, 나뭇잎 흔들리는 소리들 하며 심지어 제주도에서 흘러간 쓰레기가 그의 고향 미야끼 해안까지 밀려간 것을 볼 때면 괜스레 시를 쓰는 우리를 만난 것 같다는 너스레를 떨 만큼 어릴 적부터 사귀어 온 친구 같아서 좋았다.

그러다가 주체하지 못하는 삶의 감성에 복받치면 누가 먼저랄 것 없이 펑펑 울음보를 터트리기도 하였다. 특히 내가 태어난 모모타니에서의 살았던 이야기를 나눌 때라던가 귀국 후 겪었던 제주4·3에 관한 이야기를 들을 때면 마치 자신이 당했던 아픔처럼 나를 껴안고 울었다.

그만큼 그는 감성이 풍부하다. 내가 바닷가에 살고 있고 그는 산골에 살고 있으니 인자와 현자의 만남이라고 하면서 좋아라고 어깨를 들썩이기도 했다. 마치 사랑하는 이를 마주하듯 지정학적으로 마주해 있는 제주섬과 미야끼현의 인연도 그렇게 되길 기대했다. 막연한 추상적 대상을 만나는 것이 아니라 구체적 대상을 만나는 그런 깊은 인연을 맺고 싶다고도 하였다.

그의 작품이 '제주문학'을 통해서 읽혀지게 되고 제주문학인의 작품도 그를 통해 일본 문단에 소개될 수 있기를 그리고 그가 내게 준 글귀처럼 이 지구상의 모든 시인의 양심이 올곧게 살아남아서 살맛 나는 세상을 만들 수 있게 되기를 기대한다.

(2008.3.10. 제주문협회보)

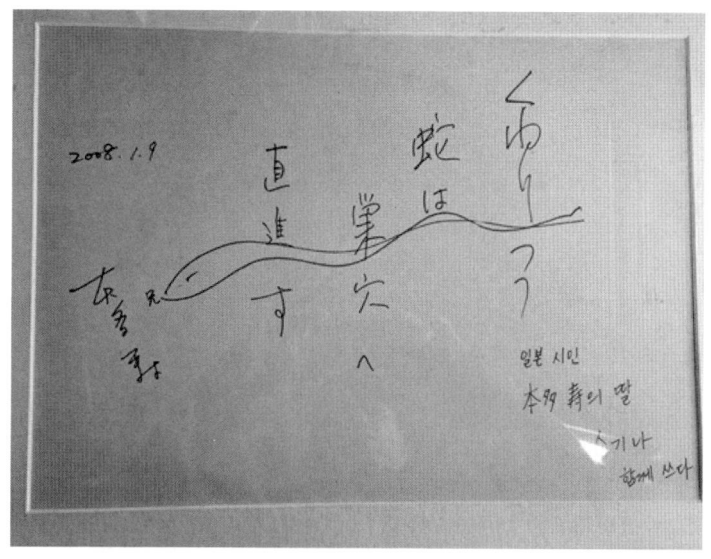

그의 친필 - '뱀은 결국 목적지를 행해 직진한다(ねくねく 蛇は 巢穴へ 直進す)'

관심 밖의 것을 관심권으로
- 대한민국6대광역시문학단체교류대회

...

　우리는 지금 세계자연유산인 제주도 성산 일출봉과 그의 배경인 광활한 한도만 경관이 한눈에 펼쳐지는 이곳 성산포 한도만 야외공연장에 섰습니다. 그리고 감동 어린 눈으로 이 엄청난 자연의 아름다움에 한없이 빠져들고 있음을 느낍니다.

　그렇습니다. 문화와 예술은 자연의 엄숙함과 감동에서 비롯된다고 합니다. 그 감동은 우리의 '삶의 문화'가 엄숙한 자연 속에 몰입될 때라야만 가능한 것이기에 그러합니다. 그 때문에 우리는 이 순간 이 엄숙한 자연 속에 몰입될 수 있도록 동기를 유발시킨 행정가 한 분의 훌륭한 공적을 기억하며 전국에서 오신 여러분을 환영함과 아울러 감사함을 들립니다.

　보시다시피 이 자리는 세계적 관광명소이며 자연유산인 성산 일출봉의 현관입니다. 그럼에도 불구하고 이 자리는 지금까지 그 어느 지도자의 눈에도 관심 밖이었습니다. 잡초와 돌무더기들로 방치된 땅이었습니다. 그러한 폐허를 이렇게 세계적 명소에 걸맞은 문화예술의 공간으로 변화시켜 놓으신 분이 계십니다. 그가 바로 김형수 서귀포시장이십니다. 지역행정의 수반이 그 지역 문화예술에 관심을 갖고 있다는 것은 이 서귀포시 지역 문화예술의 미래를 짐작게 하는 것이며 이는 곧 서귀포시 지역을 뛰어넘어 대한민국 문화예술의 한 본보기가 됨을 이분이 입증한

것입니다

앞선 시간에 우리는 '지역 간 특성 있는 문화예술의 균형 별전'이라는 명제로 토론을 가진 바 있습니다. 그렇습니다. 특성 있는 지역문화예술의 발전이란 따로 있다고 보지 않습니다.

바로 폐허 위에 세워진 이 야외행사장처럼 우리 눈앞에 버려진 관심 밖인 사안을 관심권으로 끌어들일 때 특성 있는 지역문화의 발전은 가능하다고 봅니다. 그런 의미에서 오늘 문화예술인 교류대회는 이 한도만 야외공연장 개관과 함께 그 의의와 성과가 크다고 여겨집니다.

존경하는 대한민국 6대 광역시 문화예술인 대표자 여러분! 제주도문화예술인과 문인협회 회원여러분! 그리고 이 지역주민 여러분!

저는 잠시 여러분에게 아주 특별하고 귀한 손님 몇 분을 소개해 드리고자 합니다. 이 자리에는 세계적인 석학이며 이 시대 프랑스가 나은 현대문학의 거장 '르 클레지오'님과 그 일행이 우리의 행사를 축하해주시기 위해 멀리 프랑스로부터 이곳까지 찾아주셨습니다.

이곳까지 찾아주신 '르 클레지오'님과 그 일행에 뜨거운 감사의 박수를 보냅시다.

그만큼 오늘의 이 대회는 비록 작디작은 섬 제주도 성산포지역에서 개최되는 것 같이 보이지만 그 관심은 이제 가히 세계적임을 입증하고도 남음이 있습니다.

그리고 오늘을 계기로 이 성산포 야외무대를 비롯한 이 일대가 세계문화유산의 명성에 걸맞은 문화예술의 산실로 자리매김하겠다는 약속의 장이기도 합니다

따라서 비록 제주도는 대한민국 한반도 남쪽 끝에 매달려 관심 밖의 섬에 불과하다 여길 수도 있겠습니다만 결코 제주는 문화와 전통을 지닌 문학의 보고임을 여러분 모두는 이 대회 기간을 통해서 확인하게 될 것입니다. 부디 관심 밖의 섬의 문화와 문학을 관심권으로 끌어드려 세계 속의 문화와 문학이 싹트는 계기가 되기를 기대합니다. 그러기 위해서는 여러분들의 진지한 토론과 의견이 제시될 때 가능하리라고 믿습니다.

부디 제주의 꿈, 섬의 문학이 여러분과 함께 발전될 수 있도록 힘 실어 주시기를 바라마지 않습니다. 감사합니다.

(2009년 10월 13일 '대한민국 6대 광역시문학단체 교류대회' 대회사)

간밤 뉘 혼백 다녀갔을까

...

    그해, 이 터진목 해안 모래밭 앞 절 울음소리는 이른 봄부터 그렇게 거칠게 울더이다. 저 건너 광치기 큰 엉 밑으론 파도소리마저 모질더이다. 어디 그뿐이더이까. 뒷바다 조개밭으론 전에 없던 멸치 떼가 섬으로 밀려와 썩어 문드러지더이다. 그때, 밤물결 으르렁거리는 소리와 늙은 황소처럼 눈 껌벅이는 소섬머리 등댓불과 까칠한 밤하늘 달그림자와 간간이 스쳐 지나가는 갈매기 울음소리마저 그토록 차갑던 이유가 무엇인지 저희는 정말 모르겠더이다.

    그해 가을, 이 터진목 앞바르 바닷가 노을은 파랗게 질려있고 순하디순한 숨비기나무 잎새들마저 초가을 바닷바람 사이에서 덜덜덜 떨고, 거칠게 밀려오던 파도 또한 덩달아 숨죽이던 그때의 가을은 어느 나라 어느 민족의 가을이더이까. 저희는 들었습니다. 콩 볶듯 볶아대던 구구식 장총 소리를, 미친개의 눈빛처럼 시퍼렇게 지나가던 징 박힌 군화 소리를, 그리고 보았습니다. 아닙니다. 볼 수밖에 없었습니다.

    당신과 당신의 아버지와 어머니, 당신의 형과 아우와, 당신의 삼촌과 조카와 아들과 딸과 손자와 손녀와 그리고 함께 있던 이웃들이 저 건너 조개밭에 밀려와 썩어가던 멸치 떼처럼 널브러진 채 죽어가는 것을, 이유도 모른 채 끌려와 저들이 쏘아대는 총탄을 몸으로 막아내며 늙은 어머니를 구해내던 어느 이웃집 아들의 죽음도, 젖먹이 자식만은 품에 꼭 꼭 껴안고 처절히 숨겨가던 어느 젊은 어미의 한 맺힌 죽음도, 아버지가 아들을, 아들이 아버지를, 남편이 아내를, 아내가 남편을 피 토하듯 부르다가 눈을 감던 모습도, 코흘리개 어린 우리는 기어이 그 모든 걸 보고 말았습니다. 서럽도록 보았습니다. 그리고 미치도록 울었습니다.

  당신이 남긴 빚으로 하여 팔려 가던 검은 밭갈쇠의 마지막 눈빛에서 이별의 아픔이 무엇인지 느낄 수 있어 울고, 열 살 누나가 학교를 그만둘 때 현실이 얼마나 혹독한가를 알게 되어 울고, 땀범벅 졸음 범벅으로 한여름 조밭 가운데서 김을 매느라 해를 쫓던 노역의 소년이 목이 메어 울고, 헐어 터진 고무신과 맨발의 가난이 혹한의 추위마저 잊게 해서 울고 또 울던 우리가 학교 운동회 날 남들은 아버지 손을 잡고 잘도 잘도 달리는데 우리는 오로지 하늘이 떨어트린 한 조각 구름을 아버지의 손목인 양 눈으로 붙잡고 혼자 달릴 수밖에 없는 설움으로 눈물도 말라버려 울 수가 없었습니다.

  이제 그날 그 자리에 간밤 뉘 혼백 다녀갔는지 숨비기나무 잎에 내린 밤이슬이 눈물처럼 고였습니다. 고인 눈물이 아침 햇살에 반짝입니다. 반짝이는 모습이 조금도 낯설지 않습니다. 낯설지 않은 모습으로 우리도 자리를 함께했습니다. 꺼이꺼이 울던 갈매기도 하얗고 하얗게 날아오르고 거칠던 물살도 모로 누어 출렁이는 오늘, 당신이 가신 지 예순두 해, 그동안 변변한 표석 하나 새겨놓지 못한 부끄러움이 크던 우리가, 그나마 지난 2006년부터 한해 한번 가느다란 향 줄기 지펴 올리는 일이 고작이던 우리가, 그때 가신 모든 이들을 위해 이제 비로소 조그만 추모의 재단을 여기 마련했습니다. 지금, 그때 함께 가신 모든 이들의 모습이 재단에 향처럼 피어오릅니다.

  힘겨웠던 세월의 주름살도 향과 함께 이 재단 위로 지워집니다. 미움도 원한도 모두 모두 사라집니다. 저 바다 해녀의 숨비질소리마저 당신의 혼령인 양 다가옵니다. 사랑으로 헤엄쳐옵니다. 용서하는 마음으로 일어섭니다. 상생의 소리로 합창합니다. 찬란한 햇빛처럼, 가을하늘의 구름처럼, 이 재단 앞 반짝이는 모래알처럼 …부디 영면하옵소서.

섬의 우수

    여기, 가을 햇살이
    예순두 해 전 일들을 기억하는 그 햇살이
    그때 핏덩이 던, 저 건너 앉아있는 할아비의 주름진 앞이마와
    죽은 자의 등에 업혀 목숨 건진 수수깡 같은 노파의 등 위로
    무진장 쏟아지네
    거북이 등짝 같은 눈을 가진 무리들이 바라보네
    성산포 '앞바르터진목'
    바다 물살 파랗게 질려
    아직도 파들파들 떨고 있는데
    숨비기나무 줄기 끝에 철 지난 꽃잎 몇 조각
    핏빛 태양 속으로 목숨 걸듯 숨어드네
    섬의 우수 들불처럼 번지는데
    성산포 4·3위령재단위로
    뉘 집 혼백인 양 바다 갈매기 하얗게 사라지네-
    -2010년 11월 5일 성산읍4·3희생자추모제단을 조성하며

꼴찌만이 뒤돌아볼 수 있는 여유
- 제17회 제주문학상 수상소감

•••

제 나이 이제 두 해 뒤면 80입니다. 이쯤이면 노인 중에서도 중급 노인인 셈입니다. 어떤 이는 '그 나이에 집에서 밥상이나 받고 앉았지, 늙어서 무슨 상이냐'고 농담 같은 진담을 던지기도 합니다. 저 역시 이 나이에 무슨 상인가 생각하니 스스로도 부끄럽습니다.

이 시점에서 저는 문득 40년 전 일이 기억됩니다. 지금은 미국에서 살림을 살고 있는 우리 집 큰딸아이와의 사이에 있었던 일입니다. 그 아이가 초등학교 다니던 시절입니다. 병약한 그 아이는 학교운동회가 있는 날이면 매번 달리기에서 늘 꼴찌만 하고 다녔습니다. 그러던 그 아이 초등학교 5학년 운동회 날이 있던 저녁이었습니다. 그 아이와 저녁을 함께 하면서 이렇게 물었습니다. 넌 오늘도 꼴찌를 했겠구나! 라고요. 그랬더니 이 아이 답이 이외였습니다. '아빠 이번엔 제가 일등 했어요'. 그러는 겁니다. '응? 정말???' 하고 되물었더니 '꼴찌로 마구 달리다 휙 뒤돌아섰더니 뒤에는 아무도 없어서 자기가 일등'이더랍니다.

꼴찌만이 누릴 수 있는 여유와 자신감은 그 아이가 나에게 가르쳐준 교훈인 겁니다. 그 일 이후 저는 늘 꼴찌가 갖는 가치성에 대해서 생각하며 늘 뒤돌아보는 삶을 살리라 다짐해 왔습니다.

오늘, 이 늙은이가 받는 상 역시 우리 문인협회회원이 제가 그동안 정신없이 달려 온 제 인생의 뒤를 돌아보게 하는 매우 특별한 상으로 여기면서 감사하게 생각합니다. 그 때문에 오늘을 계기로 저는 이렇게 다짐합니다. "늙은이로서 늙은이다운 참삶의 글, 살아있는 영혼의 글, 어린아이가 오줌 마렵듯이 시(詩)가 마려워 거짓 없는 시를 쓰리라"는 다짐이 그것입니다.

그런 의미에서 이 상을 받게 해주신 한기팔 선생님을 비롯한 심사위원 여러분께 진심으로 감사의 말씀을 드립니다. 그리고 100년에 가까운 제주문단의 역사를 이끌어주신, 지금은 이 세상에 계시지 않지만, 앞서가신 원로 선배님들께도 무한한 감사의 뜻을 올립니다. 아울러 우리 제주문인협회 문우 여러분들께도 제주문인협회 회원으로서 부끄럽지 않은 삶을 살겠음을 약속드립니다.

끝으로 가난한 집안 외아들의 아내로서 그 험한 해녀의 일도, 농사꾼의 역할도, 늙은 어머니를 모시는 며느리의 역할도, 집안의 가장 아닌 가장의 역할까지 도맡아서 살아와 주었고 세 아이를 낳아 착실한 아이들로 키워주셨을 뿐만 아니라 때로는 철부지같이 가정은 저만치 두고, 허구한 날 술에 절어 밤늦게 귀가하는 데도 싫다는 내색 한번 없이 못난 나를 위해 헌신하고 기도하면서 오늘을 있게 해준 사랑하는 나의 아내 홍문자 여사에게 오늘의 이 영광을 돌립니다.

그리고 부족한 이 아버지, 할아버지를 세상에서 최고라고 믿고 따르는 내 가족 모두에게도 이 상을 함께 건넵니다. 아울러 오늘 자리를 함께해 주신 모든 분께도 무술년 새해의 축복이 가득하기를 진심으로 기원합니다. 감사합니다.

(2017.12.29. 제주문학상 시상식장에서)

'성냥팔이 소녀'의 마음으로
- 제11회 서귀포문학상 수상소감

...

참으로 희한한 일입니다
이 자리는 내가 서 있거나 앉아있을 자리가 아닙니다
더구나 내가 참여할 자리는 더욱 아닌데,

나는 때때로 생각지도 못한 이런 자리에 엉뚱한 생각으로
엉뚱하지 않은 듯 어떤 날은 헤벌쭉 웃음도 팔아 가면서
당당하지도 못한 것이 당당한 척
재미 삼아 나서는 나를 곧잘 만납니다

'그러므로 기쁘지 않으냐'라고
누군가 묻는다면
내 삶의 과거가 그러했고
현재도 그러하므로
앞으로는 결코 그러지 않겠다는 말은 못 하겠지만

당신이 곧잘 나를 지켜보며
실룩샐룩 내 뺨도 어루만져 주며
말라비틀어진 내 삶의 무게를 가끔
양심에 매달아 주는

수고로움도 베풀어 줌으로
다시는 그러지 않겠노라는 말을 하다가 재미 삼아서라도
덜컹 이 상(賞)을 받고 말았습니다

나는 지금
춥고 어두운 거리를 걷고 있는
한 소녀를 기억합니다

새해를 하루 앞둔 어느 추운 밤이었습니다
굶주림에 지친 '성냥팔이 소녀'였습니다
소녀의 손은 꽁꽁 얼어있었습니다
성냥을 팔지 못하면 집에 돌아갈 수 없었기 때문입니다
소녀는 두 손 모아 기도하고 있었습니다
꽁꽁 언 두 손이 무척이나 아름다웠습니다

소녀는
성냥 한 개비를 긋고
또 한 개비를 긋고 또 긋습니다
빨갛게 타오르는 성냥개비 불꽃에서
소녀의 순수가 보입니다

성스러운 미소였습니다
순간 내 일상의 언어가 부끄러웠습니다
그래서 나는 소녀의 미소 뒤로 숨기로 했습니다
〈

불꽃으로 밝혀질 거짓된 내 모습이 행여나 보일까 봐
사진에 찍힐까 두렵습니다
그렇지만 찍혀지고 밝혀진 현실에
부끄러움도 잠시
감사한 마음은 내일을 다시 여는 데 주저하지 않겠습니다

(2021.09.05. '서귀포문학상 시상식장'에서)

순수, 그 아름다운 은유(隱喻)
- 일청 이형준 문인화 작품집 출판을 축하드리며

...

일청(一淸) 이형준으로부터 짧은 메일이 왔다. 그의 첫 번째 작품전시회를 갖겠다는 소식이다. 얼마나 기다렸던 소식인가. 그런데 어려운 부탁이 하나 딸렸다. 전시회와 곁들여 작품집을 상재(上梓)하는데 따른 느낌표 몇 줄 써달라는 청이다. 그는 한때 나와 공직을 함께 했던 동료다. 더 솔직히 말하면 같은 부서에서 동고동락을 함께했던 사이다. 문득 40년 전 그와 함께했던 일들이 주마등처럼 스쳐 지나갔다. 주어진 일은 밤을 새우면서라도 끝을 보던 그였다. 그 일을 하는데 불평 한마디 없는 그의 밝은 표정은 언제나 곁의 동료들까지 따르게 했다. 그런 그이 모습이 떠올라 도무지 그 청을 거절할 수가 없었다.

그만큼 그는 품성과 매무새가 고왔다. 그의 말과 행동에는 늘 '획'이 있었고 '선'이 있었으며 '색감'이 있었다. 특별히 수석(壽石)을 좋아했던 그는 어쩌다 탐석(探石) 길에 나설 때면 자연에 심취한 그의 모습에서 한 폭의 동양화를 보는 것처럼 무게와 향기가 은은히 풍겼다. 그래서 그랬는지 퇴직 후 그는 문인화(文人畵)의 길을 택했다. 공직을 떠난 그가 그동안 학습하고 노력해온 결과를 이번에 선보이려 한다는 것이다. 그와 동고동락을 함께했던 나로서는 나의 일처럼 기쁘고 자랑스럽다.

일반적으로 공직자는 주어진 범주와 규범 속에 갇혀 사는 꽉 막힌 사람들로 인식된다. 다시 말해서 공직사회에 길든 사람은 예술과는 거리가 먼 사람들이라고 한다. 그만큼 예술은 시간과 공간 속에 자아를 표현하고 발견하며 창조하는 작업이기 때문이다. 따라서 공직자가 그 길을 간다는 것은 다른 이들보다 몇 배의 노력이 필요했음을 웅변한다고 하겠다. 더군다나 문인화라는 독특한 장르에서 자신과의 싸움 즉 고독을 사유하며 살아왔을 저간에 그의 고통은 얼마나 깊고 컸을까 하는 대목에 와서는 내 가슴이 찡해온다. 따라서 문인화라는 장르에 문외한이 내가 그의 작품에 대한 글을 쓴다는 것 역시 얼마나 부끄럽고 그 분야의 전문인들을 욕되게 하는 일은 아닐까, 생각하니 두려움도 함께한다.

문득 그가 몇 해 전 내게 보내준 두 폭의 묵화가 떠올랐다. 한 폭은 부설거사(浮雪居士)의 팔죽시(八竹詩)가 있는 관음보살상의 그것이며 한 폭은 아침 성산 일출봉을 그린 묵화다. 여기서 부설거사 팔죽시의 의미를 살펴보자. …'이런대로 저런대로 되어가는 대로/바람이 부는 대로 물결치는 대로/죽이면 죽 밥이면 밥 이런대로 살고/옳으면 옳고 그르면 그르고 저런대로 보고/손님 접대는 집안 형편 되는 대로 하고/시정 물건 사고파는 것은 시세대로 하고/세상만사 내 맘대로 되지 않는다 해도/그렇고 그런 세상 그런 데로 보내세'…라는 내용이다. 즉 부설거사만이 갖는 여유로움을 품고 있는 작품이다.

다른 한 폭 '일출봉의 묵화'는 어떠한가. '일출봉' 하면 누구라도 일출봉에 솟는 아침 태양을 상상할 거다. 적어도 그림을 그리는 작가라면 더욱 그 모습을 그리려 할 것이다. 그런데 그의 묵화에는 아침 해가 없다. 하얀 천에 진한 필묵으로 채색된 묵직한 바위 한 덩어리가 데생 형식의 여백으로 감싸면서 수면 아래위의 데칼코마니로 자리하고 있을 뿐이다.

이 그림 속에 내재한 하얗고 검은 색감이 주는 무게는 금방이라도 무언가 일어날 것 같은 내적인 사의(寫意), 그리고 순간의 여유로움으로 가득하다. 따라서 이 그림 역시 부설거사의 팔죽시의 여유로움과도 일치한다.

만약 일청이 그린 일출봉 묵화에 아침 해가 그려져 있었다면 어땠을까. 그 순간 그림은 정적인 것이 아닌 동적인 기교로 변하고 말 것이다. 그러므로 일청의 그림은 문기(文氣)와 서권기(書卷氣)가 깃든 간일(間日)하고 소박한 여유로움의 극치다. 그래서 그런지 그의 그림은 먹그림 일색이다. 그리고 채색보다 수묵화를 좋아하는 제주풍경의 화가다.

바로 여기에 일청(一淸)이 추구하는 순수가 있다고 본다. 여유로우면서 깊이 사고하게 만드는 은유가 그에게 있는 것이다. 작용이 반작용으로 전이되는 일청의 미적 감각에 나는 한동안 꿈을 꾸듯 그의 그림에 취해버렸다. 그가 왜 그런 그림을 내게 보냈을까. 그 안에 내재하고 있는 철학은 무엇일까. 그것은 바로 일청의 삶이며 모습이 거기에 있기 때문이다. 그가 제주풍경 그리기를 좋아하는 이유도 여기에 있다. 그 자신이 제주섬이고자 함이며 진정한 제주사람이기를 바랐기 때문이다.

그는 묶여있거나 갇혀있는 섬이 아닌 부유 하거나 날아다니는 섬의 자유를 갈구한다. 섬은 자유이며 여유이기 때문이다. 그래서 나는 그를 「시인화가」라고 부르려 한다. 왜냐하면 문인화의 근본이 거기에 있어서다. 어쩌면 그는 시인인 나보다는 훨씬 아름다운 섬을 몽상하는 화가일는지도 모른다. 또 한 가지는 '추운 겨울이 되어야 소나무와 잣나무가 그대로 푸름을 알게 된다'라는 추사의 세한도 의미처럼 그의 가슴속 깊숙한 곳에는 멀리 있는 친구를 위한 혹은 작디작은 섬을 위한 몽환의 그림을 그리고 있을지도 모른다.

 이 순간 나는 너무 기쁘고 행복하다. 훌륭한 그림쟁이 일청(一淸) 이형준이 나의 다정한 옛 동료였다는 것과 그가 지금도 내 곁에 있다는 것과 내가 그의 그림에 흠뻑 취해 있다는 것이…. 그러므로 오늘 이 전시회를 통해서 우리의 삶도 살맛 나는 세상임을 느낀다.

(「수묵의 여백」 작품전시회 '제주문예회관'에서 2020.11.07.)

추도사(追悼辭)
- 구담 강창수 회장 영결식

...

신천강씨제주도종친회 제26대와 27대회장을 역임하셨던 구담 강창수 회장님!

회장님이 운명하시던 날은 7월의 장맛비도 그렇게 슬픈 듯 쏟아져 내렸습니다. 그렇지만 오늘은 하늘도 우리의 뜻을 아셨음인지 이렇게 맑게 갠 날씨로 승천하시는 회장님의 영결식장의 문을 열어주셨습니다.

이제 우리는 저 맑게 갠 하늘의 열린 문을 통해서 회장님을 보내야 할 시간입니다. 어차피 한 번은 가셔야 할 그 길이겠으며 또 그렇게 보내드려야 할 길이겠습니다만 떠나보내는 저의들 가슴이 왜 이렇게 미어집니까.

그것은 이별의 슬픔이 그만큼 큰 것도 큰 것이겠습니다만 회장님께서 걸어오신 구십 평생의 삶의 족적이 그렇게 평탄치 않았음을 저희가 알고 있기 때문입니다.

거슬러 기억해본다면 학도병이라는 이름으로 10대의 어린 나이임에도 한국전쟁의 전란 속에 뛰어들어 풍전등화의 나라를 구하셨던 살신성인의 구국정신은 현대를 사는 우리에게 커다란 교훈이며 표상이었고, 참전에서 얻은 신체적 정신적 피해는 그 누구도 이겨낼 수 없는 지독한 고통이었겠습니다만 전역 후에는 제주지역 발전을 위한다는 숭고한 정신으로 제주도 말단 지방공무원에 뛰어들어 끝내는 남제주군수, 서귀포시장 등을 거치는 등 40여 년간 쌓은 공적은 가히 제주도 지방행정사에 길이 남을 족적인 것입니다.

그 기간 중 한때는 저 역시 회장님 밑에서 행정을 배웠고 삶의 철학을 배웠던 추억이 새로워짐은 더더욱 회장님을 떠나보내는 저의 마음마저 슬프게 합니다.

어디 그뿐이겠습니까. 한때 제주도를 대표한다는 우리 종친회가 어느 순간 침체의 늪에 빠졌을 때 '종친회의 미래는 청년들의 힘에 달려있다'라는 슬로건을 내걸고 신천강씨제주도종친회 역사상 처음으로 청년회를 결성케 하시어, 젊고 활기찬 종친회를 이끌어 가심으로써 결국은 오늘날 신촌 벌에 '영암감사공문화회관'이라는 종친회관까지 마련할 수 있는 정신적 기틀을 심어놓으셨던 것입니다.

그렇지만 회장님의 그 같은 열정에 시샘이라도 하는 것인 양 아니면 어린 나이에 혹독한 참전생활 등에서 얻은 후유증이었는지는 몰라도 상상조차 하기 싫은 지병을 앓게 되셨고 끝내 두 다리를 잃게 되는 신체적 아픔을 겪게 되셨습니다.

그 기간은 자그마치 열다섯 해입니다. 그럼에도 회장님은 조금도 굴하지 않으셨습니다. 종친회를 위하는 마음가짐은 모든 종친회 행사에 참석하시기를 마다하지 않으셨으며 훌륭한 조언을 아끼지 않으셨을 뿐만 아니라 종친들 한 사람 한 사람에게 문안과 격려의 서신도 빼놓지 않으실 만큼 숭조목족 정신이 투철하셨음에, 오늘 회장님을 떠나보내는 우리 마음이 더욱더 미어지도록 아픈 것입니다.

지금 이 자리엔 회장님이 그렇게 사랑하시던 아들과 딸, 손자와 손녀들 그리고 회장님을 끝까지 돌보셨던 며느님들이 두 손을 모아 고개를 떨군 채 소리 없이 흐느낍니다. 저 눈물은 회장님께서 그들에게 보여주셨던 한없는 사랑이 사무친 데서 오는 슬픔의 눈물이기도 합니다. 아니 그보다는 그 많은 세월 성치 못한 불구의 몸을 회장님 스스로는 도무지 옮겨 놓을 수 없었음에도 삶의 의지를 잃지 않으시던 당당한 모습이 너무나 새롭기 때문입니다.

어디 그뿐이겠습니까. 앞서 보낸 사모님에 대한 애환과 함께 큰 며느님의 손을 빌려 불편한 몸을 휠체어에 옮겨 앉으실 때마다 그 며느님과 주고받았던 아름답고 깊은 마음속 대화들이 주마등처럼 스쳐 지나가고 있기 때문일 것입니다.

존경하고 사랑하는 회장님!

이 모든 것들은 회장님을 떠나보내는 이 순간 어차피 우리가 맞이해야 할 아름답고 슬픈 마지막 인사라는 걸 어찌하겠습니까. 바라건대 부디 저승에 가시거든 더 튼튼한 다리 되찾으셔서 삼천리금수강산은 물론 하늘나라 온 천지를 마음껏 휘젓고 다니시며 지금까지 못 누리셨던 자유, 걷고 싶고 뛰어다니고 싶었던 자유 그 모든 것을 양껏 누리시길 바랍니다.
부디 영면하시길 기원합니다.

(2019년 7월 12일 영결식장에서)

노인, 그 자랑스러운 청춘
- '성산읍노인한마음대회' 대회사

...

    오늘 우리는 지난해에 이어 두 번째로 '성산읍노인한마음대회'를 개최하게 되었습니다. 저는 지금 이 자리에서 오늘의 축제가 있기까지의 과정과 의미를 반추해 봅니다. 성산읍의 역사를 이끌어 오신 것이 우리 노인이었다면 그 영광 역시 우리들 몫이어야 했습니다. 그렇지만 안타깝게도 우리에게는 그런 영광의 자리가 수 세월 동안 마련되지 못했습니다. 그런데 우리는 지난해 그 일을 해냈던 것입니다. 바로 제1회 성산읍노인한마음대회가 그것이었습니다. 그리고 오늘 그 두 번째의 축제가 마련된 것입니다. 비로소 우리들의 역사가 축제라는 이름으로 확실히 자리매김하게 되었으며 이 축제는 우리 노인들이 다져놓은 저간의 역사로 얻은 결과입니다.

    때문에 이 대회는 우리 노인들이 모여서 잠시 놀다가 가는 자리가 아닙니다. 신천리에서 시흥리에 이르는 열네 개 마을 3천여 경로당회원들이 서로의 우정을 나누는 자리입니다. 또 오래 못 만났던 이웃들, 친지들, 사돈님과 벗님들이 함께 모여 우리가 살아왔던 옛이야기도 나누면서 위로하고 격려하며 더덩실 춤도 추는, 그래서 모든 시름을 한껏 벗어던지는 그런 축제의 장인 것입니다. 이것이 바로 성산읍 발전을 위해 청춘을 송두리째 바쳐 살아온 우리가 누려야 할 당연한 권리이며 영광이기 때문입니다.

그런 의미에서 우리는 지난 4월 그렇게도 목매던 우리의 전당「성산읍 노인복지회관」도 제주도 지역에서는 처음으로 마련하였습니다. 이 복지회관은 여러분이 개관식 때 보셨던 것처럼 지상 3층의 3백 평 건물로 우뚝하고 당당합니다. 우리가 누려야 할 그 복지의 터전이 우리의 축제장인 바로 이곳이며 심신을 단련할 공간이 여기에 있는 것입니다. 또한, 이 건물에서는 우리의 마지막 인생을 다듬고 우리 후손들과 우리 지역을 위해 무엇을 할 것인가를 고민하며 실천하는 회관으로 운영될 자리입니다. 바로 이것입니다. 비록 우리가 나이는 들었지만, 아직 늙지는 않았다는 뜻입니다. 이는 우리의 정신은 청춘이며 의지는 강철 같다는 뜻입니다. 이것이 바로 '성산읍노인회'가 존재하는 의미인 것입니다.

존경하고 사랑하는 성산읍노인회 회원여러분!

30여 년의 역사를 가진 성산읍노인회가 그 긴 여명의 세월을 딛고 오늘을 이끌어 왔던 것처럼 오늘 우리는 이 대회를 통해서 나의 건강과 이 지역의 미래를 위해서 다시 한번 마지막 노년의 결기를 다지는 대회가 될 수 있도록 노력해야 하겠습니다. 우리 모두 오늘을 계기로 이 지역 발전을 위한 어른으로서의 모습을 잃지 않겠다는 약속과 실천 의지를 힘찬 박수로서 힘차게 보여줍시다. 감사합니다.

(2019.09.16. 성산읍 노인회 한마음대회장에서)

또 한 사람의 부끄러운 나
- 2019 제주특별자치도 문화상 수상소감

• • •

'제주특별자치도문화상!'
저는 오늘 부끄럽지만, 제주도민의 이름으로 주시는 이 엄청난 상을 감히 받습니다.

먼저 이 상을 저에게 주시는 제주도민 모든 분께 그리고 원희룡 제주특별자치도지사님께 감사의 말씀을 드립니다. 또한, 이 자리에 함께해 주신 모든 분께도 고마운 인사를 드립니다.

이 상을 받으면서 저는 잠시 생각에 잠겨 봅니다.
앞으로 20일 뒤면 제 나이도 팔십입니다.

'이 나이 오기까지 도대체 내가 한 일이 무엇이 있었기에 감히 이 상을 받게 되는 걸까?' 과연 저가 '이 상을 받을 만한 자격이 있는가'에 대해서입니다.

그동안 저는 두 사람의 강중훈으로 살아왔던 것을 기억합니다. 한 사람은 시인 강중훈이며 또 한 사람은 한 가정의 강중훈, 혹은 생활인 강중훈이었습니다.
이 두 사람의 강중훈은 늘 서로 충돌하며 살았습니다. 다름 아닌 '진실한 삶'과 '삶의 가치'라는 두 의미의 인간이 충돌하였습니다. 한마디로 파토스와 로고스의 싸움이었습니다. 그 충돌은 지금도 합일점을 찾지 못한 채 여기까지 왔습니다.

그때마다 저의 주제를 인정해주신 내 주변의 모든 분,
바로 여러분이었습니다. 이제 그 충돌의 합일점을 찾을 때가 되었나 봅니다.

이 영광스러운 상을 받는 오늘부터가 그 시작이라 믿습니다. 머리 숙여 다시 한번 깊은 감사와 함께 실천의 약속을 감히 드립니다.

또한, 저가 흔들릴 때마다 바로잡아준 사람이 있습니다.
바로 나를 믿고 따라준 우리 가족과 저의 아내입니다.
따라서 오늘의 이 영광을 우리 가족과 저의 아내에게 돌립니다.
감사합니다.

('제주특별자치도 문화상 시상식장'에서 2019.12.11.)

『제주행정동우』 그 창간과 의의
- 제9대 제주지방행정동우회장직을 수락하며

...

저는 지난 2013년3월7일 대한민국 지방행정동우회제주특별자치도지회를 이끌 제9대 회장직을 수락하였습니다. 이 직은 특별한 사정이 없는 한 앞으로 2년간의 임기를 다할 각오로 이 자리에 섰습니다. 그리고 우리 동우회의 정신이며 미래인『제주행정동우』지 제2회의 발간에 즈음한 의의와 소견도 함께 밝히고자 합니다.

역사는 미래를 만든다고 합니다. 또한 역사는 기록으로 그 가치를 인정받는다고도 합니다. 오늘 우리는 30년에 가까운 역사를 가진 '제주도지방행정동우회'가 그 역사의 가치를 인정받기 위한 『제주행정동우』라는 이름의 행정동우회지를 창간하였으며 그 두 번째의 회지를 발간하려는 의지도 함께 담겨있음을 말씀드리고자 합니다.

이 동우회지는 지방행정도우회가 걸어온 저간의 발자취를 더듬어 보는 기록일 뿐만 아니라 그 하나하나의 기록된 것들을 바탕으로 또 나른 제주지역사회의 미래를 여는 청사진일 수도 있습니다. 그 의미는 평생을 직업공무원으로서 지역사회와 제주도정을 위해 헌신했던 당대의 역군들이 마땅히 해야 할 의무와 책임일 수도 있기 때문입니다. 다시 말해서 우리 모두가 거쳐왔던 경험과 철학을 이 책 속에 담을 수 있어야 하며 또 그렇게 담아냈기 때문입니다. 그것이 우리 지방해정동우회 존재의 의미입니다.

 따라서 우리는 이 동우회지의 출판에 앞서 30년 가까운 역사의 동우회를 이끌어 오늘을 있게 해주신 고, 이승택 초대 회장님을 비롯한 역대 회장님들을 기억하지 않을 수가 없습니다. 또한 열악한 환경에도 불구하고 동우회의 자생력을 키워보고자 자체사업장운영 등으로 2억 원에 달하는 자금을 마련해주신 윤한병 제2대회장님을 비롯한 많은 선배님의 노고 또한 기억합니다. 특히 기억해야 할 분이 또 있습니다. 바로 제주행정동우회 30년 활동사를 정리하고 지역사회발전의 틀을 열어나갈 『제주행정동우』라는 이름의 동우회지를 창간하는데 혼신의 노력을 기울이신 홍경선 직전 제주지방행정동우회장입니다. 열악한 환경에도 불구하고 동분서주하면서 혼신을 다하신 홍경선 선배님께 우리 모두 감사의 박수를 보냅시다.

 모든 책자가 그러하듯이 그 책의 잘, 잘못에 대한 평가는 결국 편집에 달려있습니다. 그런 뜻에서 우리는 이 창간호를 더욱 빛나게 해주신 몇 분의 석학들도 기억해야 하겠습니다. '특집, 논단'에 옥고를 주신 이문교 저 제주발전연구 원장, 오상훈, 고성부 제주대학 교수, 신동일 박사, 김태성 세계7대자연경관선정 도민추진위원회 위원장 등이 그분들입니다. 이분들께도 고마운 박수를 부탁드립니다.

 그렇지만 무엇보다도 우리를 힘들게 하였던 것은 지난해 12월부터 구상하여 다음 회장단에게는 누를 끼치지 않겠다는 일념으로 오늘 이 자리에서 창간의 빛을 보게 노력해주신 편집진에게 더 큰 의미를 부여하고자 합니다. 이영배, 이용언, 김창화, 서홍식, 오경숙 회원입니다. 다시 한번 감사의 박수를 부탁드립니다.

　이처럼 우리는 비로소 해냈습니다. 지금 여러분 앞에 놓인 『제주행정동우』 창간호가 그것입니다. 이제 이것을 시작으로 더 큰 지방행정동우회의 미래를 향해, 우리제주지역사회의 발전을 위해 더 많은 노력을 부탁드리면서 인사에 갈음합니다. 감사합니다.

(2013.3.7. 탐라웨딩홀 행사장에서)

군고구마처럼 남은 生을 詩처럼 살 수 있다면

...

살기 위해서 선택한 길 앞에서

퇴직공무원들의 모임인 '제주도지방행정동우회'에서 동우회지에 실릴 원고청탁이 왔다, "요즘 어떻게 지내십니까."라는 주제의 원고다. 가볍게 다루기엔 전직이 공무원들이 엮어내는 동우회지라는 의미에서 그 무게감이 너무 크다. 30여 년을 공직에 몸담았다 퇴직한 나에게 그 같은 간단한 원고청탁은 아닐 것이라는 짐작에 긴장이 된다. 삶의 철학은 아닐지라도 퇴직 후 어떤 소일거리로 하루하루를 지내고 있는지, 건강은 어떻게 다스리는지 혹이면 지나간 공직 시절의 회한 같은 것은 없는지 등등 궁금한 게 한둘이 아닐 터이니 말이다. 어느덧 내 나이도 팔십을 넘겼으니 나이 먹은 사람에게 몇 마디 듣고자 하는 이야기도 있을 것도 같다.

출근하면 아침 간부회의에 참석한답시고 노트 한 권 들고 국장실로 도지사실로 뻔질나게 달려가던 현직 시절의 내 모습이 불현듯 떠오른다. 정해진 하루의 직무 시간도 모자라 다른 직원들은 모두가 퇴근한 후에도 무슨 충성인 듯 홀로 남아 연탄난로마저 식어버린 춥고 냉랭한 사무실에서 밤을 새우던 시간도 아름다운 추억으로 다가온다. 그러기를 삼십 년, 남들은 정년퇴직도 아쉬워하는 참에 명예퇴직이라는 제도가 발표되기 무섭게 미련 없이 떠나온 공직이다. 그것도 남들은 꺼려하는 농촌인 오조리로 낙향길을 선택한 것이다. 그런 선택을 하던 날 밤, 오로지 남편만을 믿고 따르던 아내 앞에서 소주 한 병을 단숨에 들이켜며 자유다! 해방이다! 소리 지르던 그 객기는 어디에서 비롯된 것일까. 벌써 2십 년이 지났다.

제주사람이면 누구나 그렇듯이 나 역시 농사꾼의 아들이다. 더불어 해녀의 아들이기도 하다. 그보다는 어머니의 표현을 빌리자면 '애비 없는 호로자식'이다. 그렇지만 홀어머니 밑에서 자란 막돼먹고 교양 없는 아이는 아니었던 것으로 기억된다. 그렇다고 우리가 흔히 생각하는 여느 외아들처럼 호강 받으며 자란 아이는 더더욱 아니었다. 적어도 고향이 내게 준 힘들고 아픈 멍에를 이고 지고 자신을 챙길 줄 아는 아이로 자라왔다고 함이 옳다. 그만큼 고향은 나에게는 쏘울(soul) 같은 영적인 존대다.

나의 고향은 제주도 동쪽 끝 성산포 오조리라는 마을이다. 여덟 살 어린 나이에도 여름 한 철 조밭에서 김을 매야 했고 황소 꼬리에 매달린 듯 쟁기에 끌려가며 밭을 갈아야 했는가 하면 돼지와 소의 두엄을 등에 지고 산길을 오르내리며 농사를 짓는 것으로 어린 시절을 보내기도 했다. 그만큼 고향은 철저한 내 인고의 삶 그 자체다. 그러므로 어릴 적 나의 꿈은 고향을 떠나 사는 일이었다. 희망이라곤 눈곱만치도 없는 이곳을 떠나면 그곳이 곧 천국이라고 여겼다. 중학교를 졸업하던 그길로 맨손에 무작정 상경했다.

그렇지만 6.25로 폐허가 된 서울은 그렇게 녹녹히 나를 맞아주지 않았다. 신문팔이, 조그만 회사의 급사, 극장의 암표 꾼 등, 소위 고학생이란 이름으로 버틴 지 3년 만에 얻은 것은 폐결핵과 신경쇠약이라는 병이었다. 결국 죽어도 돌아오지 않겠다고 다짐하며 떠났던 고향에 돌아올 수밖에 없는 처지가 되고 말았다. 더불어 먹고 살기 위해 고향에서 선택할 수 있는 길은 공직자의 길이 유일했다. 그로부터 30년, 공직을 마감하고 찾은 곳 역시 결국은 고향 오조리다. 왜 내가 그토록 싫어했고 미워했던 고향을 퇴직 후에도 귀향을 선택할 수밖에 없었을까.

부끄럽지 않은 삶의 방법을 찾아서

성산포 오조리에 마련한 나의 집은 성산항과 한도만을 끼고 있다. 창 앞에는 일출봉과 속칭 '앞바르터진목'을 눈앞에 두었다. 내가 6급 공무원일 때 이 땅 주인에게 빚보증을 서줬다가 억지춘향격으로 떠안아야만 했던 사연이 있는 땅이다. 그렇지만 그보다 더 아픈 사연이 있음을 어떻게 숨기겠는가. 창을 열면 바로 마주하는 곳이 일명 '앞바르터진목'이라는 곳이다. 그곳은 4·3때 나의 아버님 3형제와 할아버지, 할머니, 그리고 아버지 4촌 등 우리 온 가족이 학살당한 아픔의 현장이다. 그 현장은 어머니와 두 살 위 누나와 젖먹이 누이동생 셋이 간신히 목숨을 건진 한 맺힌 사연을 갖고 있다. 그때 내 나이 8살 때였다. 그 아픈 추억이 있는 곳을 앞에 둔 곳이 현재 내가 살고 있는 집이다. 하늘은 그 아픈 역사의 현장에서 벗어나지 못하도록 고리를 꿰어놓은 것이다. 늘 그곳을 마주 보며 자신을 스스로 다스려서 올곧게 살아야 한다는 하늘이 계시인지도 모른다. 그 계시가 빚보증이라는 이름으로 이 땅을 점지해 주신 것일 수도 있다. 그 뜻에 부응이라도 하고자 이곳에 '해뜨는집'이라는 조그만 민박집을 지었다.

이곳에 살면서 오가는 손님들과 제주4·3을 이야기하고 누구도 돌보지 않던 비극의 현장을 돌보며 추모공원과 재단을 만들어서 4·3유족들과 함께 매년 가을이면 추모의 시간을 가짐으로써 내 삶을 반추하며 안위로 삼고 있다. 우연치 않게 국내외 유명 인사들과도 이곳에서 인연을 맺는다. 지난 2007년도에는 노벨문학상 수상 작가 '르클레지오'와의 인연도 그러하다. 나는 그에게 제주 4·3의 아픈 과거와 제주해녀의 삶의 문화와 탐라의 역사를 들려줬다. 제주의 아픈 과거와 아름다운 문화를 전해 들은 그는 프랑스 잡지 「GEO」에 기행문으로 게재했다. '하멜' 이후 서방세계 제주를 알리는 처음의 일이라고 동아일보가 특집으로 다룰 만큼 그 의미는 크다. 다음은 그의 '제주기행문' 일부다.

"…제주에는 달콤함과 떫음, 슬픔과 기쁨이 뒤섞여 있다. 초록과 검정, 섬의 우수를 우리는 동쪽 끝 성산일출봉 이곳에서 느낄 수 있다… 1948년 9월 25일(음) 아침에 군인들이 성산포사람들을 총살하기 위하여 트럭에서 해변으로 내리게 했을 때 마을 사람들 눈앞에 보였던 게 이 바위다… 오늘날 이 잔인한 전쟁의 기억은 지워지고 있다…. 숙청 때 아버지와 삼촌을 잃은 강중훈 시인조차 시간의 흐름에 굴복했다. 그가 아무것도 잊어버리지 않았다면 - 그의 시 한 편 한 편이 그해 9월 25일의 끔찍한 흔적을 지니고 있다 - 그걸 뛰어넘을 필요성도 알고 있다…."

이뿐만이 아니다. 계간 「열린 시학」의 편집주간이며 경기대학교 교수이고 시인이신 이 끝 잎 교수도 그냥 지나치지 못했다 '50년의 기다림'이라는 시제로 나의 삶과 나의 민박집 '해뜨는집'을 노래하기도 했다. 다음은 그가 노래한 시편이다. "제주도 오조리 성산포에는/ 강중훈 시인이 산다/…/ 강중훈 시인은 제주4·3때 아버지를 잃었다/ 아버지는 그날 이

발하러 가신다고 집을 나갔는데/ 50년이 지난 오늘까지 오시지 않고 계신다//…/ 강중훈 시인은 아직도 대문을 열어두고 잠을 잔다/ 대문을 닫아두면 아버지가 들어오실 수 없을 것 같기 때문이다/…/ 가슴속 지워지지 않은 아버지를/ 오늘도 기다리며 살고 있다"

또 다른 시인 조성림(홍천여중 교장)님도 '붉은 가슴'이라는 그의 시집에 '해뜨는집-강중훈 시인'라는 제목의 시를 노래하기도 했다. 그의 작품 몇 줄을 옮겨본다. //해뜨는집은 제주 성산포 그의 집 상호다/나는 아주 우연히 그 집에서 하루를 머물렀다/나는 그의 얼굴을 보지 못했다/아침 떠날 무렵에서야 그가 시인이라는 것을 어렴풋이 알았다/그가 어제 친필의 편지와 시집을 보내왔다/시집에는 제주바다가 묻어있었다/어렸던 그는 4·3사건 때 할아버지 할머니 아버지를 놓쳐버리고 구사일생으로 살았다/나는 왈칵 눈물을 쏟을 뻔했다/제주 먼나무의 붉은 열매가 눈에 번뜩 들어왔다/…//

시인이라는 이름의 삶의 현장

이제 나는 나의 고향 오조리로 돌아와 짧지 않은 내 인생의 삶을 뒤돌아본다. 그리고 나에게 고향이란 무엇일까? 라는 질문을 던진다. 나의 첫 시집에서도 이 질문은 꼭 같이 던지고 답을 얻었던 기억이 있다. '뒷동산에 올라보면 언제나 무너질 듯 불안한 돌담 사이로 잔가시 같은 세월에 찢기고 할퀴며 그래도 옹기종기 버티어 앉은 시(詩), 오조리는 그렇게 시(詩)가 마려운 고향이다' 그만큼 나의 고향 오조리는 그 자체가 시(詩)다. 참으로 질긴 세월을 헌 옷 꿰매듯 시(詩)를 꿰매며 사는 사람들의 동네다. 나는 이 동네를 버릴 수가 없다.

　지난 9월 있었던 태풍 '찬투'로 무밭, 감자밭은 온통 수해로 박살 났다. 밭모퉁이 몇 그루 소나무 가지마저 태풍에 찢겨 앙상한 삭정이로 변하고 말았다. 이럴 때 이웃한 사람들의 표정은 우울할 법도 한데 금세 돋아난 새싹처럼 희망적이다. 이들과 함께 무밭에 앉아 아픔을 나누다 보면 어느새 그 아픔은 평화가 되고 화해가 되고 한 폭의 수채화가 되고 만다. 이처럼 나의 귀향은 즐거움 그 자체며 낭만이다. 그러므로 고향에선 내가 과거에 무슨 벼슬을 했고 어떤 직위에 있었다는 것은 그다지 중요하지 않다. 그냥 만나면 형이고 동생이며 삼촌이고 조카가 된다. 그래서 사랑의 맷돌처럼 돌돌 구르며 우리는 함께 즐긴다. 그것이 퇴직 후 내 삶의 보람이다.

　고향의 선배는 물론 동료, 후배들과도 친구삼아 지역의 문제를 논의하고 '지역발전협의회'도 창설하고 노인대학도 다니고 노인대학교 학장도, 지역의 노인회장이라는 직책도 맡아서 노년의 삶을 동내 노인들과 함께 즐기고 있다. 그러므로 팔십이 넘는 나이를 지닌 내가 앞으로도 군고구마처럼 생(生)을 익히며 정다운 이웃들과 함께 노래처럼 시(詩)처럼 살려 한다.

(「제주행정동우」 제6호 2021.12.07.)

점등인, 그대 자랑스러운 성산인이여!
- 제1회 성상중학교총동창회한마음대회에 붙여

...

최초 이 땅에 빛이 있었다는 것은 꿈꾸는 자의 답이다.
그대여! 그대는 보았는가.
초롱초롱 매달린 아침 이슬처럼 찬란히 빛나는 동녘 하늘의 울림을,
용기와 희망과 정열의 햇살을, 믿음과 진리가 반듯한 정의의 횃불을,
횃불은 아침이며 아침은 우리를 이끄는 태양이며 꿈이며 신성함이 묻어있는 제주의 동녘 땅 성산포의 일출인 것을

그대여 기억하는가.
여리고 여린 불씨 한 톨, 호롱불 심지에 붙여놓듯
꺼지지 않은 아침 태양의 불씨로 우리 가슴 가슴마다에 새겨두던 옛일들을,
비록 낡고 비좁은 부엌 아궁이 가늘고 여린 검불 일지라도
오랜 조상의 숨결 묻어나는 무쇠솥에 불 지펴
모락모락 잘 익은 보리밥 한 술
이웃과 이웃이 나누어 먹던 뜨거운 온정의 고향 성산포를

혹여 잊었다면 그대여,
울먹울먹한 저 앞바르 터진목 파도소리에 조용히 귀 한 번 기우려 보렴.
그 바위틈에 물숨 먹은 우리 어멍 우리 누이의 숨비질 소리라도 들어

보렴.
아니면 광치기 모래밭에 모질게 뿌리내려
피 토하듯 피어난 숨비기꽃 사연이라도 들어보는 건 어떻겠나!

그러면 알게 될 거다.
우리가 왜 오늘 이 자리에 섰는가를,
왜 우리가 성산일출봉 점등인인가를,
보라! 저 동녘의 빛, 자비로움과 은혜로움이 가득한, 사랑과 정열,
희망과 용기가 샘솟는 잠들지 않은 우리들의 당당한 모습을!
그리고 높이 치켜든 점등인의 불꽃을!
성산인의 햇불, 우리의 꿈을!

꿈꾸는 섬

눈물은 여유로운 자의 사치
'4·3의 아픔' 덜 서러워야 눈물 난다

...

4·3이 제주사회에 논쟁거리가 될 때면 나는 나를 아는 사람들로부터 이런 질문을 받습니다. "왜 자네는 4·3의 직접 피해자이고 현장의 생존자이면서 아무런 말 한마디 못 하고 다니는가."

참으로 답답한 질문들입니다. 그들은 나름 나를 위로한답시고 던지는 말이지만 나에겐 조금도 도움이 되지 않은 질문이기에 그러합니다. 그만큼 4·3은 내 기억에 떠올리고 싶지 않은 저주스런 상처입니다. 아버지 3형제 중 막내인 작은아버지가 소위 폭도라는 이름의 산사람이 되었다는 이유에서 아버지와 할아버지 할머니 아버지 형제들은 물론 아버지 4촌들까지도 학살당했으니 말입니다. 그 현장에 요행으로 살아남은 초등학교 1학년인 나와 어머니와 두 살 위 누나와 젖먹이 누이동생이 있었기 때문입니다.

더군다나 죽음의 문턱에서 살아난 우리를 옭아매기 위해 호시탐탐 경찰들의 염탐은 끊이질 않았습니다. 군인이셨던 작은아버지가 산사람이 되었다는 소문에 이어 경찰들도 우리 가족과 내통 여부를 탐지하기 위해 보이지 않은 감시가 밤낮 이어졌던 것입니다.

형수님! 형수님!

깊은 밤, 작은아버지가 나의 어머니를 찾는 소리가 들립니다. 그러나 이 소리는 경찰들이 위장된 목소리라는 걸 나의 어머니는 벌써 알고 있습니다. 나의 어머니는 그들의 작전에 말려들지 않습니다.

어떤 놈이냐? 나를 형수라고 찾는 놈은?

창문을 걷어차며 뛰쳐나가는 나의 어머님의 당돌한 행동에 장총 멘 경찰들이 슬금슬금 뒤돌아 가는 그림자가 너무도 섬뜩하게 보였습니다. 그렇게 우리는 용케 살아남았습니다.

"덜 서러워야 눈물이 난다"라는 말을 들어본 적이 있습니까. 눈물은 여유로운 자의 사치라시던 나의 어머님의 말씀을 나는 기억합니다. 그만큼 나에겐 4·3은 두 번 다시 떠올리고 싶지 않은, 생각하는 것 자체가 또 다른 4·3의 학살이었습니다. 선친들이 남긴 빚더미 속에서 당장 먹고 살길이 막막했던 우리였기에 눈물 흘린 여유란 도무지 없었기 때문입니다.

초등학교 3학년이던 누나가 학교를 그만둘 만큼 어머니의 일손이 부족했고 젖먹이 누이동생은 새벽 밭일 나간 어머니의 젖을 찾아 칭얼대기 일상이었으며 초등학교 1학년이던 나는 새벽일 나가신 어머니와 누이의 아침밥을 지어 나른다고 지각이 일수였습니다. 그럴 때마다 어머니는 우릴 이렇게 가르쳤습니다. "너는 이담에 누구의 편에도 서시 마라" "아비 없는 호래자식이란 말 듣지 않게 예의범절을 지켜라" "가난한 척도 하지 마라" "동네 어른을 만나면 백 번이든 천 번이든 꼬박꼬박 인사해라" "남에게 언제나 웃는 모습만 보여라" "밭에 나가 일하는 것도 공부하는 것이라는 것도 새기고 익혀라"라는 가르침입니다.

그렇지만 토요일과 일요일, 더구나 방학은 돌아오지 말았으면 할 만큼 싫었습니다. 학교가 쉬는 날이 나는 싫었습니다. 그날은, 그 시간은 나에겐 늘 노역의 시간이었으니까 말입니다. 4·3에 대한 원망보다는 이 지긋지긋한 노역의 땅, 제주라는 섬이 밉고 저주스러웠습니다. 그렇게 중학교를 졸업했습니다. 그렇지만 고등학교는 엄두도 낼 수 없었습니다. 나는 제주섬을 탈출하기로 결심했습니다. 그 당시는 서울로 가는 길이 지금의 미국 가는 길보다 더 힘들었습니다. 그렇지만 나는 무작정 상경했습니다. 아니 그 이전에 제주시에 있는 제주도 유일의 책방인 '우생당' 서점을 찾았습니다. 그리고 생면부지인 그 책방 주인을 만났습니다. 점원으로 일하고 싶은데 채용해 달라고 간청했습니다. 중학교를 막 졸업한 어린놈의 당돌함에 그분도 감동했던 겁니다. 보고 싶은 책, 맘껏 보고 읽을 기회가 온 것입니다. 그렇지만 거기까지였습니다. 야간고등학교라도 갈 수 있겠거니 싶었던 꿈은 꿈에 불과했습니다.

책방 점원 1년 후, 한국전쟁에 폐허가 된 서울은 열일곱 살 아이에겐 만만치 않았습니다. 조·석간 신문배달로 끼니를 이었고 학비를 조달했습니다. 낡은 텐트촌에서 나를 닮은 고학생들과 기거를 함께했습니다. 그렇지만 영양실조로 얻은 병은 결국 고3 졸업을 몇 달 앞두고 낙향하게 만들었습니다. 그래도 오랜만에 어머님 품에서 따뜻한 밥 한 그릇 배불리 먹는 행복이 참으로 천국이었습니다. 그렇게 1년, 그사이 나는 많은 독서를 했습니다. 그리고 나를 돌아보고 나의 존재의 의미에 대해서도 깊이 생각하게 되었습니다. 문학도의 길에 들어선 것도 이때였습니다. 고등학교 졸업 남은 1년을 제주도의 고등학교(제주상업고등학교)에 편입했습니다. 그리고 10월9일 한글날 전도학생문학백일장 대회에 당당히 특선의 영광을 얻었습니다. 이때 심사위원장은 제주대학교 양중해 교수였으며 그 일로 그분과는 평생의 은사와 제자라는 관계를 맺게 되었습니다. 그리고 제주 4·3에 관해서도 삶의 연장선에서 돌아보기 시작했습니다.

그때 나는 4·3에 대해서 이렇게 정의했습니다. 나의 존재의 의미를 깨닫게 해준 사건이라고, 4·3이 아니었으면 귀천 모르고 자랐을 내가 그로 인해 아픔을 경험하고 인생을 깨닫게 되고 가치 있는 삶이 어떤 것인지를 되짚어 보게 되는 계기가 되었으니 말입니다.

이제 내 나이 일흔다섯 살, 지금 생각해도 나의 판단은 틀리지 않았음을 깨닫습니다. 긍정적인 사고가 얼마나 자신을 성숙시키고 사회와 소통하게 만드는가를 말입니다. 4·3에 대한 원인 역시 그렇습니다. 어떤 국가, 어떤 민족이든 그들이 겪어온 성장기가 있습니다. 개인과 개인들에게도 원하든 원하지 않든 크고 작은 일들과 아픔을 겪게 되어있습니다. 4·3이란 아픔 역시 한 인간의 성장 과정이 그러하듯 제주 사회가 겪어야 했던 불행한 역사의 과정이라고 생각합니다. 다만 그 시기, 그 현장에 누가 있었는가, 라는 게 문제입니다. 그 시기에 내가 존재했고 우리가 그 현장에 있었던 것일 뿐입니다. 그리고 우리는 그 아픔을 참고 뛰어넘어 오늘을 이끌었습니다.

과거는 현재와 미래를 엮어주는 가교인 동시에 교훈이기에 그렇습니다. 4·3의 상처는 들추면 들출수록 상처가 깊습니다. 4·3정신이니, 4·3항쟁이니, 4·3원인 규명이니 하는 논쟁을 펼치는 이들에게는 일종의 의도된 목적이 산물 혹은 그들만의 리그일 수도 있습니다.

상처는 전문의사가 치료하듯이 이제 4·3의 상처도 전문 역사학자에게 규명하도록 맡겨두는 것이 옳습니다. 적어도 4·3을 겪은 피해 당사자들에게 더 이상 그 아픔을 안기지 말았으면 합니다. 나는 지금도 '덜 서러워야 눈물이 난다'라고 하시던 내 어머님의 철학을 믿습니다 '잊지는 말아야 하되 과거에 함몰되지도 말라'는 의미로 여깁니다. 그 답은 바로 여기에 있습니다. 우리 모두 '용서하고 화해하라'라는 뜻입니다. 그것이 제주의 미래를 여는 길이라는 가르침입니다.

감사합니다.

(4·3평화포럼토론 모두 말 '제주4·3평화재단' 2016.03.10.)

섬에서 또 다른 섬을 꿈꾸다

...

흔들리는 섬

우리는 제주라는 섬에서 또 다른 섬을 꿈꾼다. 코코넛 씨와도 같은 섬에 가벼운 바람이라도 부는 날이면 섬은 흔들리고, 흔들리며 떠다니는 요람 같은 통통배가 되어 뚜우~ 뚜우 고동나팔을 불며 꿈의 날개를 달고 멀리멀리 떠다니고 싶어지는 섬, 우리는 제주라는 섬에서 날개 달린 섬을 꿈꾼다.

훨훨 날아 제주바다 건너 저 오대양 육대주를 향해, 저 넓은 우주를 향해, 사랑하면서도 차마 사랑하지 못하고 미워하면서도 결국 미워하지 못한 지극한 꿈의 시원을 향해,

크고 작은 섬이란 섬이 모두 그러하듯 섬들이 퍼덕이는 날개가 그러하듯 제주의 본향당 굿으로 춤을 추던 수천, 수만 개의 몸짓이, 섬의 사랑이, 섬의 진실이, 제주의 진솔한 언어들로 일어나 여기 '문학의 섬 제주'라는 이름으로 춤을 추며 노래한다. 그리고 우리가 알지 못하거나 꿈꾸는 섬 제주를 모르고 있을 이 세상 모든 이들을 향해 섬의 노래를 띄워 보낸다. (「제78차 국제 PEN 대회 기념문집」(2012.8.15.)에서)

제주, 우주를 헤엄쳐온 별빛

　우리는 지난 9월 경주를 다녀왔다. 그곳에선 대체 무슨 일이 있었을까. "Free the word! 언어표현을 자유롭게!"라는 슬로건 아래 제78차 국제 PEN대회가 있었다. 그것도 조선왕조 5백 년간 시인과 문장가에게 국가 경영의 관리자가 될 수 있도록 했었던 대한민국의 신라 천년고도 경주에서다. 세계 1백여 회원국 3천여 회원들이 그들이다
　그 자리는 인간의 보편적 인권을 지향하는 문학인의 자리였고 문학을 통해서 세계평화증진과 인간생존에 필수적인 표현의자유를 추구하는 자리였다. 우리도 그 자리에 『문학의 섬 제주』라는 제주도회원의 작품집을 가지고 함께했다. 그리고 모든 이들은 우리의 작품집과 그 작품들에 관심을 보였고 찬사를 보냈다
　제주도가 지향하는 '평화의 섬 제주', 이는 국제PEN의 정신과 일치한다. 따라서 이제 우리는 제주라는 섬의 한계에 묶여있을 수가 없다. 또 그렇게 해서도 안 된다. 제주도정이 목표하는 바가 '세계 속의 제주'하고 한다면 제주문학도 그러해야 한다,
　이는 이번에 우리가 발간해서 선보인 '제78차국제PEN대회기념작품집'의 성과가 그러했기 때문만은 아니다. 노벨문학상수상작가 르 클레지오(Le Clezio)가 제주를 사랑하고 프랑스 여류시인 까띠 라뺑(Cathy Rapin)이, 일본의 마루치마모루(丸地 守), 혼다 히사시 (本多), 오오무라 마스오(大村益夫), 중국의 선총원(深從文)이 우리와 함께해서도 아니다. 어느덧 제주문학이 그들과 나란히 세계 속에 당당할 수 있었기 때문이다. 이제 우리가 제주 PEN 무크 제9집을 출간하는 이유도 여기에 있다.

　　　　　(국제 pen 무크 제9집「제주, 우주를 헤엄쳐 온 별빛」서문, 2012.12.20.)

도도(Dodo)새

우리는 또다시 인류의 보편적 가치인 자유 · 평등 · 평화 · 정의를 추구하는 문학적 정신을 구현코자 제주라는 섬에서 또 다른 섬을 찾아 나서기로 했다.

도도(Dodo)는 바보라는 뜻이다. 모리셔스에는 도도(Dodo)새가 있었다. 섬의 울창한 숲에서 날 줄도 뛸 줄도 모른 채 그렇게 자유롭고 바보처럼 평화롭게 살았던 새 그러나 '도도(Dodo)'는 인간이 그 섬에 발을 디딘 이후 인간에 의해 최초로 박제가 되어버린 새가 되고 말았다.

인간에 의한 인간 스스로가 인간을 말살하는 대표적 사례로 꼽히는 '도도새' 우리는 그를 찾아서 떠난다. 4세기 전 그곳에서 사라져 화석조차 남아있지 않은 상상 속의 도도가 새롭게 회귀 되는 것을 보고자 함에서다. 도도새가 도도새일 수밖에 없었던 도도새의 순수를 만나보기 위해서다.

자유 · 평등 · 평화 · 정의의 근본은 Dodo일 수도 있다. 또한, 그것은 우리 제주인이 잃어버린 이상향 '이어도'일 수도 있다. 우리도 도도새처럼 바보같이 살아왔기 때문이다.

(국제 pen 제주 「섬, 그 경계를 넘어서」 서문 2013.5.30.)

섬의 화두

섬사람에게 섬의 화두는 무얼까. 섬의 진실, 섬의 사랑, 섬의 고독 아니면 섬의 이별…!? 그렇다. 우린 이 모든 것을 안고 산다. 언제나처럼 섬에게로 섬의 아침이 찾아오면 섬은 자기 안에서 자신의 아침을 맞는다. 그리고 섬은 주섬주섬 이별의 채비를 한다. 바람은 바람대로 밤새 서성이던 선창을 떠나고 파도는 파도대로 바람이 머물던 갯가에서 이별의 손짓으로 부서져 버리거나 사라져버린다. 우리에게 남는 건 사라져 버린 모든 그것에 대한 그리움과 연민 아니면 미쳐버릴 고독이다.

바람개비처럼 빙빙 돌다가 바람과 함께 사라진 이별 같은 것, 아니면 나지막한 시골집 울타리에 한가지로 뻗어있는 나뭇가지를 거칠게 흔들어놓고 가버린 이별의 상처 같은 것, 그것들이 머물던 자리를 추억하기도 하고 그것들이 의도하는 진실이 무엇인지에 관해서 논하기도 하는 것.

그것은 치열함이다. 치열한 것만큼 빛나는 삶의 아름다움이다. 사랑이며 믿음이며 당당함이다. 거친 비바람에 모든 것이 뜯기고 씻겨버려도 섬을 꽁꽁 묶어 놓은 동아줄 같은 단단함이다.

지금은 사라져 몇 남지 않은 제주의 초가지붕을 보자. 그리고 사라지는 모든 것이 아름다움을 보자. 우리가 지켜야 할 당위성, 사라지다가도 사라지지 않고 사라질 수도 없는 진득함의 진실을 보자. 그것들이 심어 놓은 온정과 나눔과 베풂을, 굵은 빗방울처럼 쏟아져 내리거나 여린 이슬방울처럼 대롱대롱 매달리거나 반짝거리거나 안개처럼 자욱하거나 아득하면서도 아득하지 않은 섬의 근성으로 끈끈한 결기에 취해 섬의 역사를 일구어낸다는 것을 깨닫자. 우리는 그래서 그걸 고집하며 글을 쓴다. 그 치열함이 진리이기 때문이다.

(제주 PEN 「섬의 묵시록」 서문 2014.9.20.)

'모리셔스' 그 사탕수수 그루터기에 숨겨진 아픔 같은

...

노예의 섬 MAURITIUS

쇠가죽채찍이 내 등을 후려치기 시작한 것은 모리셔스 항공기 기내 방송이 착륙을 알리는 메시지가 들리기 시작할 때부터다. 묵직한 채찍이 내 등과 어깨를 후려칠 때마다 기내의 모든 승객은 숨을 죽인다. 덜컹거리는 기체가 승객보다 더 긴장한다. 인간과 기체가 함께 긴장하는 순간이다. 채찍이 훑고 간 등 짝, 나는 참으로 아프다. 검붉게 번지는 상처의 아픔들, 나의 이 아픔은 어디서 오는 걸까. 이미 오래전 이 섬에 끌려온 검은 피부를 가진 노예들이 남긴 상처들로부터 비롯됨을 느낀다.

기체는 먼 옛날 이 섬에 노예를 싣고 왔던 범선만큼이나 느리게 내린다. 좁다란 창을 통해 천천히 내려다보이는 모리셔스(Mauritius), 수 세기 전 이곳으로 끌려온 노예들의 등 짝이 아직도 보인다. 그 등 짝을 훑고 지나갔던 물소 가죽으로 만든 검은 채찍 흔적이다. 끝없이 펼쳐진 검고 푸른 사탕수수밭이다. 밭을 가로질러 몇 갈래로 찢어지고 베어진 길과 길들이다. 길들이 남긴 상처가 딱지 입은 산과 계곡을 거쳐 어두운 골짜기마다 숨바꼭질하듯 얼핏얼핏 숨는 듯 사라진다. 푸른 영혼이다.

제주섬에서 여기까지 열네 시간을 내달려 첫발을 내딛는 여행자의 가슴은 그래서 더욱 아프다. 그 아픔은 앞으로 3박 5일 동안 이 섬에 머무르면서 내가 느껴야 할 우수의 한 장면일 수도 있다. 인도양의 한쪽 끝, 도도(Dodo)새의 낙원이기도 했던 이 섬, 나와 모리셔스와의 첫 대면은 이렇게 시작했다.

나는 몇 년 전 남태평양의 작은 섬 마샬아일렌드를 다녀온 적이 있다. 그곳 역시 섬이 갖는 소박하고 아름다운 아픔이 있었다. 그 섬의 아픔은 바다 위를 떠다니는 코코넛 씨와 같은 것이었다면 이 모리셔스는 사탕수수의 달콤함 속에 감춰진 사탕수수 그루터기의 상처 같은 아픔이다. 마크트웨인은 이 섬을 두고 '신이 천국을 만들기 전에 모리셔스를 먼저 창조하셨다'라고 했다. 그렇지만 나는 그 말에 동의할 수가 없다. 오늘 내가 느끼는 이 섬은 천국보다 먼저 탄생했다는 이유만으로 산고의 아픔을 지닌 섬이라서 그렇다. 천국보다 먼저 탄생했기 때문에 당할 수밖에 없었던, 그래서 누구로부터도 보호받지 못한 이 섬의 숙명적 상처는 그래서 지금도 도도(Dodo)새의 실낙원으로 남아있다. 나는 지금 실낙원의 그 들과 마주하며 그들의 역사를 뒤져본다.

아아프라바시 갓(Aapravassi Ghat)

그 상처와 아픔은 유네스코 세계자연유산으로 등재된 아이프라바시 갓(Aapravassi Ghat)에서 더욱 분명히 느낀다. 멀고 먼 검은 대륙 아프리카와 인도 심지어 중국대륙에서까지 어쩌면 바다와 육지란 구분조차 못하는 그들이 이곳까지 끌려온 경로를 본다. 잡혀 오거나 팔려 오거나 더러는 이민이라는 달콤한 유혹에 이끌려 온 그들이다. 오랜 항해 끝에 첫

발을 내디뎠을 그때의 상륙지 포트루이스 항에서 한결같이 겁에 질린 그들이 모습들도 함께 만난다.

사슬에 묶인 체 인도양의 거친 노도에 시달리던 고통과 그 과정에서 얻은 전염병으로 죽어간 자들, 병약하다는 이유로 어둠 속 바다로 내 던져버린 생명들, 그때마다 들려오던 비명과 그 모든 걸 지켜보며 공포와 두려움에 떨었던 살아남은 자들의 모습을…. 그들의 공포 속에는 이제는 영영 다시 못 만날 부모・형제와 이웃들과 함께 뛰놀던 친구들, 아름다운 산천까지 공포와 절망 속으로 함몰된 체 이곳에 몇 폭의 그림으로 혹은 모형으로 남아있다.

이 시점에서 나는 불현듯 백여 년 전 만주, 러시아, 남미, 하와이 등 이민 아닌 이민자의 이름으로 팔려나간 우리의 이민 1세대들의 아픈 역사까지 함께 기억되어 더더욱 가슴이 아프다. 이것이 순수라는 양심일까. 이 먼 섬나라까지 와서 비로소 나를 바라볼 수 있게 되다니. 인간이 갖는 내면의 아픔은 어느 만큼의 깊이를 지닐 때 순수하며 그 순수성의 진실은 얼마나 맑고 투명할 때 아름다운가. 나는 그 물음에 대한 답을 얻지 못한다. 그래서 더욱더 오래, 더 많이, 더 깊게 이곳에 머무르고 싶다. 이럴 때 나는 마하트마 간디를 만나봐야 한다….

마하트마 간디는 인도인이다. 그런데 그가 이곳에 있다. '간디회관(The Mshatma Gandhi Institute)'이 그곳이다. 간디가 여기에 있다는 것은 이곳 인구의 70%에 달하는 인도계의 구성비 때문일까. 물론 그럴 수도 있겠다. 그렇지만 중요한 건 그게 아니다. 자유와 평등과 평화를 구현하고자 하는 모리셔스인의 간절함이 간디의 정신에서 비롯됐기 때문이다. 누구에게도 구속받지 않은 모리셔스인의 꿈을 실현키 위한 맑고 아름다움이 여기에 있다. 적어도 멀고 먼 대한민국 제주도에서 이곳까지 찾아온 나에게는 그렇게 보였다.

이곳에는 그들의 발과 발끝으로 그려놓는 아름다운 무희들의 세상도 있다. 나는 지금 그걸 본다. 'a Poetry of the Feet'라는 주제의 공연이다. 그들 조상이 그래왔던 것처럼 그들의 발과 발끝에서는 그들이 꿈꾸는 자유와 평화가, 그리고 아름다운 문화가 숨죽인 넋이 되어 이어졌다. 차라리 그것은 한 편의 시(詩)였으며 드라마였다. 역사는 그래서 회귀한다. 이 지구상에 멸종되었어도 살아있는 도도새의 역사다. 도도새는 그러므로 살아있다. 포트루이스 박물관의 그림에서, 관광지의 기념품 티셔츠에서, 조각으로 남아있는 박물관 모형에서 자유와 평등과 평화를 외치며 바보 같은 몸짓으로 남아있다. 자연으로의 회귀를 꿈꾸며 여행자의 내면 깊숙한 곳까지 뒤뚱뒤뚱 걸어온다. 도도새가 남긴 모리셔스, 몇 세기 전 역사의 재현이다. 그러므로 도도새가 남긴 모리셔스의 역사가 '모른(Morne)산'으로 이어진다는 것은 조금도 이상하지 않다.

Dodo새의 꿈과 모른(Morne)

모른산은 모리셔스의 남쪽 끝 해변을 끼고 있는 검은 바위산이다. 마치 내 고향 성산포일출봉의 판박이다. 노예로 끌려온 모리셔스 흑인들이 평화와 자유와 평등을 외치며 항거하다 최후를 맞이한 그 바위산이다. 그들이 몸을 던진 절벽 아래 해변은 차라리 제주성산포 일출봉과 그 해변이라 함이 옳다. 제주4·3비극의 현장, 성산포양민학살 현장이 왜 여기에 와 있는가, 싶을 만큼 가슴이 아리다. 모리셔스인들이 모른산에 몸을 던진 최후의 과정과 비극이 신이 천국을 만들기 전에 모리셔스를 만들어야 할 전제였다면 대한민국 제주도 성산일출봉의 비극 역시 예외일 수는 없다. 그것은 2008년도 노벨문학상 수상자인 '장 마리 귀스타브 르클레지오'의 제주기행문에서도 이를 찾을 수 있다.

> (…1948년 군인들이 성산포 사람들을 총살하기 위해 트럭에서 일출봉해변으로 내리게 했을 때 그들이 늘 친숙하게 보아왔던 일출봉 검은 바위를 마지막 죽음 앞에서 바라보던 눈길을 상상할 수가 있다…. 모리셔스섬의 '모른'이라는 바위산에서도 비슷한 일이 벌어졌다. 반란을 일으킨 노예들이 그들을 쫓아온 군인들을 피해 이 검은 바위 꼭대기에서 허공에 몸을 던졌던 사건이 그것이다….)

도도새처럼 날지도 못한 채 낙화처럼 떨어져 숨져간 노예들의 최후가 어떻게 도도새와 같지 않다고 할 수 있을까. 도도새는 꿈이 없었을까. 누구도 그들을 구속하거나 협박하거나 살해하는 일이 없는 차라리 그들은 평화의 섬이며 자유였다. 그리고 행복이었다. 최초의 제주섬에도 꿈을 먹고 살았을 도도새가 있었다. 그 이름은 '탐라'라는 새였고 그 새의 꿈은 '이어도'였다. 그들의 꿈이 왜구(倭寇)의 침탈과 같은 인간의 약탈에서 비롯됐다면 나는 이곳에서 도도새의 최후처럼 탐라 선인들의 역사를 공유한다. '모리셔스', 지금 그들이 최후를 맞았던 현장에는 그들의 고국 아프리카, 인도, 중국 등에서 한걸음에 달려온 옅은 구름 조각들이 '그래요, 그래요, 탐라의 아픔을 우린들 왜 모르겠소'라며 내 손을 맞잡고 물결로 진다.

도도새는 그래서 이 땅 모리셔스인의 가슴 속에 영원한 시조새다. 그러므로 그들의 넋은 그들이 몸을 던진 모른 산과 바닷가 물결 지는 모래톱으로 실존한다.

지금 이곳 모른 산 발아래 모래밭에는 모리셔스사람들이 관광객들과 함께 수영을 즐긴다. 과거와 현재가 기억이라는 이름으로 화해하는 것 같아 아름답다. 4백여 명이 학살된 제주도 성산포 일출봉 해안 모래밭의 모습과도 닮았다. 르 클레지오도 이 같은 모습을 그의 기행문에 다음과 같이 옮겼다.

('…오늘날 이 잔인한 살생의 기억은 지워지고 있다. 아이들은 자신들 부모의 피를 마신 일출봉 바위산 밑 바다에서 헤엄치고 그 모래 위에서 논다…')

그렇다 역사란 그런 것이다. 그 역사 속에서 우리가 그랬듯이 우리의 후손들도 그럴 것이다. 역사의 숨결을 마시며 열심히 삶을 이어간다. 제주4·3의 역사도 이와 같다. 르 클레지오는 '기억은 추상이 아니다. 기억은 잔인하다'라고 했다. 그러면서 그는 '기억은 기쁨이자 고통이고 그 자체의 삶을 지닌 채 아무도 통제할 수 없는 상태에서 스스로 성장하고 스스로 숨어드는 실체다'라고도 했다. 나는 그가 왜 이토록 잔인할 만큼 '기억'에 대한 정의를 내렸는지에 대해서 궁금했다. 그러나 그 답은 모리셔스의 또 다른 유적지 마이손 유레카(Maison Eureka)를 들어서면서 얻게 되었다.

이 유적지에 관한 한 내가 르 클레지오의 장편 『혁명』을 통해서 더

듬을 수가 있게 된다. 그가 '나의 정신적인 고국은 모리셔스공화국이다'라고 주장하는 이유도 여기에 있는 듯했기 때문이다. 마이손 유레카(Maison Eureka)는 '장 마리 귀스타브 르클레지오'의 옛 선조가 살았던 곳이다. 그의 옛 선조가 4대에 걸쳐 살았던 정원과 저택이 있는 곳이다.

역사란 무엇일까

명성만큼 끝없이 이어진 넓은 정원, 흑단나무, 줄기 검은 마호가니나무, 쓴맛 나는 삼나무…. 등 갖가지 꽃들과 귀엽고 작은 노랑부리 새들, 붉은 가슴 되새, 붉은 홍방울새, 그 외에도 관모를 쓴 것 같은 이름 모를 새들, 때 묻지 않은 어린아이들이 살았을 것만 같은 프랑스풍의 나지막한 목조 건물, 그 속에서 4대에 걸쳐 자라온 그 아이들이 소록소록 꿈을 꾸며 잠을 자던 침대와 도란도란 얘기를 나누며 식사를 즐겼던 식당과 사내아이들이 공부방과 욕실과 거실과 그리고 창을 열면 금방이라도 지붕 위로 쏟아져 내릴 것만 같은 모카산 계곡과 숲들과 파란 하늘이 있는 마이산 유레카를 본다. 마치 유럽의 어느 궁전 같다.

이것이 르 클레지오의 선조가 일구어놓은 낙원이다. 적어도 신세계를 꿈꾸며 찾아온(혁명이라는 미명아래 자행되는 약탈과 탄압과 불평등과 기근이 만연한 프랑스에서) 모리셔스에 일구어놓은 파라다이스가 이곳 유레카다. 그들은 그렇게 1700년대 말부터 1900년대 초까지 4대에 걸친 삶을 이곳에서 살았다. 한마디로 그들의 역사는 모리셔스의 역사이며 그들의 정신은 모리셔스의 정신이고 그들의 삶은 모리셔스인의 낙원이었다.

나는 이곳에서 그들 르 클레지오 가문이 느꼈던 낙원의 기운을 느끼고 싶다. 그러나 나는 이 집에 머무르는 두 시간여 동안 주변이 주는 풍광에 걸맞지 않게 내 안으로 엄습해 오는 갑갑하고 답답한 느낌을 지울 수가 없었다. 그 우울한 그림자는 애밀리 브론테의'폭풍의 언덕'에 황량한 요크셔 벌판과도 같은 느낌이다. 지금 이곳은 내가 상상해 왔던 르 클레지오 가의 낙원은 아니다. 건너편 자리로 유레카의 주인이라는 사람이 누군가와 여유롭게 환담하는 모습이 보인다.

나는 그에게 유레카의 신비스러운 역사에 관해서 듣고 싶어 면담을 신청했다. 그러나 그의 대답은 돌아오지 않았다. 그의 냉담한 표정처럼 새들의 노래도 나무의 흔들림도 꽃들의 향기도 아이들의 웃음소리도 그 모든 것은 모카산의 계곡 사이로 황량하게 흩어져 바람처럼 사라져버릴 뿐이다. 우리를 소개하는 이곳의 안내원도 유레카의 신비로운 역사에 관해서는 관심이 없나 보다. 무엇 때문일까. 어쩔 수 없이 나는 그 답을 르 클레지오의 장편 '혁명'에 의존할 수밖에 없다.

계략에 의해 4대째 지켜온 유레카의 낙원을 잃고 이 섬에서 쫓겨난 르 클레지오가(家) 비운의 역사를 떠올린다. 그리고 이 실낙원에 대한 기억의 퍼즐을 하나씩 하나씩 꿰맞추며 과거로의 회귀를 꿈꾸고 있을지도 모를 르 클레지오 가의 후손, '장마리 구스타브 르 클레시오'를 떠올려 본다. 그가 왜 그토록 전쟁과 파괴와 약탈과 질병과 고통과 굶주림과 편견과 차별, 겁탈과 능욕으로 상실된 실낙원을 본래의 모습으로 회귀시키고 싶어 하는지를 그래서 조금은 알 것 같다.

섬은 아픈 것만큼 소리내어 운다

　이제 그 답은 모리셔스에도 있고 여행자인 나의 고향 제주에도 있다. 그래서 나는 늘 우수에 젖은 르 클레이오를 봤다. 그 역시 나에게서 그러한 우수를 찾으려는 듯 제주의 역사에 함몰된다. 지금 내 앞에 펼쳐지는 모리셔스의 녹청색 바다가 그렇고 일렁이는 파도의 하얀 포말이 그렇다. 섬은 아픈 것만큼 소리내어 운다. 그 울음소리는 해안가 바위틈에서도 백사장 모래톱에서도 나무 숲속에서도 새들의 날갯짓에서도 바람과 함께 들린다. 때로는 태양의 그림자 속으로 숨바꼭질하듯 숨어들며 울 뿐이다. 그 울음이 전제된 아픔은 인도양 마다가스카르 동쪽의 작은 화산섬 모리셔스에 내가 첫발을 디딜 때 느꼈던 그것이다. 아니다. 그것보다 훨씬 더 크고 묵직하다. 예리한 물소가죽 회초리의 채찍에서 비롯된 그것만도 아니다. 더 뜨겁고 미치도록 아름답다.

　아픔을 느껴보지 못한 아름다움이란 있을까. 가장 처절한 아픔만큼 가치 있는 아름다움은 결코 없다는 걸 이 가난하지만 그래도 아름다움을 잃지 않은 곳 그래서 행복한 섬인 여기 모리셔스에 와서 진심으로 느낀다. 그것은 '제주와 모리셔스의 경계를 넘어서'라는 슬로건을 들고 찾아온 우리를 환대했던 FIP재단(다른 문화를 이해하고 자유와 평등과 평화를 위한 고통받는 세계인을 돕는 재단)의 이사 '아스가아하리'와 '사로지니'를 비롯한 그들의 멤버들 그리고 문화예술인들의 감동적인 우정에서 더욱 뜨겁게 느꼈다. 다만 한 가지 아쉬운 것은 내가 그들의 언어에 익숙하지 못함에서 오는 소통이 부족이었다. 그로 인한 그들의 역사와 사랑의 문화, 포용의 문화, 진취적 사고를 더욱 깊게 인식하지 못했다는 점 또한 매우 부끄럽다. 그러나 한 가지 분명한 것은 인간의 혹은 인류의 가장 큰 비극은 문화의 다름에서 비롯된다는 것이다.

강한 자가 약한 자의 문화를 억압하고 종속시키려는 데서 비롯되는 비극의 역사, 모리셔스의 비극도 제주 4·3 비극도 그러하다. 그러한 비극을 함께 공유하고 그걸 뛰어넘을 수 있는 길이 무엇일까, 우리가 이곳을 찾으면서 전제한 "섬, 그 경계를 넘어선 은유"(Island, a Metaphorbeyond the Boundaries)라는 목적구현이 그 길이다. FIP(The Foundation for Interculturality and Pesce) 재단 이사장인 아사가아하리(Issa Asgarally) 역시 우리의 뜻에 공감했다. 이문화성(異文化性Interculturality)이란 발표문이 그것이다. 다음은 그중 일부를 옮기며 이 글을 접는다.

인간의 역사란 무엇인가? 일종의 다윈의 진화론적 방식인, 적자생존의 법칙에 지배되고, 지배와 우월을 지향하는 경기인가? 아니면 하나의 거대한 공통적인 모험인가? 근본적으로 양립할 수 없는 이 두 가지 관점, 그것에 전쟁 혹은 평화가 달려 있다. 여기의 관점은 이문화성(異文化性)이다. 그것은 평화의 또 다른 이름이다.

(「삶과 문화」 문화예술재단 2013년)

긴카쿠사(金閣寺), 그곳엔 무엇이 있었나

...

일본 '긴카쿠사(金閣寺)'엘 다녀왔다. 아니다 '일본 교토를 다녀왔다'라고 함이 차라리 옳은 표현이겠다. 그 이유는 긴카쿠사가 교토에 위치해 있다는 이유에서뿐만 아니라 그 둘이 갖고 있는 역사적 문화적 연관성이 상호 작용하고 있기 때문이라고 함이 옳겠다.

교토는 흔히 우리나라의 경주 같은 일본의 고도(古都)라고 불린다. 이 도시는 일본 교토부(京都府)의 부청 소재지이다. 이름하여 북쪽에서 동쪽에 걸친 지역은 가모가와 강과 그 지류 다카노 강 · 시라카와 강 등에 의해 형성된 충적평야이고 산지는 방위에 따라 각각 히가시야마 산 · 기타야마 산으로 둘러싸여 있다.

여름에는 30℃를 넘는 날이 많은 몹시 무덥고 겨울에는 1월 평균 최저기온이 영하 0.9℃로 아주 낮은 기온이 아님에도 분지의 냉량다습(冷凉多濕)한 공기가 괴어 체감온도가 매우 낮다는 말처럼 11월인데도 12월의 겨울 추위처럼 밖 기온이 냉랭하다. 또한, 이 도시는 '한반도를 비롯한 대륙에서 건너온 귀화인(歸化人)에 의해 일찍이 개발된 도시'라는 점에서 나의 관심은 크다.

그만큼 우리의 선조가 일구어놓았다고 해도 과언이 아닌 이 역사의 도시는 그야말로 역사 도시답게 전국적인 학술 · 문화도시로, 교토대학 · 도시샤대학(同志社大學) 외에 많은 대학과 박물관 · 미술관 · 국제회관 등 문화시설이 있다. 그뿐만이 아니다. 일본의 고도라는 이름에 걸맞게 옛 왕궁인 교도고쇼(京都御所)와 도쿠가와(德川家康)의 재경거관(在京居官)인 니조성(二條城) · 가쓰라이궁(桂離宮:別宮) · 헤이안신궁(平安神宮)과 함께 히가시혼간가(東本願寺) · 니시혼간사(西本願寺) · 난젠사(南禪寺) · 도사(東寺) · 고류사(廣隆寺) · 류안사(龍安寺) · 이요미즈사(淸水寺) · 근카쿠사(銀閣寺)와 함께 나의 여행 목적지인 긴카쿠사(金閣寺) 등 천년의 역사를 갖고 있는 2천여 개의 사찰과 신사가 남아 있는 명소이기도 하다.

오사카(大阪)를 시작으로 4박 5일간의 일본 방문일정 중에 세 번째 날인 2007년 11월 26일은 이렇게 긴카쿠사(金閣寺)와 그리고 그가 속한 천년고도의 교토와의 인연을 맺게 된다. 거리는 침묵의 역사 같은 엄숙함이 소름 끼치도록 내 피부 깊숙이 침투해 온다. 그것은 교토의 명소인 조형미 넘치는 교토역사(驛舍)의 첨단 예술 공간마저도 흡수해 버릴 만큼 조용하고 아름답게 나를 압도한다.

이러한 침묵 속을 헤집고 찾아간 '긴카쿠사(金閣寺)'. 교토의 기타야마(北山)에 위치한 이 사찰은 일본 무로마치시대(室町時代) 전기의 기타야마문화(北山文化)를 상징이라도 하는 양 애매하게 다가온다. 나는 여기서 잠시 이 긴카쿠사를 탄생시킨 무로마치시대와 기타야마문화를 살펴보지 않을 수가 없다. 1336년 일본의 아시타가 다카우지(足利尊氏)가 겐무정권(建武政權)을 쓰러뜨리고 정권을 잡은 때부터 1573년 아시카가막부(足利幕府)가 오다노부나가(織田信長)에게 멸망될 때까지 약 240년간을 무로마치시대라고 한다. 이 시대 즉 14~16세기경 번성한 기타야마문화는 전통적인 왕조문화와 부케(武家)문화를 융화시킨 것이 특징이다.

  종교적으로는 선종(禪宗)을 보호하고 오산십찰(五山十刹)을 완성시켰으며 학문·시문을 장려하여 고장(五山)문학이 최성기를 이루었다. 선종에 따른 외국문화에도 관심을 가져 선승(禪僧)을 외교·문화의 고문으로 삼고 조선 및 명(明)나라와도 국교를 맺어 무역을 재개할 만큼 문물 수입도 활발하였다. 당대(唐代)의 양식이 가미된 긴카쿠사 역시 이러한 문물의 수입에 영향을 받았지 않았는가 싶어진다. 그러나 내가 이 시대에 특별한 관심을 갖는 또 하나의 이유는 우리 역사 특히 우리 제주도민들에게 결코 잊히지 않은 왜구(倭寇)가 가장 많이 발호하던 시대가 이때이기 때문이다.

  서해안의 무사(武士)나 어민들은 선단을 만들어 우리나라와 중국 연안에서 해적 행위를 무수히 자행했다. 나는 불현듯 지금도 우리 제주 섬 해안에 남아있는 환해장성(環海長城)과 해안선 연대(煙臺)와 각종 왜구와 관련된 지명(地名)들이 밤낮없는 이들의 노략질에서 비롯됐음에 몸서리가 돋는 느낌이다. 이러한 연유로 나는 이곳 긴카쿠사의 느낌을 문화재적 가치성보다는 이 사찰이 건립되던 동시대에 우리 제주선인들의 겪었을 고초에 마음이 무거워짐을 느꼈다.

  무거운 마음으로 마주한 긴카쿠사는 나의 이러한 회심을 아는지 모르는지 무심하게 6백 년 전 무로마치시대의 전성기를 말해 주는 듯 우아하다. 일본의 건축이 그러하듯 이 사찰도 신사의 건축과 유사함을 느낀다. 간소한 구조, 직선적·평면적이면서도 세련된 감각을 존중하여 자연과의 융화에 마음을 쓴 흔적들이 그러하다. 이러한 자연과의 융화라는 것은 주변의 자연과 전혀 낯설지 않게 한다는 뜻과도 같다. 이는 일본인들이 '건축도 자연이 일부다'라고 주장하는 이유와도 통한다. 3층으로 된 이 사찰은 그 건축양식 역시 각기 다른 시대의 건축양식을 갖고 있어 신기하다. 1층은 후지와라기, 2층은 가마쿠라기, 3층은 당대(唐代)의 양식으로 각 시대의 양식을 독창적으로 절충하였다는 것도 흥미롭다. 이러한 긴카쿠사가 주는 아름다움과 문화재적 가치의 고매한 느낌은 그때까지 무겁게 닫혀있던 나의 마음을 다소나마 열게 하는데 충분하였다.

'1397년 무로마치막부(室町幕府)시대의 장군 아시카가 요시미쓰(足利義滿)가 별장으로 지었던 이 건물은 이 별장의 주인인 아시카가 요시미쓰가 죽자 그의 유언에 따라 로쿠온사(鹿苑寺)라는 선종 사찰로 바뀌었다. 이 '로쿠온사'가 '긴카쿠사'란 이름으로 불리게 된 동기가 적혀있는 안내문을 서툰 일본어 실력으로 띄엄띄엄 읽어본다. 긴카쿠사(金閣寺)란 명칭은 '금박을 입힌 3층 누각 긴카쿠(金閣) 때문이다'라고 한다. 또한 이 사찰은 '1950년 한 사미승에 의하여 불에 타 없어졌으며 그 5년 후인 1955년에 다시 재건하였다'이라는 안내문을 읽다 말고 문득 그 화재를 소재로 해서 '긴카쿠사(金閣寺)'라는 장편소설을 써서 우리에게 잘 알려진 작가 미시마 유키오(三島由紀夫)가 생각났다.

1925년대부터 1970년대까지 살다 간 본명이 히라오카 기미타케(平岡公威)인 '미시마유키오(三島由紀夫)'. 일본의 많은 비평가로부터 일본 최고의 소설가로 인정받고 있는 그에 대해서 내가 다시 생각하게 되는 것은 그의 작품 '긴카쿠사(金閣寺)'와 그의 죽음과 풀리지 않은 그의 독특한 일본정신 때문이다. 그는 이 사찰이 안고 있는 사실적 화재사건에 근거하여 작품을 썼다. '어린 사미승이 긴카쿠의 아름다움에 도달하지 못함을 고민하던 끝에 긴카쿠를 불태워 버린다'라는 내용이 그것이다. 나는 이 작품이 사실성보다는 현상을 성취하지 못하는 그것에 대해 불태워 버림으로 욕구를 충족시키려는 그의 기괴한 성격의 난해성에 무한한 연민의 정 같은 것을 느낀다.

또 다른 하나는 일본 최고의 지성인 그가 천황에 대한 충성심을 증명하기 위해 할복자살하는 젊은 장교를 존경하는 어조로 묘사된 '한여름의 죽음'에서 일본의 우국적 보수성을 그에게서 강하게 느낄 수 있어서 슬펐다. 또 다른 하나는 제2차 세계대전 후의 평화 헌법을 뒤엎으라고 촉구하는 내용의 소설작품 '풍요의 바다' 저술을 끝으로 일본 무사도를 이용한 전통적 방식으로 대중 앞에서 할복자살을 감행한 그의 가미가제식 죽음을 이해할 수가 없다. 여기까지 생각이 미치자 나는 잠시나마 잔잔해지던 마음이 또다시 혼란해지고 복잡해지기 시작한다.

짧은 기간이지만 일본여행을 마치면서 '미시마유키오와 일본도(刀)와 할복자살과 일본정신과 우아하고 고매한 건축양식의 긴카쿠사가 '일본은 어떤 나라인가'라는 것을 다시 한번 생각하게 한다. 그런 이유에서 나는 이곳에서 무엇을 얻었는가라는 물음을 던지며 정리되지 않은 생각으로 일본여행에 의문부호를 찍는다.

(일본지역 4·3유족을 찾아서 2017. 2. 7. 4·3평화재단이사회)

먼 훗날 누군가 '4·3'에 관해 묻거든
- 내가 겪은 제주 4·3

...

섬의 소년

　1944년 어느 봄날 아침, 일본 대판시 동성구 동도곡정(日本國 大阪市 東成區 東桃谷町4丁目)의 한국인 밀집촌 골목길엔 쌀 배급을 받기 위해 늘어선 행렬이 끝 간 데가 없다. 그 행렬 틈에는 1941년생인 네 살짜리 소년도 끼어있다. 소년은 두 살 위의 누나 손을 꼭 붙잡고 몸뻬 차림의 엄마 뒤에 매달리듯 붙어있다. 소년의 순서가 되려면 한참의 시간이 필요한 대열이다. 일정량의 배급 쌀은 늘어선 대열 모두에게 나눠주기엔 턱없이 부족한 상황이다.
　주변이 갑자기 소란스러워지기 시작했다. 배급 쌀 양이 떨어지면 그날 배급은 중단되기 때문이다. 그때다. 소년의 두 살 위 누나는 소년의 손을 이끌고 재빨리 대열의 앞쪽 어느 일본 여인과 여인의 사이를 마치 그 여인들의 아이인 양 끼어들었다. 그리고 잠시 뒤 소년의 차례가 왔다. 소년의 누이는 또다시 재빠른 동작으로 먼 뒤에 처져 서 있는 엄마의 배급용 바구니를 낚아챈 후 소년과 함께 배급 쌀을 받는다. 그리고 아무렇지도 않은 듯 소년과 소년의 누이는 그 자리를 빠져나와 집으로 돌아왔다. 모든 것은 순식간에 일어난 일이다.
　그날 밤 소년과 소년의 누이는 엄한 눈빛의 엄마 앞에 무릎을 꿇고 앉아있다. 엄마의 손에는 평소 그녀가 사용하는 재봉틀용 대나무 잣대가 무섭게 들려있다. "누가 너희들에게 그런 나쁜 버릇을 가르쳐 주더냐," "조센징! 하는 그 일본 여인의 소리 못 들었느냐" 엄마의 노여움은 다시는 절대 그런 짓 하지 않겠다는 약속과 함께 끝이 났다.

그렇게 태평양전쟁 막바지인 일본의 현실은 암담했고 소년의 가정형편도 불안이 연속이었다. 그 무렵 일본이 패망한다는 소문과 함께 소년의 아버지와 어머니는 밤마다 귀국하는 문제로 다툼이 잦았다. 일본이 망하면 다 죽는다는 소문과 함께 소년의 아버지는 집안의 장손이라는 이유로 귀국해야 한다는 주장이었고 어머니는 귀국해도 살길이 막막한 제주 섬의 현실을 알고 있기 때문에 일본에 남아서 살길을 찾자는 서로 다른 주장의 다툼이었다. 결국 소년의 가족은 아버지가 어머니 몰래 임대 내어 얻은 조그만 발동선으로 귀국길에 올랐다. 제주도 성산포 오조리라는 마을이다.

소년이 제주에서의 삶은 여기서부터다. 귀국 이듬해인 1945년, 일본은 결국 패망하고 한국은 해방을 맞았다. 그렇지만 오로지 '귀국'이라는 희망 하나만으로 찾아온 제주에서의 삶은 어머니가 예상한 그대로였다. 더구나 일본에서 태어나 일본의 삶에 익숙한 소년이 제주에서의 삶은 상상을 초월한다. 결국 소년의 가정은 어머니의 해녀 일로 삶을 버텼고 아버지는 술과 함께 하루하루를 보냈으며 소년도 어느 사이 배고픈 제주 섬 생활에 익숙해갔다.

소년과 아버지

봄 햇살이 소년의 초가집 마루까지 스며드는 1948년 소년이 초등학교에 입학하던 날 오후의 일이다. 입학식을 마치고 아버지와 함께 학교에서 돌아온 소년은 시골집 마루에 아버지와 마주 앉아있었고 소년의 아버지는 뜻 모를 말을 소년에게 들려주고 있었다. 초등학교 3학년인 누나는 그때까지도 귀가하지 않았으며 어머니 역시 해녀 작업을 나갔는지 집안은 금방 잠이 든 젖먹이 동생과 그들 둘뿐이었다.

그때 어디선가 철거덕거리는 군화 발소리가 들렸다. 소년의 아버지 눈빛이 갑자기 이상했다. 그리고 아버지는 다급한 목소리로 그렇지만 조용히 "아버지 찾으면 집에 없다고 해라, 어디 갔느냐고 물으면 모른다고 해라"라는 다급한 말을 남기고 광 쪽으로 사라졌다. 뒤이어 세 사람의 순사(경찰-그 당시까지만 해도 순사라고 불렀다)가 구둣발로 마루 위를 성큼 올라선다. 그리고 소년을 향해 "너, 이 집 아들이냐?"라고 거칠게 묻는다. 소년은 아버지의 행동에서 아버지의 신변에 좋지 않은 일이 있음을 직감할 수 있었다. 그리고 이럴 때일수록 기죽지 말아야겠다는 생각과 함께 아버지를 도와야 되겠다는 당돌함이 솟구쳤다.

"네!"라고 똑똑히 대답했다. "아버지 어디 있지?" "우리 아버지 지금 집에 어수다." "어디 갔는지 몰라?" "예, 우리 집에 안 살암수다." "어디 사는데?" "몰르쿠다, 집에 안 옵니다." 그 말이 떨어지기가 무섭게 그들은 안방으로 들어가서 아버지가 쓰시는 책상 서랍 속 서류뭉치들을 들춰댄다. 다음엔 옷장, 이불장, 궤 등을 열어 옷가지란 옷가지를 모두 쏟아내서 뭔가를 분주히 찾는다. 그리고 그들끼리 투덜댄다. "아무것도 없네." 그리고 또다시 소년에게 다그치듯 묻는다. "정말 아버지 어니 샀는시 몰라?" "예, 아버지 봐 난 지 오래 돼수다." 대들 듯 대답하는 소년의 당돌한 태도에 그들도 어린것이 설마 거짓말 하리라 곧 생각 못 했는지 광 쪽으로는 관심도 안 둔 채 집 밖을 나갔다. 그들이 나간 후 소년의 바지는 놀라서 흘린 오줌으로 홍건히 젖어있었다.

그 무렵 소년의 아버지는 누구에겐가 몹시 쫓기고 있음을 느낄 수 있었다. 그렇지만 소년의 아버지는 그런 내색을 보이지 않으려고 애쓰셨다. 소년을 위해 학교 선생님도 만나주시고 수업 시간엔 교실 뒤편에서 소년의 수업 태도를 조용히 지켜봐 주시기도 했다. 이 시기 소년의 어머니는 또 다른 행동이 시작됐다. 뒤뜰 돌담 구석지에서 아버지 몰래 뭔가를 연신 불사르고 계시는 모습이 간간이 보였다. 나중에 안 일이지만 경찰에 책잡힐만한 아버지의 물건이나 서류 등을 하나씩 불태웠던 거다. 그 속에는 아버지 형제들의 사진은 물론 행적이 될 만한 온갖 물건들도 섞여있었다. 그리고 보니 쫓기는 건 소년의 아버지뿐만이 아니었다. 소년의 아버지 형제와 할아버지, 할머니 심지어 아버지 4촌들까지도 마찬가지였다.

    공회당에 사이렌이 울렸다. 그 소리는 1백여 가구가 모여 사는 오조리라는 마을 가득 울려 퍼졌다. 사이렌이 울리면 마을 사람들은 아이 어른 할 것 없이 공회당 마당으로 모인다. 그곳에는 트럭 한 대와 몇 사람의 경찰이 동네 사람들을 지휘한다. 소년의 가족도 예외일 수는 없다. 그렇지만 아버지는 그 자리에 없다. 사이렌은 며칠째 그렇게 울렸고 그때마다 아버지가 빠진 우리 가족도 함께 모였으며 경찰들은 제일 먼저 소년의 아버지를 호명하였으나 소년의 아버지는 나타나지 않았다. 그 대신 소년의 어머니가 공회당 사무실로 불려 나갔다가 몇 시간이 지나서야 집으로 돌아오곤 했다.

    그러던 어느 날 아침 며칠째 소식 없던 소년의 아버지가 돌아오셨다. 그리고 와이셔츠 차림으로 이발하러 가신다고 나가신 후 얼마 되지 않아 두 사람의 경찰과 함께 돌아왔다. 그리고 윗도리를 찾아 입고 조용히 경찰을 따라 나갔다. 그날 이후 소년은 소년의 누나와 함께 어머니 손을 잡고 성산포 경찰서를 몇 차례 찾았다. 성산포 경찰서는 오조리에서 십여 km쯤 떨어진 일출봉이 있는 성산리에 있었다. 경찰서 한쪽엔 창고 같은 건물이 경찰서 건물과 함께 붙어있었다. 소년의 어머니는 그곳을 가리키며 아버지가 갇혀있는 유치장이라고 했다. 소년의 어머니는 그 유치장 쪽으로 경찰관을 따라 들어갔다. 어머니가 들어간 쪽으로는 간혹 비명과 신음도 들렸다. 소년과 소년의 누나는 영문도 모른 채 어머니가 돌아올 때를 기다리며 경찰서 마당을 서성대고 있었다. 그렇게 보낸 날들이 얼마간 연속됐다.

삶과 죽음

소년에게는 할아버지 내외분과 아버지를 비롯한 아버지 3형제가 있었다. 소년의 중부는 해방 후 한글을 모르는 고향 젊은이들을 가르치는 농촌계몽운동가였으며, 1926년생인 작은 아버지는 소년이 일곱 살이던 1947년 가을께 21세의 나이로 결혼한 지 두 달도 채 되기 전 제주 섬 서쪽 끝에 있는 모슬포 군부대에 지원 입대했다. 소년의 아버지를 비롯한 온 집안이 경찰에 쫓기게 된 시기는 그가 군 입대한 지 몇 달 후부터다. 소위 1948년 5월 20일 모슬포 9연대 소속 군인 41명이 탈영하여 산 사람이 되었다는 소문이 돌 때부터다. 그 후 소년과 소년의 가족이 겪은 일련의 상황들은 다음의 글에서 그 면면을 찾을 수 있다.

성산포 일출봉 밑 해안가 '앞바르터진목' 모래밭에는 때 절은 홑바지 차림의 여덟 살 소년이 두 살 위 누나와 엄마 등에 업힌 젖먹이 누이동생과 함께 엄마 손을 잡고 파들파들 떨고 있었다. 소년의 눈앞에는 들것에 거죽 씌운 채 죽어있는 소년의 아버지가 있었다. 소년의 아버지뿐만이 아니다. 소년의 할아버지와 할머니 그리고 아버지 형제들과 그의 이웃들이 멸치 떼가 밀려와 널브러져 죽어가듯 그렇게 뒤엉켜 죽어있었다. 그보다 앞서 그들은 몇 대의 낡은 트럭에 실려 와 두 손이 묶인 채 꼬꾸라지듯 이 모래밭으로 끌어내려 왔다. 그들 무리 속에는 절름발이 노인도, 팔순의 노파도, 엄마 등에 업힌 젖먹이도, 바릇잡이 어부도, 등 굽은 해녀도, 건너편 참외밭의 농부도 함께 있었다.

 그들은 일출봉을 마주하여 서 있었고 군인들은 그들을 향해 총을 겨누었다. 그리고 잠시, 수십 발의 총성이 울리고 그것으로 모든 것은 끝났다. 이러한 끔찍한 행위는 이듬해 또 이듬해까지도 이어졌다. 그 수는 4백여 명에 이른다. 이른바 '앞바르터진목'의 대학살은 이렇게 시작된 것이다.

〈2015년 1월 「4·3과 평화」(4·3과 평화재단) 중에서〉

"형수님! 형수님! 나 정호우다". '정호'라면 행방불명됐다는 그녀의 막내 시동생이다. 순간 그녀는 발길로 창문을 걷어찬다. 그리고 소리 지른다. "어떤 놈이냐, 나를 형수라고 부르는 놈은. 나 그런 시동생 본 적도 들은 적도 없다!" 순간 장총을 맨 순사들의 그림자가 달그림자 지듯 창 넘어 마당 뒤로 슬쩍슬쩍 사라진다. 그들의 소행은 소년의 어머니가 산사나가 된 소년의 작은아버지와의 내통 여부를 확인하기 위한 함정이었다. 그 같은 함정의 술책은 그 후에도 계속 이어졌다. 그뿐만이 아니다. 작은아버지 은신처가 될 만한 곳은 모두 들쑤시고 파헤쳤다. 심지어 백년 넘게 자란 앞마당 팽나무까지 작은아버지가 숨을 장소가 될 수 있다는 이유로 베어버렸는가 하면 집마저 불태워버렸다. 이처럼 우리 가족을 옭아매기 위한 조사는 끝도 없이 이어졌다. 그렇지만 소년의 집에서 그들이 원하는 증거는 어떤 것도 찾아낼 수가 없었다. 이미 소년의 어머니는 이 모든 것을 예견하고 어떤 흔적도 남김없이 불태워버렸기 때문이다. 〈2013년 4월 2일 제주 신보 칼럼 "4·3 그리고 트라우마(Trauma)" 중에서〉

곰방대를 빼 문 노인이 대청마루 끝에 앉아 툭!툭!툭! 재를 털어댄다. 그 소리가 신호인 듯 반대편 마룻장 한끝이 슬그머니 위로 솟는다. 그리고 한 사내가 마룻장 밑에서 머리를 내민다. 다시 한번 노인이 곰방대를 두드린다. 사내는 안심이 되는 듯 마룻장 밑을 빠져나온다. 얼른 봐도 마룻장 밑 생활이 오래됐음인지 깡마르고 초췌한 모습이다. 떼에 절은 갈옷과 함께 그의 모습은 20대 초반임에도 겉늙어 보인다. 노인이 곰방대로 말없이 헛간 쪽을 가리킨다. 사내는 조심조심 주변을 경계하며 그곳을 향해 걸음을 옮긴다. 아직은 어둠이 덜 짙었음에도 느낌은 한밤처럼 긴장이 감돈다. 헛간엔 젊은 여인이 대바구니를 들고 사내를 맞는다. 사내는 허겁지겁 바구니 속을 비운다. 그리고 그 두 남녀는 한참을 그곳에 머물렀다. 그리고 헤어졌다. 사내는 마룻장 밑으로, 여인은 또 다른 그녀의 집으로.

둘은 한 해 전 혼인한 사이다. 달콤한 신혼도 잠시, 두 달 후 사내는 모슬포에 있는 군부대로 지원 입대한다. 그리고 얼마 후 그가 군부대를 탈영했다는 소문과 함께 소위 폭도가 되어 산 사람이 되었다는 괴소문이 나돌았다. 그리고 경찰은 그의 행방을 찾아 혈안이 되었고 그가 살던 부모님 집마저 불태워버렸다. 어디 그뿐인가. 그의 탈영은 그의 아버지, 어머니, 형제들과 매형, 사촌과 고종사촌까지도 경찰에 끌려가 집단 학살당하는 참변을 당하게 했다. 그런 그가 지금 이곳 마룻장 밑에서 은서하고 있는 것이다. 사내의 부친과 절친 사이인 이 곰방대 노인이 그를 은거시켜주고 있는 것이다. 사연인즉 이렇다. 군부대 동료들과 함께 탈영하긴 했으나 그는 곧 그들과도 헤어져 하산한다. 그러나 그는 딱히 갈 곳이 없다. 집도 불타버렸고 부모·형제도 경찰에 끌려가 학살되고 말았으니 그가 찾아갈 곳이란 그가 아버지의 심부름으로 제집 드나들 듯 자주 다녔던 이웃 마을 고성리 바로 이곳이다.

사내와 여인은 그 후로도 그렇게 밀회가 이어졌다. 4·3이라는 사태 역시 하루 이틀에 끝나지 않았다. 그러기를 몇 달, 그녀의 신분을 경찰과 서북청년이 모를 리가 없었다. 서북청년 한 사람이 그녀의 약점을 노린다. 좋은 말로 청혼이다. 그녀의 운명뿐만 아니라 마룻장 밑 사내의 운명도 위태롭다는 걸 그녀는 잘 안다. 결국 그녀는 강한 자의 먹잇감이 되고 만다. 사내와 그녀의 만남도 그 일 이후 끝이 났다. 사내는 마룻장 생활을 청산하고 어디론가 떠난다. 그리고 그 후로 그를 본 사람은 아무도 없다. 토벌대에게 잡혀 함덕 어느 해안에, 혹은 북촌 앞바다에 생체 매장 또는 수장당했다는 불확실 소문들만 무성할 뿐이다.

50년 후 중년 여인 한 분이 곰방대 노인의 마룻장에 숨어지내던 사내의 조카(큰형 아들) 집을 찾아온다. 마룻장 곰방대 노인의 집 헛간에서 밀회하던 여인의 딸이다. 더 자세하게 말하자면 밀회하던 여인과 그 여인을 쫓던 서북청년 사이에서 태어난 아이가 50대의 여인이 되어 찾아온 것이다. 그녀의 어머니가 숨을 거두기 전 그녀에게 남긴 마지막 말을 전해주려고 온 것이다.

"너의 아버지는 내가 사랑한 남자가 아니다"
"진실로 내가 사랑한 남자는 강정호라는 남자다"
"그분은 성산읍 오조리 사람이다"
"지금 그곳에는 그분의 조카가 살고 있다"
"너보다는 열 살 위가 될 거다."
"찾아가서 나의 마지막 이 말을 꼭 전해라 -'내가 죽더라도 나의 영혼은

강씨댁의 며느리로 남고 싶어 하셨다, 특히 장손인 중훈이라는 이름의 조카를 기억한다고 해라'

그 말을 남기고 그녀는 그가 사는 일본으로 떠났다. 사랑하지도 않은 남자와 살을 섞었을, 그래서 자신을 낳게 된 그녀의 어머니가 진정으로 사랑했던 남자에게 시집왔던 그 집을 뒤로하고, 순애보 같은 사랑을 엮어주셨던 곰방대 노인의 옛집도, 또 그녀 어머니의 슬픈 과거를 기억하는 아픈 역사의 제주 섬을 뒤로하고.

〈2015년 4월 1일 제주일보 칼럼 '부끄러운 자화상' 중에서〉

깨우침의 진통

그런 와중에도 공회당 마당으로, 성산포 경찰서로 매일 같이 불려가던 소년의 어머니와 소년의 삼 남매가 살아남은 건 기적 같은 일이었다. 어느덧 소년도 훌쩍 자라 성인이 되었다. 아니다. 팔십을 앞에 둔 늙은이가 되었다. '4·3'이 화두가 되어 제주 사회에 논쟁거리가 될 때면 그는 주변 사람들로부터 이런 질문을 받는다. "왜 자네는 4·3의 직접 피해자이면서 아무 말도 하지 않느냐"고. 그들은 나름 그를 위로한답시고 던지는 말이지만 그에겐 조금도 도움이 되지 않은 질문이다. 그만큼 4·3은 그의 기억에 떠올리고 싶지 않은 트라우마다.

군인이셨던 작은아버지가 어느 날 소위 폭도라는 이름의 산사람이 되었다는 이유에서 온 가족이 죽임을 당하고 그 죽음의 문턱에서 간신히 살아난 그의 가족에게서 4·3에 관한 과거의 이야기를 듣겠다는 건 그의 가족을 향한 또 다른 학살이다. 죽임을 당한 자는 죽었으니 그만이지만 살아남은 자의 삶의 과정은 죽음보다 더한 고통의 연속이었기 때문이다. 눈물은 여유로운 자의 사치다. "덜 서러워야 눈물이 난다"라고 하시던 소년의 어머님 말씀은 진리다. 그만큼 소년의 가족에겐 죽음의 문턱에서 살아남았다는 의미보다 '앞으로 어떻게 살아갈 것인가' 하는 절박함이 눈물 흘릴 겨를조차 없었기 때문이다.

4·3의 학살터에서 떠나보내던 이별의 슬픔보다 선친이 남긴 빚으로 인해 팔려나가던 검은 소의 마지막 눈빛에서 이별의 아픔이 무엇인지 느낄 수 있어서 울고, 열 살 누나가 엄마의 부족한 일손을 돕기 위해 학교를 그만둘 땐 현실이 얼마나 혹독한가를 알게 되어 울었으며, 헐어 터진 고무신과 맨발의 가난은 혹한의 추위마저 잊게 해서 울고 또 울던 초등학생 소년은 엄마와 누나가 새벽일 나가버리면 텅 빈 집이 무섭다고 등굣길의 그를 막아서던 네 살짜리 울음보 누이동생을 매몰차게 떼어내지 못했던 나약함에 울고 또 울던 당시 소년의 모습은 결코 슬픈 영화의 한 장면은 아니었기 때문이다.

한여름 저 밭 가운데서 김을 매느라 땀범벅 졸음 범벅으로 해를 쫓던 소년이 학교 운동회 날엔 남들은 아버지 손을 잡고 저만치 달리는데 소년은 오로지 하늘에 뜬 한 조각구름만 손에 잡고 혼자 달릴 수밖에 없는 헛소리로 눈물도 말라버려 울 수가 없었던 인고의 가치를 너무도 일찍 익히고 말았으니 4·3을 이야기한다는 건 그만큼 여유로운 자의 사치가 아니고 무엇일까.

때로는 십 대의 반항 같은 철없는 행동으로 어머님 마음을 아프게 하는 날 밤이면 소년의 어머니는 깊은 잠에 빠진 소년을 흔들어 깨워서 무릎을 꿇게 한다. 으레 소년의 어머니 손엔 유아적 일본에서 훈육하시던 그때의 재봉틀 잣대를 들고 계셨다. "아비 없는 호래자식이란 말을 듣지 않으려면 이 매부터 맞아라." "가난은 죄가 아니다." "하고 싶은 것, 갖고 싶은 것, 먹고 싶은 것 참지 못하는 죄가 가난한 죄보다 크다." "밭에서 김을 매는 것도 공부다." 좀처럼 눈물을 보이지 않으시던 어머님 눈에도 이때만큼은 눈물이 고이셨다.

주말이나 방학은 차라리 없었으면 좋겠다는 생각이 들 만큼 끝 간데없는 가난과 노역의 섬 제주는 차라리 지옥이었다. 때로는 '왜 내가 태어난 곳은 일본인데 이 어둡고 침침하고 철장 같은 이 섬에 와서 살게 했느냐'고 반항 아닌 반항을 한 적도 한두 번이 아니다. 그렇게 중학교를 졸업했다. 그렇지만 고등학교는 엄두도 낼 수 없었다. 사방을 아무리 둘러봐도 가난이라는 노역만 디글디글 한 섬, 희망이라곤 그 어느 곳에도 찾을 수 없다는 절망감에 소년은 결국 탈 제주를 결심했다.

한국전쟁에 폐허가 된 서울, 열일곱 살 소년이 찾은 곳은 서울 왕십리 무학봉 낡은 텐트촌이었다. 서로 닮은 고학생들끼리 신문 배달로 학비를 조달하며 끼니를 이어간다는 건 전쟁과 같은 삶이었다. 2년여의 고학 생활, 결국 영양실조로 얻은 병은 고3 졸업을 몇 달 앞두고 낙향하게 만들었다. 고향 사람들은 그런 소년을 두고 곧 죽을 거라고 했다. 아들 하나 믿고 살아온 그 어미가 불쌍하다고도 했다. 소년은 그 소리가 듣기 싫었다. 또다시 소년은 탈 제주를 꿈꿨다.

경남 마산의 어느 조그만 포구의 밀항선에 몸을 실었다. 소년이 태어난 일본에 가기 위함에서다. 그렇지만 출항한 지 한 시간도 체 못되어 내린 태풍주의보는 밀항의 꿈마저 앗아갔다. 부산의 광복동 거리, 소년은 죽음을 선택했다. 키니네라는 수면제 스무 남은 알을 입안에 털어 넣었다. 그리고 얼마가 지났는지 모른다. 48시간이 지난 시간 의식을 찾은 소년의 병실에는 역시 제주에서 올라온 소년의 어머니가 소년을 지키고 계셨다. '거친 손, 윤기 없는 피부, 주름만 한가득한 얼굴, 희뿌연 머리털, 눈물 마른 표정, 색 바랜 치마, 십 년이나 더 입으셨을 저고리, 구겨진 소매, 이제는 흘릴 눈물조차도 바짝 말라버려 움푹 팬 눈자위' 다음 글은 소년의 일기장에 적힌 그때의 상황이다.

신이여, 이제 저에게 남은 건 없습니다./ 행복도 사랑도 고통도 모르옵니다./ 그러므로 겨울은 겨울대로 멈춰있게 하십시오./ 대지의 텃밭이란 텃밭은 모두가 메마르고/ 한 그루 과일나무 가지에 달린 건 겨울일 뿐입니다.

이 글은 당시 소년의 습작 노트에 적힌 한 구절이 낙서다. 결국, 소년에게 어머니는 그 어떤 위대한 종교보다도 지극한 신앙임을 깨닫는다.

나와 또 다른 나의 발견

당시 소년은 「산에서」라는 소월의 시를 가끔 흥얼거리곤 했다. "불귀(不歸), 불귀, 다시 불귀./ 삼수갑산에 다시 불귀./ 사나이 속이라 잊으련만/ 십오 년 정분을 못 잊겠네." 결코 고향에는 돌아가지 않으리라는 다짐에서 읊조리던 시다. 그렇지만 어느새 고향은 그리움의 대상이 되고 말았다. 그것은 그의 첫 시집 「오조리, 오조리, 땀꽃마을 오조리야」에서도 찾을 수 있다. 그의 시집 글머리에 올린 고향에 대한 예찬이 이를 대신한다. "나에게 고향이란 무엇일까, 뒷동산에 올라보면 언제나 무너질 듯 불안한 돌담 사이로 잔가시 같은 세월에 찢기고 할퀴며, 그래도 옹기종기 버티어 앉은 시(詩), 오조리(吾照里)는 그렇게 시가 마려운 고향이다." "앞, 뒷바다와 마을이 함께 울고, 노역으로 흐르는 땀이 땀꽃처럼 피는 고향"이 오조리라고 노래했다.

오랜만에 어머님 품에서 따뜻한 밥 한 그릇 배불리 먹는 행복은 이를 데 없었다. 그렇게 1년여, 그 사이 소년은 그를 돌아보는 성찰의 기회도 얻게 되었다. 문학도의 길에 깊숙이 들어선 것도, 4·3에 대한 의미를 깊이 있게 생각해 본 것 또한 이때부터이다.

4·3이 우리에게 안겨준 의미는 무엇일까. 분노? 증오? 미움? 저주? 아픔? 죽음?…? 수많은 의문부호가 소년의 앞으로 다가왔다. '만약'이라는 가정을 두고 생각해 본다. "만약 '4·3'이라는 그 사건이 소년에게 닥치지 않았다면 소년은 지금쯤 어떤 모습으로 성장했을까?" 평범한 답을 얻는다면 "평범한 가정에서 평범한 시골 소년으로 분노, 증오, 미움, 저주, 아픔, 죽음…따윈 아예 모른 채 성장하지 않았을까"라는 거다. 그렇지만 소년은 일찌감치 이 모든 걸 경험하고 말았다. 경험했다는 것은 깨달았다는 것이며 그 깨달음은 죽음보다 더 아픈 생존의 가치와 의미를 찾았다는 것이다. "인간은 고통을 통해 깨달음에 이른다"라는 이 말은 진리다. 이러한 깨달음은 '4·3이라는 사건의 현장에서 도망치지 말고 도전하라' 시던 소년의 어머니의 가르침에서도 함께한다. 이러한 어머님의 말씀은 율법과도 같았기 때문이다. 소년은 이때부터 "주어진 현실에 충실하는 일, 부정이 아닌 긍정의 사고를 갖는 일"에 충실했다. 분노, 증오, 미

움, 저주보다는 사랑과 화해와 용서의 힘이 얼마나 강한지도 깨달았다. 시인의 길로 들어선 것도, 공무원이라는 직업의 선택도 이러한 연유에서다, 이때 작성한 시 한 편이 이를 대신한다.

　　가을 햇볕이 무진장 쏟아지는 고향길/ 우리더러는 기억상실증 환자가 되자//지금쯤/ 되새김하는 부랭이(수소)/ 들풀에 누워/ 돌하르방으로 있을 시간// 허기진 눈 감을 수만 있다면/ 실안개 빗금 긋듯/ 귀만 열고 살면 되는 걸// 우리더러는/ 하늘빛 넉넉한 오후만 보면서 살자// 그리움이야/ 미쳐버릴 사람에게만 남는 것// 한평생 외로울 줄도 몰라/ 오로지 껌벅껌벅/ 눈망울 하나로 지새는 믿음//　그래서 더욱 질긴/ 목숨 걸어놓고 살자 - 졸시,「부랭이」전문

　어느덧 4·3의 역사도 70년을 맞았다. 참으로 끈질기게 살아온 세월이다. 그동안 4·3에 대한 우리 사회의 인식도 많이 바뀌었다. 금기시되어 왔던 4·3은 급기야 4·3평화재단 설립을 비롯한 대통령이 공식 사과, 4·3의 국가추념일 지정, 4·3사건특별법제정 등 많은 변화를 가져왔다.
　지금 4·3에 대한 제주 사회의 화두는 '화해와 상생'이다. "화해와 상생"은 세계시민의 기본적 윤리이며 이는 아프리카의 공동체 정신을 표현하는 '우분투(Ubuntu)'의 정신과도 같다. 우분투는 '인간다움'이며 이는. 넬슨 만델라가 실천한 관대함과 헌신, 용서, 회복의 정신과도 일치한다. 그렇다면 우리는 '화해와 상생' 즉 '우분투의 정신'에 얼마나 진실하게 접근하고 있을까. 2017년도 제주4·3포럼에 참석한 호세 라모스 오르타(전, 동티모르 민주공화국 대통령이며 노벨평화상 수상자)는 "과거 극복/치유와 화합"이라는 주제의 기조 강연에서 '치유와 화합'의 정의를 다음과 같이 역설했다.

"2002년 자유를 쟁취한 동티모르인들은 환희에 찼지만, 복수를 기하거나 승자의 정의를 추구하지 않았습니다. 오히려 과거의 적을 존중하고, 사과를 요구하거나 기다리지 않고 압제자, 박해자를 용서하였고, 인도에 반하는 범죄자 및 전범을 심판할 수 있는 국제재판을 받아들이지 않았습니다. …고문을 행하고 사람을 죽인 자들은 그들이 저지른 죄에 대해 사과를 하지 않았고 여전히 범행 사실을 인정하지 않습니다. 자기 잘못을 인정할 용기가 없는 자들입니다. 그러나 이것은 그들의 문제입니다. 평생 양심의 가책을 느끼며 고문당하던 사람들의 비명과 얼굴을 매일 밤, 매일매일 기억하며 살아야 할 것입니다. 우리는 이제 자유를 얻었으며 분노와 증오의 포로가 되지 않을 것입니다."

'4 · 3' 산 자들의 축제?

우분투의 정신과 동티모르인들이 극복한 치유와 화합의 정신 실천은 어떤 조건이나 전제가 붙는 것이 아니다. 4 · 3의 화해와 상생도 이와 같아야 한다. 어쩌면 죽임을 가한 자도 죽임을 당한 자도 그들이 저승에서 만났다면 서로 화해하고 용서하고 사랑하고 있을지도 모를 지금 70주년을 맞는 제주 사회를 내려다보는 망자들의 마음은 또 어떨까. 과거사 청산이란 명분으로 "4 · 3피해에 대한 배 · 보상 요구가 선세되고, 가해지에 대한 기소, 진실규명, 미국의 책임, 국가권력에 의한… 등등 갖가지 전제가 붙는다면 과연 문재인 대통령이 공약한 '4 · 3의 완전한 해결'은 이루어질 수 있을까.

그만큼 제주4 · 3은 아직도 치유되지 않은 그리고 치유되기에는 너무나 깊고 깊은 상처며 역사다. 그런데도 어떤 단체는 이날을 마치 잔칫날 같은 분위기를 연출하기도 한다. '4·3문화예술축전'같은 행사도 그 한 예다. '축전'이란 축하하는 뜻이 담긴 행사다. 그렇다면 4·3이라는 죽고 죽임의 사건도 축하할 사건인가를 생각해봐야 한다. 새삼스럽게 20여 년 전 마흔여섯 번째 맞던 〈4·3위령제〉 때 적어놓은 시편 한 구절이 생각난다, "4·3위령제는 산 자들의 축제"라고 정의한 역설적 구절이다. 무엇이 산 자들에게 4·3을 축제의 장으로 만들고 있는 걸까.

나처럼 4·3의 트라우마에 시달리는 이들에게 드리고 싶은 말이 있다. "Life is not fair, Get used to it.(인생이란 결코 공평하지 않다, 이 사실에 익숙해지자)" "상처는 어루만질수록 덧난다. 그렇지만 우리 몸은 자력으로 치유 능력을 갖는다"라는 어느 외과의사의 말을 믿는다. 왜냐하면 상처를 들여다보는 것만으로도 아프고 괴로운 것처럼 4·3을 들춰내는 것 자체가 아프고 슬픈 일이기 때문이다.

그때나 지금이나 4·3을 맞는 날이면 내 삶이 그래왔던 것처럼 날빛 숨 쉬는 이 들녘엔 진종일 소리 없는 흐느낌 같은 벚꽃 지는 소리만 가득한데, 지금 가신 이는 듣고 있을까, 이 4월의 초원에 우수수 떨어지는 무언의 통곡 소리를. 화해하지 못하는 이들을 향한 안타까운 손짓의 날빛 숨소리를.

(계간문예 『다층』 2018.여름호)

문학은 4·3의 상처를 어떻게 치유하는가
- 제61회 탐라문화제 사전행사 '삶과 문학, 그리고 흔적' 인터뷰

...

4·3의 치유 방법은 문학에서 찾습니다. '어떻게 치유해야 하는가'라고 묻는다면

-'사랑의 언어로. 푼다'에 답이 있습니다. '4·3은 나에게 무엇인가'라고 물으면 -한마디로 '사랑'이라고 답하고 싶습니다.
'4·3'은 제주도민 누구나 안고 있는 아물지 못한 깊은 상처'입니다.
그래서 사람들은 4·3으로 상처 입은 아픔의 조속한 치유를 요구합니다.

이럴 때 그 치유 방법은 무엇일까요.

'상처는 만질수록 덧난다.'라고 한 어느 외과의사의 말을 기억합니다.
상처는 아예 수술로 도려내 버리면 좋겠지만 외과적 처방은 그 수술이 때로는 잘못될 수도 있어서 스스로 치유될 때를 기다리는 것이 좋겠다고 주장하는 이들도 있습니다.
왜냐하면, 우리 몸은 스스로 자생적 치유 능력이 있으므로 사랑으로 감싸안으면 사랑이 싹이 돋아나듯 스스로 치유되기 때문입니다.

'누구의 탓이냐고,

왜 그랬냐고,
우리가 입은 상처의 보상은 누가 할 거냐고' 따지고 든다면

이것은 또 다른 상처를 키워낼 수도 있기 때문입니다.
우리는 그동안 누구의 도움 없이도 이렇게 성장했으며 스스로 이해하고 용서하고 따뜻하게 관계하고 있기 때문입니다.

그렇다면 그 방법을 이미 알고 있음인가

시인 허은실 님이 내린 사랑의 정의를 기억합니다.

'오래 응시하고
깊이 관계하고
끝내 사랑을 포기하지 않을 때
사랑은 언어를 탄생한다'

그렇습니다. 오랜 세월 우리가 4·3을 응시해 왔던 것처럼 그로 인해서 그와 우리가 떼어놓을 수 없는 깊은 관계에 있으므로, 그 관계를 인내하며 사랑으로 안고 왔으므로, 그 사랑은 따뜻한 언어로 성장해 왔으며 또 앞으로도 성장해서 깊은 관계로 치유될 것이기 때문입니다.

(뉴제주일보 2022.10.3.)

'가을사람'에게 띄우는 편지
- 청하 성기조 선생

...

    가을이 내 시골집 문턱을 지나 안방 문까지 소슬하니 열고 들어온 날 저녁이다. 나는 느닷없이 방문한 가을의 기척에 놀라면서도 한편으로는 그의 쓸쓸함을 어루만질 차비를 한다. 왜냐하면 이제 내 나이도 칠십에서도 둘을 더한 해의 마지막 가을이다 보니 그렇다. 아니면 그만한 사연이 있을 것 같아서다. 마침 건너편 아내가 있는 거실에선 가수 이선희의 〈인연〉이라는 곡이 청아하게 다가온다. 신이 내려준 목소리 같은.

    "약속해요/이 순간이 다 지나가고 다시 보게 되는 그날/모든 걸 버리고 그대 곁에 서서 남은 길을 가리란 걸/인연이라 하죠/거부할 수가 없죠/내 생애 이처럼 아름다운 날…/또다시 올 수 있을까요/취한 듯 만남은 짧았지만/빗장 열어 자리했죠/맺지 못한대도 후회하지 않죠/영원한 건 없으니까…/운명이라고 하죠/거부할 수가 없죠/내 생애 이처럼 아름다운 날/또다시 올 수 있을까요/하고 싶은 말 많았지만, 당신은 아실 테죠/먼 길 돌아 만나게 되는 날/다시 놓지 말아요/이 생애 못한 인연/민 길 돌아 다시 만나는 날/나를 놓지 말아요" 피천득이 첫사랑 아사코와의 '인연'만큼이나 아름답고 싸-한 감정이 흐르는 곡조가 노랫말과 함께 황혼기의 내 마음조차 주책없이 훑고 지나간다. 취한 듯 짧은 만남 같은 인연들이 주마등처럼 스쳐 지나가는 순간이다. 이럴 때 문득 가을사람 같은 우리 문단의 어른 한 분과 맺은 인연이 기억된다.

지난 5년 전 여름일 거다. 정확히 말해서 2007년도 8월 늦더위가 한창이던 시기에 만난 이분을 나는 왜 가을사람으로 느꼈을까. 좀 더 자세하게 나의 기억을 열어본다면 내가 제주도문인협회장을 맡고 있을 때다. 그때 우리가 만난 장소는 세계자연유산인 제주도 성산포 일출봉을 앞에 둔 성산 한도교 광장에서다. 그곳에선 전국 문학인들이 참여한 '전국문학인대회'가 열리고 있었다. 나는 그 행사장 앞줄에 자리하신 분들 중에 유독 한 분에게로 내 시선이 강하게 가는 것을 느낄 수 있었다. 하얀 모시 두루마기를 깨끗이 차려입고 조용히 자리하신 분이다. 아무리 늦여름일지라도 그분의 모습에선 가을바람 같은 신선함과 초가을 바다 물빛 같은 고요함이 있었다.

시종일관 그의 입가엔 잔잔한 미소가 흘러넘쳤다. 마침 저녁 해를 받고 앉은 성산일출봉의 넉넉함처럼 그의 품격은 너그러움 그 자체였다. 어쩌다 가끔 스쳐 가는 성산항 해풍마저 그분의 모시 두루마기 옷 앞섶에 머물면 떠날 줄 모를 만큼 그분의 미소와 그분의 넉넉함은 제주의 가을들녘에 노릿노릿 익어가는 빛깔 고운 억새 같은 가을사람이었다. '청하' 성기조 선생이 바로 그분이다. 그분은 그때 한국문인협회명예회장자격으로 참석해 계셨다. 그만한 직함의 어른이시라면 대회장 연단에 나서서 뭔가를 한마디 던질 만도 한 데 시종일관 조용하시다. 그렇게 우리의 첫 인연은 미소로 시작해서 미소로 헤어졌다.

  그 후 나는 그분의 미소를 잊을 수가 없었다. 마음속으로 그 미소 속에 숨겨진 진솔한 말씀이 듣고 싶었다. 다행히 그 기회가 왔다. 그해 겨울 나는 제주문인협회 주최로 '제주문학발전과 뉴-제주문화운동'을 위한 '도민대토론회'를 개최했다. 이 자리에 나는 감히 성기조 선생을 초청할 수가 있었다. 그분에게 기조 강연을 부탁했던 것이다. 12월 10일이면 그분에겐 갖가지 년 말 일정으로 한시도 여유로운 시간이 없을 만큼 바쁜 시기다. 그런데도 그분은 지난여름 나와의 인연을 거역할 수가 없다 하시며 기꺼이 초청에 응해 주셨다. 그리고 그분은 제주와의 특별한 인연을 역시 그의 잔잔한 미소라는 언어로 청중을 압도했다. 그만큼 그분은 그분의 나이도 가늠할 수 없을 만큼 정정하시고 당당하셨다. 그런 그분이 팔순이시란다. 믿기지 않는다.

그분의 팔순 기념문집 원고 청탁을 받아 앉은 이 저녁, 이선희의 노래 〈인연〉은 하필 왜 이 시간에 애잔히 흐르는지…. '나도 이제 팔순이 멀지 않았구나' 하는 생각과 함께 찾아온 가을의 기척이 나를 더욱 예민하게 한다. 그건 청하 그분도 마찬가지였나 싶다. 그래서 그의 느낌을 그의 시 〈소리〉로 대신했는지도 모른다. "산으로 가야지//겨우내 눈 속에 묻혀/숨 쉬던 물소리를 들으러//눈이 녹고 얼음이 풀리는 소리/땅 위에 스멀스멀 기어 나오는 소리/숨소리, 봄을 여는 소리/나무가 자라는 소리/풀이 자라는 소리/꽃이 피는 소리/흘러내리는 물소리/햇살이 바위 위에 박히는 소리//산으로 가야지"

청하가 느낀 이 모든 소리가 그와 나의 맺은 인연의 끈처럼 나의 창밖 긴너편 성산항 먼바다 끝까지 이어진다. 그의 조용한 미소가 그 안에 함께 있다. 청하 성기조 선생의 팔팔한 청춘이 그의 너그러운 미소처럼 모든 이와 오래오래 함께하길 축원한다.

(청하 선생 팔순기념문집 '가야산의 소나무' 2013.4. 『문예운동』)

가을에는 이 사람이 그립다
― 구순을 맞는 청하 성기조 선생

...

　엑스터시한 예술의 세계로 하루의 삶을 끌고 가는 노신사 한 분을 나는 기억한다. 그는 퍽 여유로운 분이다. 그 여유로움은 청아한 색깔을 지녔다는 뜻이다. 청아한 색깔이란 푸른색일 수도, 빨간색일 수도 아니면 색동저고리를 닮은 노란색일 수도 있다. 그렇지만 다양한 색깔을 가진 변덕스러운 사람은 아니다. 색상이 똑같지는 않지만 깊은 의미와 음색을 지닌 분이시라는 표현이 옳겠다. 그만큼 색상이 곧거나 맑음을 의미한다. 나의 서재 한쪽 면에는 이분의 시화(詩畵) 한 폭이 걸려있다.

　　음악이 흐르는 실내에서
　　하품을 한다
　　짙은 커피 냄새가 피로를 몰고 간다
　　꽃병 속에서 시든
　　장미의 모습이
　　내 눈에 들어와
　　눈물 흘린다

　"오후 네 시"라는 제목의 작품이다. 나른한 것 같으면서도 나른하지 않은 무아의 오후 시간대를 노래한 시다. 이 작품을 대하노라면 조용한 성품의 시인을 상상하게 된다. 이분이 누굴까. 바로 청하 성기조 선생이다.

나는 하루에도 몇 번씩 커피 향이 묻어나는 이분의 작품과 눈을 마주한다. 꽃병 속 장미의 모습을 한 이 분은 스스로를 흐트러지지 않도록 묶어두며 살아온 노신사의 모습이다. 연륜의 무게와 경계마저 무너트리는 순수는 참으로 초현실적이다.

더딘 듯 순하고 순한 듯 고요하며 화평과 부드러움이 영혼의 초월적 기능만이 작용하므로 엑스터시한 음색 소유자라고 부름이 옳겠다. 그러므로 나는 이 시의 주인이신 선생을 그리워한다. 그런데 이분이 벌써 구순이 되셨다고 한다. 불현듯 팔순 기념문집에 그분과의 추억담을 몇 줄 글로 올려드렸던 것이 새삼스럽다. '가을사람'이란 제목의 졸필이다. "…시종일관 그의 입가엔 잔잔한 미소가 흘러넘쳤다. 그의 품격은 너그러움 그 자체다. 어쩌다 제주의 바닷바람이라도 분다 치면 그분이 입고 계신 가을 모시 두루마기 옷 앞섶은 선생의 표정과 함께 넉넉한 표정으로 제주의 가을을 익게 한다. 들녘에 익어가는 빛깔 고운 억새, 바로 이 분이 '가을사람'이었다…."

그렇다. 선생은 가을사람이다. 선생이 여행길에는 언제나 하얀 두루마기가 함께 한다. 그 모습은 짙은 커피 향 같은 인생의 늙음을 향기로 밀어내는 꽃병 속 장미의 모습이다. 시든 것 같으면서도 시들지 않고 스스로를 묶어둔 채 내세우려 하지 않는 시인, 마치 연륜의 경계를 무너뜨리는 순수의 가을꽃을 닮은 노신사인 것이다.

제주를 방문할 때마다 놓치지 않고 내가 살고 있는 성산포를 찾아주시는 인연도 선생의 순수와 무관치 않다. 아침 일출 경관이 있는 나의 '해뜨는집'에서 일출봉과 그 발아래 펼쳐지는 해수면의 질펀한 풍광을 바라보시며 놀라시던 탄성이 그것이다. '이곳은 시귀(詩鬼)가 살고 있는 곳이야!'라고 하시며 '이게 시(詩)가 아니라면 하늘이 먼저 미쳐버릴 거야!'라시던 표정을 나는 잊지 못한다. 그만큼 선생은 제주를 좋아하시며 성산포를 사랑하신다. 따라서 선생은 성품 자체가 시인일 만큼 모태 시인이시다. 그러므로 구순인 지금까지도 시를 생각하고 시를 쓰고 계시다.

그리고 보니 나도 이제 팔십에 둘을 더했으니 늙은이가 다 됐다. 이쯤이면 나도 선생을 닮을 만도 한데 시업(詩業)에 있어서는 아직도 변두리만 맴돌고 있다. 한없이 부끄럽고 처량하다. 그렇지만 내 곁에 '청하 성기조' 당신이 계시니 이 아니 기쁜가. 그러므로 60여 년 꾸준하게 지켜오신 선생의 시업과 우리 시단의 어른이신 선생을 오로지 존경하는 마음으로 바라볼 뿐이다. 백순 기념문집이 나올 때를 다시 한번 기대하며 더욱 건강 건필하시길 빈다.

(청하 성기 조 선생 구순기념문집 2023.11.30.「문예운동」)

이상문, 시루떡을 닮은 나의 문우여!

...

지난해 여름 외출에서 돌아왔더니 한 장의 편지가 현관 편지함에 꽂혀 있었다. 겉봉투 인쇄물에 적힌 이름이 낯설지 않아 황급히 봉투를 열었다. On earth! 요즘 같은 세상에 실로 접하기 어려울 만큼 흔치 않은 손편지다. 10년 전 국제PEN클럽한국본부의 수장이셨던 이상문 이사장께서 보낸 손편지다.

지난해 3월에 내가 보내드린 나의 여덟 번째 시집을 받아본 답글이다. 글의 내용이야 어찌 쓰셨든 그것이 내겐 중요치 않았다. 순수 손편지를 쓰셔서 보내주셨다는 것부터가 감동일 뿐이다. 거슬러 올라 생각해 본다. 그와 이어져 온 저간의 인연들이 가슴으로 다가와 허허실실하게 안긴다. 벌써 10년이 지났다. 그가 국제PEN클럽한국본부 이사장이던 시기에 나는 제주지역회장을 맡았었다. 그때 맺은 그와의 인연으로 우리는 지금도 함께한다. 나는 그를 시루떡을 닮은 사람이라 부른다….

시루떡 같은 그의 심성은 따뜻하면서도 달달하다. 멥쌀과 찹쌀을 섞어 놓은 팥고물 같은 사람이다. 찹쌀처럼 쫄깃하기도 하려니와 백설기처럼 포설하기도 하면서 켜켜이 덮인 떡고물 맛을 가진 친구며 문우다. 눈꽃보다 곱고 맑고 밝다. 눈꽃은 곱지만, 맛이 없다. 그런데 시루떡의 떡고물은 아름다움과 달콤함이 은은함을 함께한 꽃 떡이다. 그 시루떡처럼 모든 것을 간직한 이상문, 그래서 나는 그의 언행 하나하나에서 얻고 읽고 배우는 것이 크고 많다.

그의 작품에서는 물론 그의 삶의 모습에서도 그렇다. 그러므로 그는 행동하는 작가며 실천하는 작가다. 대학생일 때 월남전 참전을 원했던 그의 용기와 실천이 오늘의 그를 웅변한다. 남들이 꺼리는 월남전 참전은 곧 그의 국가관과 양심이 올곧음을 말한다. 그래서 그는 월남전 용병작가가 아닌 월남전 참전작가로 불리기를 원한다….

그의 월남전 참전 체험은 결국 한국 최고의 베스트셀러 장편소설을 탄생시켰다. 87년 한국 최고의 베스트셀러작 『황색인』이 그것이다. 그의 등단작품 단편〈탄혼〉, 장편〈붉은 눈동자〉등 대부분 작품은 역시 월남전 참전 체험을 바탕에 깔았다.

그는 말한다 '체험은 훌륭한 작품을 낳는다' '훌륭한 작품은 체험에서 얻은 작품일 때 더 진실하다.' 그래서 그는 체험에서 얻은 작품 쓰기를 원한다. 18세 때 사범학교 재학 중 제1차 세계대전에 참여하여 여러 번 죽을 고비를 넘긴 독일 작가 레마르크의 작품〈서부전선 이상 없다〉, 헤밍웨이의〈무기여 잘 있거라〉등은 모두가 그들 참전 체험에서 얻은 명작이다.

이상문, 그의 작품이 돋보이는 또 하나의 의미는 어쩌면 월남전 역시 한국전쟁의 연속으로 보였을 수도 있었기 때문일 것이다. 그리고 그 전쟁의 포화 속에 내재한 아픔의 사상은 '사랑과 용서'에 있기 때문이다.

나는 이 글을 마무리하며 다시 한번 그의 손편지를 살펴 읽는다. 또박또박 써 내려간 그의 정성 어린 속내가 '물음표와 묶음표'에 담겨있다. 그의 간절한 기도처럼 '100수 시집' 마칠 때까지 그와 함께 열심히 살겠노라고 약속해 본다. 단 한 가지 이 글을 손편지로 써 올렸어야 함에도 그렇지 못함이 죄송스럽다. 워낙 손글씨가 닭발이라서…. 하하 이해하여 주실 거라 믿습니다.

강중훈 시인 형님

먼저 시집 〈괄호 안에 갇혀있다〉 발간을 축하드립니다.
시들을 읽고 나서, 변종태 시인의 해설을 새겨 읽었습니다. '시인의 말'을 읽고 다시 '강중훈'을 읽었습니다. 그때서야 괄호 안에 숨어 있는 것 같던 시인의 마음이 살아서 움직이면서, 말을 하고 한숨을 쉬고, 눈물 겨운 노래를 부르기 시작했습니다.

끝내 나도 모르게 눈시울이 뜨거워 졌습니다.
그때 가 보았던 곳이 일출봉이고, 오조리였고, 그 바다였구나 하고 새삼 일깨울 수 있었습니다.
또 '해 뜨는 집'도···.

그동안 저는 형님 형님··· 부르면서, 그저 형님의 잘생긴 얼굴만 가슴에 담고 살았던 것 같습니다.
여든 몇 해 전의 세월 속에서, 마치 그물코에 걸린 듯 기호로 살고 계시는 형님인 줄을 미처 몰랐습니다. 송구합니다.

하지만 이제는 좀 "술音音과 움音들"처럼,
"한가위"처럼 사셨으면 합니다.
부디 건강하세요. '100수 시집' 내시고 가족들 만나러 가실 때는 다 삭이고 가셨으면 합니다.
2022. 8. 11 이상문 올림

한국소설가협회 이상문 회장의 친필

이보시게 뙤미 장꿩!
- "제26대제주도문인협회 (고)오승철 회장 「제주문협장(葬)」" 영결식

∴

　이보시게 오승철 회장! 아니 뙤미 장꿩!

　그대, 이른 새벽부터 어쩌자고 여기에 와 계신 거요.
　여긴 그대가 꿈을 먹고 자라던 서귀포 칠십리도 아니고 미깡낭밭 품을 팔며 세 아이를 키우노라 목숨 달아매던 그대 아내의 쬐니 집도 아니라 오 높은음 자리로 울음 우는 섶섬, 문섬, 범섬 또는 지귀 섬은 더더욱 아니라오.

　멀뚱멀뚱 바라만 보지 말고 어디 한번 말 좀 해 보시오.

　하! 그래요. 말하지 않아도 조금은 알 것 같소.
　오늘 이 아침 저 한라산 들녘에 푸르게 푸르게 익어가는 청보리가 혼절해서 무너진 이유도, 그대 고향 쬐니 마을 뒷동산 가시낭밭 산꿩 마저 높은음 자리고 돌아앉아 울음 우는 슬픈 사연도 하! 더러는 알 것 같소.

　들여다보고, 일러두고, 기록해 두어야 할 수많은 언어와 그대의 철학들이 여기 제주문학관 책꽂이에 꽂혀있어 그걸 찾아내고 밝혀두려 이곳을 찾은 뜻을 이제야 알 것 같소.

하! 그래서 깨달은 진리를 그 누구보다 먼저 천상에 알리고파 예까지 와 있다는 것도, 그래서 마지막 펴낸 시집에서까지 '다 떠난 바다에 경례'라는 이름으로 상재했다는 것까지도 알 것 같소.

그렇지만 이보시게 오승철 회장!
이곳까지 오기에 앞서 해야 했을 일이 하나가 더 있었오. 대나무 질구덕 같은 생전에 못다 한 사랑의 표현을 그대의 아내에게 바치고 떠나오는 일 말이오. 거기에 또 하나 더 보탠다면 끔찍이도 자네를 따르던 아들 한솔이와 큰 년 새미, 말잿 년 새별이 그리고 눈에 넣어도 아프지 않던 손자들까지도 따뜻이 품어주고 돌아섰으면 어땠을까 하는 일 말이오.

물론 그대는 그대의 품성대로 남몰래 그 모든 걸 다 하셨을 걸로 나는 믿고 있소. 그러기에 더 진한 인연으로 지워지지 않은 그대와 나 사이에 있었던 기억 또한 새로워짐은 숨길 수가 없소

춥고 춥던 겨울밤 들이었지요. 그대와 내가 함께 했던 제주도청, 남들은 모두가 퇴근해서 없는 텅 빈 사무실 한쪽에 머리 맞대고 앉아서 도지사 연설문을 작성하다 잠이 들거나, 그러지도 못한 밤이면 헐어 터진 자동차를 위험을 무릅쓰고 끌며 함박눈 쏟아지는 한라산 산길을 넘고 넘었지요. 그때 뙤미마을 그대의 집에선 귤밭에서 놀아온 몸빼비지 차림의 그대 아내가 천사처럼 우릴 맞아 주기도 하였었지요. 그 많고 많은 시간은 그대와 나에게는 지금도 살아 숨 쉬는 날 것의 추억이라오. 그때부터 우리가 나누었던 수많은 언어는 그것이 시였으며 살아있는 영혼의 울림이었소, 어디 그뿐이던가요.

박봉을 이겨내려 제주시로 이사한 후 어렵게 마련한 구멍가게에서 깨진 수박 한 조각마저도 아끼고 아껴먹던 검질긴 그대 가족의 모습들은 진정으로 인간 오승철을 바라보게 했던 순간들이었소. 그러므로 그대는 신이 내린 청렴한 시인이었다오. 지금도 그때를 생각하면 그 아픈 추억들로 눈물이 나오.

　어디 그뿐이겠소. 깊은 병을 스스로 실감하면서도 끝까지 버티고 이겨내려던 그대의 삶의 의지는 차라리 인간 승리자였소, 그 못지않게 문학과 문학 동지들을 그대는 끔찍이 사랑하였소. 그러기에 문학인의 지도자로서 제주문인협회를 반석 위에 올려놓으려던 그대의 의지 또한 진실이었다오. 그 진심을 잘 알고 있었기 때문에 나는 그대의 정열을 응원하였소

　여기 그대와 함께하던 전국의 많은 문우가 그걸 인정하며 자리를 같이하였다오. 제주특별자치도 오영훈 도지사도, 그대를 사랑하는 지인들도 한결같이 그러하오. 그러므로 그대는 우리 곁을 떠났지만 떠난 것이 아니오. 그래서 우리는 그대를 영원히 기억하고 그리워할 것이요. 진심으로 사랑하오. 부디 영면하시길 빕니다.

(2023. 5. 22. 07:00 제주문학관 영결식장에서)

'전국 계간문예지편집인대회' 환영사

•••

　안녕하십니까 계간문예 『다층』 편집인 강중훈입니다.
　한여름 더위가 팔월의 태양마저 쩔쩔매게 합니다. 그럼에도 불구하고 이 멀고 먼 섬 제주까지 찾아주신 전국 문학인 여러분께 깊은 감사와 진심 어린 환영의 뜻을 표합니다.

　전국계간문예지편집인협의회가 탄생한 지도 어느덧 스물다섯 해가 되었습니다. 그 탄생의 시점은 다름 아닌 한반도의 맨 끝 섬 이곳 제주였습니다. 그 모태 또한 제주의 계간문예 『다층』이었음을 우리는 늘 자랑스럽게 생각하고 있습니다.

　그때 우리는 '지역문학의 활성화 없이 한국문학의 발전은 없다'라는 슬로건으로 뭉쳤습니다. 그 결과 지금 우리는 한국문단의 중심에 우뚝해 있습니다. 오늘 이곳 제주도의 팔월 더위가 기승을 부리는 것도 전국계간문예지편집인 여러분의 넘쳐나는 용기와 정열이 이 섬 가득히 달아올랐기 때문입니다.

　그 같은 결기에 찬 우리의 함성은 오늘만이 아니었습니다. 첫 번째로 문을 연 1999년 제1회 대회를 시작으로 2015년도에 이어 2023년 이번까지 세 번째로 제주섬에서 개최될 만큼 제주도는 여러분의 섬이며 시인의 섬으로 확실히 인정받게 되었습니다. 그러므로 이번 제25회 편집자대회의 명칭 역시 '시가 흐르고, 시가 출렁이는 섬'이라 라는 의미에서 '시(詩) 그리고 섬(島)'이라는 별명까지 달아두었습니다. 섬은 곧 시와 통한다는 뜻입니다.

   수많은 언어가 걸러지고 다듬어져서 만들어지는 것이 시(詩)라고 한다면 제주도 즉 제주섬이야 말로 멀고 먼 대륙과 대양을 타고 건너오며 겪었을 그리고 느꼈을 수많은 소리와 아우성과 때로는 주체 못 할 슬픔과 기쁨의 역사를 시어(詩語)로 다듬고 음악으로 연주하며 숨긴 듯 풀어 놓은 곳이기 때문입니다.

   그로 인한 오늘의 문학은 어느 한 지역의 문학이라 말하기 전에 대륙의 문학이며 대양의 문학이고 그들 모두가 함께 공존하는 문학이라 하겠습니다. 오늘 여러분이 찾아주신 이 제주섬의 문화 역시 비록 작디작은 섬의 문화, 섬의 역사일지 모르지만, 그 모두는 버려서는 안 될 그러면서 어루만지고 다듬어야 할 문학이고 시어의 산실입니다.

   바라건대 오늘의 이 대회를 계기로 제주섬의 문화가 부디 여러분의 영광된 시어로 탄생되어 여러분의 문운이 함께 하기를 빌면서 세계 속의 제주문학으로 밝게 빛나게 되기를 간절히 바라마지않습니다. 감사합니다.

내 친구 '오헌봉' 회장

• • •

누군가 힘들거나 어려움에 처했을 때 그에게 도움을 주고 용기를 갖게 할 수 있다는 것은 얼마나 은혜로운 일이며 감사한 일인가. 인간의 본디 심성은 취하는 것에 있지 않고 베풀고자 함에 있다. 이는 대가성 없이 베푼다는 시주(施主)의 뜻과도 통한다. 이럴 때 나는 이 같은 선행을 묵묵히 실행하는 한 사람을 기억한다. '오헌봉'이라는 나의 고등학교 동창이며 친구다.

지난해 말에도 그가 행한 선행은 기사화된 바 있다. 희망나눔성금 1천만 원을 대한적십자사제주특별자치도지사에 기탁했다는 내용이다. 우리는 그가 행하는 이 같은 선행의 기사를 1년에도 몇 번씩 접한다. 그의 저간에 있었던 나눔의 내력들을 일일이 기술하기엔 주어진 란도 부족할 뿐더러 친구 역시 그같은 내력이 밝혀짐을 별로 유쾌하다 여기지 않는다.

우리는 이같은 사람을 두고 선행(善行)을 일삼는다고 한다. 선(善)이란 일반적으로 좋은 것, 뛰어난 것, 훌륭한 것을 뜻함이며 특히 중요한 것은 도덕적 가치로서의 선을 의미한다. 따라서 도덕적 가치라고 한다면 내세우려 하지 않으면서 행하는 선행을 일컬음이다. 따라서 친구 오헌봉의 선행이 스스로를 내세우려 하지 않음으로 그 가치성이 뛰어나다

할 것이다. 그러므로 나는 그가 실천한 선행 중에 알려지지 않았던 사실에 주목해본다.

동내와 이웃의 어려움을 봤을 때도 그의 선행은 멈추지 않는다. 크고 작은 봉사단체에도 그의 시주(施主)정신은 어긋나지 않는다. 그러나 그는 그 모든 걸 소문나지 않게 한다. 숨겨진 일화 한 토막을 소개한다. 가난하고 힘없는 도내 문학동인들이 활동에 도움을 준 일화다.

삼십여 년간 문학동인 활동을 해온 제주출신 시인들이 그들의 창작활동비가 없어 쩔쩔맨다는 소문을 듣고 그 시인들 몰래 출판사를 찾아가 출판비를 대납해줬던 일화다. 그들은 그 힘을 바탕으로 전국 시인들을 대상으로 "계간문예 『다층』"이라는 전문문예지 창간 1백 호 기념사업을 실시하였고 특집호를 발간함으로써 전국 문학인들에게는 '제주도민 모두가 시인 못지않은 아름다운 심성을 가졌다'라는 인식을 심어주는 계기를 만들었다.

오헌봉, 그의 발길이 닿는 곳엔 소문 없는 선행이 있다. 그 선행의 발길은 어디든 간다. 궂은일 좋은 일 가리지 않는다. 크고 작은 사회행사는 물론이지만, 그의 주변 지인의 당한 일에도 한결같다. 자리를 찾아 앉을 때도 맨 끝자리를 원한다. 그의 그 같은 심성은 어질고 착함에 있다. 순수함에 있다. 대학재학 중 삶이 어려워 끝내지 못했던 학업을 40년 만에 마칠 만큼 열성과 끈기와 성실함이 이를 대변한다.

어려움을 이겨낸 그는 결국 자수성가하여 조그만 기업을 운영한다. 더불어 기업에서 얻은 이익은 나눔의 경영으로 이어진다. 사면의 바다인 제주에 해양기술이 우선이라는 생각으로 2006년에는 제주대학에 3억여 원의 해양기술개발비 지원을 시작으로 20억 원의 제주대학발전기금은 물론 '유성장학재단'을 설립하여 15억에 이르는 육성자금을 기탁 확보하기까지 이르렀다.

어디 그뿐인가 '푸른 꿈 작은 공부방'이라는 이름의 건물을 지어 공부방을 만들고 배움이 고픈 아이들과 선생님들이 함께 모여 가르치고 공부하는 공간을 만들어 줌으로써 아이들에게는 꿈을, 선생님들에게는 스승의 자부심을 심어주기도 하였다.으로 한다. 나서려 하지 않지만, 뒤로 물러서려고도 하지 않는다.

다른 한편으로는 보육원, 양로원, 정신지체 등에 30년 이상 매월 3백만 원씩 지속적인 지원도 아끼지 않고 있다. 이 같은 나눔 정신은 적십자 운동까지 이어져서 1996년부터 이어진 지원활동은 3억 원에 이르렀다. 이 외에도 그의 나눔의 선행사실은 이루다 기술할 수가 없음이 안타깝다. 이것이야말로 진정한 Noblesse Oblige 실천정신이 아니고선 이루지 못할 나눔 철학의 소유자다.

이 얼마나 아름다운 시주(施主)의 선행이며 왼손의 한 일을 오른손이 모르게 하라는 예수의 가르침의 실천인가. 더불어 '대한적십자사제주특별자치도지사' 역시 그의 선행을 "STORY"라는 이름으로 출간해 주심에 감사와 박수를 보낸다. 오헌봉, 그가 내 친구이며 학교 동창이라는 것이 너무너무 자랑스럽고 기쁘다.

해병대를 자원입대한 작은 손주에게 띄우는 글

...

사랑하는 나의 손주 민제야!

쌀쌀한 봄비가 창유리를 가르는 오후다. 건너편 일출봉 하늘을 힘차게 비상하는 바다 갈매기들 모습마저 훈련에 매진하고 있을 너를 생각나게 하는 시간이다. 그곳 훈련소에서도 이 비는 내리고 있겠지. 땀 같은 비, 비 같은 땀으로 얼룩진 훈병 강민제를 생각하고 있으려니 어느새 할아버지의 가슴도 뜨겁게 요동친다. 아픈 곳은 없는지, 힘들진 않은지, 식사는 잘하고 있는지…. 등등 곰상스러운 생각으로 잠시나마 너와 함께했던 지난날의 시간을 낚시질해 본다.

할아버지의 만류에도 불구하고 단호히 '남자라면 당연히 해병이지요'라며 해병지원을 택했던 너의 결기가 지금도 생생하다. 지금이라도 할아버지의 집 현관으로 불쑥 들어서고 있을 것만 같은 네 훤칠한 키, 똥그랗고 서글서글한 눈망울, 시원한 눈웃음이 할아버지 눈에 자근자근 밟힌다. 너보다 일 년 먼저 해병대에서 전역한 형과 함께 또 한 사람의 해병 가족이 된 것은 우리 집안의 영광이며 자랑이다. 그 자랑스러운 너의 형제 모습이 지금 할아버지 서재 사진 속에서 활짝 웃고 있다.

어제저녁은 할아버지가 운영하는 '해뜨는집' 펜션에 육군 휴가 장병 셋이 머물다 갔다. 할아버지는 그들에게 너와 너의 형이 해병용사라는 걸 자랑했다. 우리 큰 손자는 지난해 해병을 제대했고 막냇손자는 지금 해병훈련소 신병훈련을 받고 있다는 것을 말이다. '어떻게 손자 둘을 해병에 보낼 수 있었느냐?' '그 힘든 해병훈련을 어떻게 견뎌내고 있을까'라며 놀라더라. 그만큼 할아버지에겐 너의 형제가 내 인생이 전부일 만큼 자랑스럽다. 지금도 할아버지의 귀에 쟁쟁한 것은 '사나이라면 해병'이라고 외치던 너의 결기에 찬 입대 전 음성이다.

이제 입대한 지 한 달이 지난 너의 모습은 어떻게 달라졌을까. 훈련에 단련된 두 어깨는 사나이 중의 사나이로 떡 벌어져 있겠지? 키도 190 가까이 자랐겠지? 병영 생활 역시 동료 병사들과 함께 잘 이겨내고 있겠지? 상관들의 명령도 잘 수행하고 있겠지?… 등등, 항상 할아버지 할머니에게 기쁨을 안겨주던 너의 효심 못지않게 병영생활도 잘하고 있을 거란 믿음으로 마음이 흐뭇하다. 요즘은 할아버지와 할머니가 우리 손자 손녀들 보고파 할까 봐 미국에 있는 너의 형 민혁, 외사촌 제성이와 제연이에게서도 또 광주에 있는 '고3' 여동생 은수에게서도 문안 전화가 온다. 그럴 때면 효심 깊은 너의 모습도 함께 그려져서 매우 기쁘단다. 그것은 "우리 민제 훈련은 잘 받고 있을까"라는 걱정을 씻어주는 보약과도 같은 것이라서 그렇다.

지금 너의 고된 훈련은 단순한 병역 의무완수라는 의미만이 이니다. 앞으로 네가 살아갈 인생에 있어서 꼭 요구되는 강한 인내력과 결단력과 진취적 사고를 갖게 하는 영광된 훈련과정이라는 것과 더불어 호국 충정의 정신을 심어주는 과정임을 잊어서는 안 될 것이다.

몇 주가 지나면 고된 신병훈련도 끝나겠지. 그 훈련을 마치게 되면 할

아버지도 우리 민제의 당당하게 연마된 해병용사의 모습을 보러 갈게 될 거다. 그때까지 몸 건강하고 훈련 잘 받아서 할아버지 만나는 날 자랑스런 너의 모습을 보여주기 바란다.
 장하다 나의 손주 강민제!

삐뚤거리는 거리의 '시(詩)'
- 미국 사는 장손에게 띄우는 편지

...

정원에 덜 자란 나무 한 그루 흔들리고 있어
힘이 없나 봐
바람 때문인지도 몰라

건너편 길가 중늙은이
어쩐지 걷는 게 불편해 보여
나이 탓이거나 술에 취해있음인 거야
휙! 그 사이를
우편배달 오토바이 한 대 빠르게 지나갔어
대청마루에 던져진 편지 한 통

몇 년 전부터 미국에서 혼자 사는 장손에게서 붙여온 편지였어
길지 않은 손편지인데도 잘 읽히질 않아
삐뚤삐뚤 적혀있어서 그런가 봐

미국 여자아이와 함께 살겠다는 건지
그 여자아이와 혼인하겠다는 건지

미국 글이라서 삐뚤어졌나 봐

〈
내가 쓴 시(詩)마저 덩달아 비틀거려
문법(文法)이 틀렸나 봐

모든 게 그렇게 되는 건가 봐
정원에 덜 자란 나무 한 그루 흔들리며 자라고 있어

어머니의 재봉틀
- '생활 성서'

• • •

　류철희 님은 내가 제주도청 사무관으로 재직 시 부지사로 모시던 분이다. 중앙부처에서 재직하시다 제주도와는 아무런 인연이 없으심에도 제주도 부지사로 발령받고 재임하셨던 분이다. 재임 기간에 맺은 그분과 나와의 인연은 편지의 내용처럼 지금까지도 이어지고 있는 사이다.

　지난 2021년 6월 어느 날이다. 부지사께서는 예전과는 다른 떨리는 목소리로 전화가 걸려왔다. 나에 관한 기사를 읽었다면서 몹시 놀란 음성이셨다. 천주교 생활성서에 나의 과거사가 실렸다는 것이다. 허은실 시인과 고현주 사진작가 작품인 '기억의 목소리'가 그것이다. 그 작품이 천주교 생활성서에까지 실릴 줄은 예상 밖의 일이었다. 나 역시 예상 밖의 일이라 생활성서의 글을 복사해서 보내달라고 부탁했더니 보내주신 손편지다.

　남들은 공직 재직 중 잠시 스쳐 가는 인연으로 치부해서 쉽게 잊고 말지만, 류철희 이분만큼은 다르시다. 70년대부터 지금까지 50년이 넘는 세월을 그 인연의 끈을 놓지 않으시고 전화 혹은 손편지 안부를 전해주시곤 한다. 그만큼 이분과 나와의 사이는 상당히 각별하고 돈독하다. 더 밝히지 않아도 이 손편지의 내용에서 우리의 관계가 단순한 우정 이상이라는 것을 짐작해 주시리라 믿는다. 그렇지만 단 한 가지 이분에게 죄송했던 사연이 있다.

> 강중훈 시인님!
>
> 당도 전에 『생활성서』에 실린 글 복사해서 보내달라고 부탁한 것, 오늘에야 보냅니다. 저의 게으름을 너그럽게 받아 주기 바랍니다.
>
> 사진으로 찍어서 카톡으로 보내면 즉시 보낼 수도 있으나 원본을 보아야 실감이 날 것 같아서 미루다 보니 이렇게 늦어졌습니다.
>
> 저도 그 글을 보시어야 강 시인님의 아픈 가족사를 알게 돼 너무 마음이 아팠습니다. 어릴 적 그 상처기는 쉽사리 가시지는 않을 것 같다고 생각합니다.
>
> 또 어떤 위로의 말로도 거의 갈아지지 않을 것이라고 여겨져서 '기도하는 마음'으로 아픔을 함께 하고자 합니다.
>
> 그리 '세월이 약'이라는 말도 얼버무려지는 수도 있겠으나 당사자의 입장에서 보면 반드시 그런 것만도 아닐 것입니다.
>
> 여하튼 긴 세월 잘 참아온 것 존경하고 사랑합니다. 남은 세월 순조롭게 잘 하면서 좋고 전디어 나가기 바랍니다.
>
> 하느님의 평화가 강 시인과 가정에 넘쳐 흐르기를 빕니다.
> 2021. 9. 12 서울 류철희

위의 손편지는 천주교 『생활성서』에 실린 『문학동네』 출간 『기억의 목소리』(허은실 시인과 고현주 사진작가)라는 작품을 읽으시고 그 작품 속의 주인공이 나인 것을 발견하신 류철희 님의 서한이다.

그 많은 시간과 공간 속에서 우리의 관계가 남달랐음에도 나의 지나온 과거사를 말씀드리지 못했다는 거다. 말씀드리지 못했다기보다 말씀드리지 않았다고 함이 옳겠다. 내가 제주4·3의 피해자라는 걸 밝히고 싶지 않았던 것은 그만큼 내가 겪은 상처가 컸었기 때문이었다. 그보다는 그 4·3의 상처와 아픔이 혹 자랑처럼 들릴까 봐서였다. 그런데 뜻밖에도 천주교『생활성서』에 '기억의 목소리'로 나의 과거가 밝혀진 것이다. 순간 저간에 나의 과거를 숨겨왔던 솔직하지 못했던 양심이 부끄러움과 함께 죄스러움으로 몰려왔다. 숨겨왔던 나의 과거가 밝혀진 것에 앞서 부지사님께 솔직하지 못했던 저간의 행위에 사죄의 무릎을 꿇는다. 그런 뜻으로 '기억의 목소리' 기사를 다음 항에 싣는다.

강중훈
어머니의 재봉틀

"아버지 돌아가시고 어머니가 재봉틀질해서 우릴 키웠죠.
우리가 이것 때문에 살았지."

> *Rather, it is a matter of how to record the facts as history and how to soothe the pain and suffering of the victims and survivors.*

Kang Jung-hoon

"The victims were killed as if they were a shoal of anchovy -- they all died together. This place is called Teojinmok. Over 490 people were massacred here over two years, starting from November 1948. I was eight when I witnessed my grandparents, my father and his two brothers and sister murdered. Death was that simple.

On a spring day the previous year, my father and I returned home from school after my school entrance ceremony. We were sitting on our wooden porch, talking. Suddenly, his face turned serious and he said, 'Tell them I'm not here. Tell them I don't live here.' And he hurried to the shed. As soon as he hid there, police forces raided my house. Stepping on the floor with their military boots on, they searched for my father. I was terrified and even wet my pants. But at such a young age, I thought I had to protect my father. So I asked them why they came. I told them that he was not home, and that he had been away from home for a long time. I was so calm and confident. The police officers opened the drawers of this desk and said, 'It's not here.' Then they searched through the gwe, and again they said, 'I can't find it.' And they left my house. But they kept chasing after my father. That is why I can't forget this desk. This brings back the vivid memory of that situation.

After my father passed away, my mother sewed to raise us. We lived by this (sewing machine). When I became a teenager, I hated Jeju and ran away to Seoul. But I came back and had my house built right in front of the site of the massacre. It is now a memory I can't avoid. Facing it, however, soothes me.

I don't think 4·3 is a matter of fact, compensation or state liability. Rather, it is a matter of how to record the facts as history and how to soothe the pain and suffering of the victims and survivors."

Living Memories: Kang Jung-hoon's sewing machine

Hand-carved phoenix desk: Kang Jung-hoon used his father's desk to read books and to write. The desk, with an elaborate carving of a phoenix on each of its sides, serves as a repository of records and a sanctuary of memories.

Ledger book: Kang's father kept this ledger book from when he did business in Japan. Kang removed pages with writing on them lest they cause harm to the owners of the names recorded within.

Father's handwriting: The front cover of the ledger book is the only page with writing by Kang's father. On the remaining pages, Kang practiced writing poetry. After spending some years wandering throughout the country, Kang finally became a poet. In his poems, he sings about the continuing painful history of Jeju 4·3.

책상과 재봉틀

멸치떼가 밀려와서 뭍으로 죽듯이 그렇게 죽었어요. 터진목이라는 덴데, 여기서 460여 명이 학살됐어. 1948년 11월부터 이듬해, 그 이듬해까지. 그때 내가 여덟 살이었는데 우리 할아버지, 할머니, 아버지 3형제, 고모까지 다 학살되는 현장을 직접 봤어요. 죽음은 그렇게 간단했어요. 그전 봄에는 입학식을 하고 와서 아버지랑 둘이 마루에 앉아 이야기를 하고 있었는데 갑자기 아버지 얼굴색이 바뀌는 거예요. 그러더니 "아버지 없다고 해라. 아버지 안 산다고 해라" 하시면서 황급하게 광 쪽으로 달려가시더라고요. 아버지가 숨자마자 바로 경찰들이 들이닥쳤어요. 군홧발로 마루에 올라가더니 아버지를 찾아요. 저는 겁이 나서 오줌을 다 지렸는데, 그 어린 나이에도 아버지를 지켜야겠다는 생각이 들더라고요. 그래서 왜 왔냐고, 아버지 없다고, 집에 안 온 지 오래됐다고 태연하고 당당하게 얘기했죠. 경찰들이 이 책상 서랍을 열고 막 뒤지면서 '뭐가 없네' 그러고는 궤로 가서 또 뒤지더니 '못 찾겠는데………' 그러다 갔어요. 그때부터 계속 아버지를 찾으러 다니더라고요. 그러니 잊어버릴 수가 없는 책상이죠, 그 상황을 또렷하게 기억할 수 있는 물건이니까. 아버지 돌아가시고 어머니가 재봉틀질해서 우릴 키웠죠. 저한테는 어머니가 율법이었어요. 우리가 이것(재봉틀) 때문에 살았지. 10대 때는 여기가 싫어서 서울로 도망도 갔지만, 결국 돌아와 이 학살터 앞에 집을 지었어요. 안 볼래야 안 볼 수 없는 풍경이지. 그런데 그렇게 마주하면서 마음이 다스려져요. _강중훈(1941년생)

글 허은실 · 사진 고현주 | 문학동네 | 「기억의 목소리」에서

영명축일을 함께 축하해주세요! 성 마우리노(수도원장, 순교), 성 막시모(주교, 순교), 성 첸수리오(주교), 성 크리스톨로(순교), 성 제툴리오(순교), 성 이타마르(주교), 성 만달(순교), 성녀 올리바(동정, 순교) 등.

4·3행불자 신원확인 감축사(感祝辭)

...

  오랜 세월 이름 없는 영혼으로 떠돌던 信川康 씨, '正자 浩자' 저의 작은 아버님!
  여기, 당신의 조카 중훈이가 허리 굽혀 예를 올립니다.

  4·3 광풍이 불던 때, 숙부님은 행불자가 되셨습니다. 어디서 어떻게 돌아가셨는지도 모릅니다. 그렇게 떠돌던 세월은 어언 칠십여 년이 흘렀습니다. 다행히 4·3평화재단이 그 유해를 찾아주셨습니다. 감히 부르고 싶어도 부르지 못했던 숙부님의 이름을 이제야 불러봅니다.

  당시, 제 나이 여덟 살 되던 해였지요. 행방불명자가 되신 숙부님은 물론 할아버지, 할머니, 아버지 형제분 모두가 죽임을 당하는 와중에도 어머니와 우리 삼 남매는 간신히 목숨 건질 수 있었습니다. 그렇지만 그 사연 어디에도 하소연 못 하고 숨죽여 살아왔습니다.

  가슴 아픈 혼돈의 세월이었습니다. 이제 제 나이도 여든다섯이 되었습니다. 풍비박산된 우리 가족을 바르게 이끄시며 숙부님을 비롯한 그때 가신 이들을 추모하고 기리시던 어머님도 일백 두 살의 나이로 세상을 뜨셔서 우리 곁에 계시지 않습니다.

늦었지만 그래도, 숙부님 신원이 확인됨은 하늘의 은혜입니다. 더불어 그때 성산포터진목에서 죽어간 할아버지, 할머니, 아버지 형제분들 원혼도 함께 풀게 되었습니다. 비로소 해원 상생의 시간을 얻게 된 것입니다. 4·3평화공원에도 환한 봄기운이 찾아듭니다. 용서와 화해에 깃든 상생의 기운으로 샘솟습니다. 작은아버지, 부디 영면하십시오.

오영훈 제주도지사님! 이상봉 제주도의회 의장님! 김광수 교육감님! 김창범 유족회장님! 김종민 4·3평화재단이사장님 등 오늘을 있게 해주신 모든 분! 고맙습니다. 그리고 이 자리를 함께해 주신 여러분 감사하고 감사합니다. 은혜 잊지 않겠습니다.

(2024.2.24. 4·3평화공원 '평화교육센터')

관련기사

한겨레
hani.co.kr

기사전문 (허호준 기자 2025. 2. 24. 16:50)

하늘도 그의 눈물을 알았다…76년 만에 유해로 만난 숙부

24일 오후 제주4·3평화공원 평화교육센터에서 4·3희생자 신원확인 보고회가 열려 신원이 확인된 2구의 유해를 봉안관으로 옮기고 있다. 사진 속 운구자는 원로시인 강중훈씨의 손자 강민혁 군이다. 강중훈 시인과 오영훈 도지사가 그 뒤를 따르고 있다. 허호준 기자

하늘이 알아줬을까.
제주 성산포의 원로시인 강중훈씨. 모두가 학살돼 멸족되다시피 한 집안에서 혼자 살아남아 77년을 견뎠다.

관광객들이 쉴 새 없이 찾는 성산포 터진목에 4·3위령비를 세우고, 집단양민학살터 기념표석을 만들고, 길가의 동백 벽화까지 '이곳이 4·3 학살터'라는 것을 알리고 추모사업을 하는 데 앞장서왔다.

그런 그가 76년 만에 숙부의 유해를 찾았다.
강 시인은 늘 웃음을 머금는다. 그는 4·3의 비극을 좀처럼 내색하지 않는다. 위령제 때 만나도 언제나 웃는 그다. 그러나 24일 하루 그는 수없이 속울음을 삼켰다. 할아버지 할머니와 아버지와 아버지 형제들 모두 4·3 때 학살되고 홀로 살아남아 평생을 기억 투쟁을 벌여왔다.

이날 오후 2시 제주시 봉개동 제주4·3평화공원 내 평화교육센터에서 열린 '4·3 희생자 신원 확인 보고회' 자리에 선 그의 표정은 초조한 듯했다. 얼굴에 감돌던 웃음기는 사라져 있었다.

제주공항에서 발굴된 4·3 희생자 유해 가운데 1949년 9연대 군인으로 있다가 행방불명된 숙부 강정호(당시 22)의 유해가 확인돼 이날 봉안안에 안치됐다. 숙부의 행방불명 이후 강 시인의 할아버지와 할머니, 아버지와 형제들은 모두 1949년 성산포 터진목에 끌려가 학살됐다.

숙부의 유해를 찾은 제주 성산포 원로시인 강중훈 씨가 유족을 대신해 인사말을 전하고 있다. 허호준 기자

이날 유족 인사말을 대신한 강 시인은 떨리는 목소리로 준비한 원고를 읽어내려갔다.

"늦었지만 숙부님의 신원이 확인된 것은 하늘의 은혜입니다. 더불어 그때 성산포 터진목에서 죽어간 할아버지, 할머니, 아버지, 형제분들의 원망도 함께 풀게 되었습니다. 비로소 해원 상생의 시간을 얻게 된 것입니다. 4·3평화공원에도 환한 봄기운이 찾아듭니다. 용서와 화해가 깃든 상생의 기운으로 채우셨습니다. 작은아버님 부디 영면하십시오."

강 시인은 인사말을 끝내자 어깨를 들썩였다. 그의 말대로 하늘의 은혜였다. 숙부의 유해를 확인한 것도 그가 채혈해 유전자 감식을 한 결과였다. 터진목에는 2009년 세운 그의 시 '섬의 우수' 시비가 있다.

"여기 가을 햇살이/ 예순두 해 전 일들을 기억하는 그 햇살이/ 그때 핏덩이던 할아비의 주름진 앞이마와/ 죽은 자의 등에 업혀 목숨 건진/ 수수깡 같은 노파의 잔등 위로 무진장 쏟아지네…"

신원이 확인된 유해에 손을 얹은 강중훈 시인. 허호준 기자

예비검속 희생자 김희숙(당시 29)은 한경면 저지리에 살다 한국전쟁 발발 직후 예비검속돼 모슬포경찰서로 끌려간 뒤 행방불명됐다. 유족들은 애초 섯알오름에서 학살된 것으로 알고 있었으나, 이번 제주공항에서 발굴된 유해에서 신원이 확인됐다. 아들 김광익 씨는 "그동안 아버지를 보고 싶을 때는 섯알오름 희생자 위령비에 새겨진 아버지를 이름을 만지며 소리쳤는데 이렇게 찾게 돼 너무 기쁘다"라고 소감을 밝혔다. "아버지 사랑합니다." 김 씨는 큰 소리로 외쳤다.

오영훈 제주도지사는 추도사를 통해 "가족의 생사도 모른 채 영겁 같은 세월을 눈물로 보냈을 유족 한 분 한 분에게 위로의 말씀을 드린다."라며 "4·3 희생자들의 신원을 모두 밝히고 그들이 가족 품에 돌아와 영면을 취하도록 모든 힘을 다하겠다."라고 말했다.

4·3 시기 행방불명 희생자들 유해는 2006년 제주시 화북동 화북천(11구)을 시작으로 2007~2009년 제주국제공항(388구) 등 제주도 내 곳곳에서 모두 417구가 발굴됐고, 대전 골령골과 광주형무소 발굴 유해에서 신원이 확인된 행방불명자를 포함해 모두 147명의 신원이 확인됐다.

내가 만난 '르 클레지오'
Jean-Marie Gustave Le Clézio

이화여대에서 '프랑스문학 비평과 시'를 주제로 1년간 강의하는 등 지한파(知韓派)로 분류되는 프랑스문학 거장은 유독 제주에 강한 애정을 보였다.

'르 클레지오'와 오조리 마을

...

'르 클레지오(Jean-Marie Gustave Le Clezio)'는 지난해 노벨문학상 수상작가다. 그는 제주도를 좋아한다. 제주도 중에서도 특히 성산포 오조리를 사랑한다. 그는 지난 2007년 여름부터 지난해 가을까지 세 차례 제주를 다녀갔다. 그때마다 그가 머문 곳은 '오조리'다.

그가 유독 '오조리'를 고집하는 이유는 그곳에는 제주의 냄새가 가장 진하게 남아 있기 때문이란다. '오조리'는 그가 내딛는 걸음마다 섬사람들의 삶의 숨결과 더할 나위 없이 아픈 제주섬의 역사까지 모조리 간직하고 있기 때문이란다.

그의 고향은 '니스 카니발'로 유명한 프랑스 니스다. 그러나 그는 나의 정신적 고향은 '모리셔스'섬이며 여전히 나의 국적도 모리셔스공화국이라고 할 만큼 그는 섬의 사람이다. 그가 그이 국적이라고까지 주장하는 모리셔스섬, 그 섬은 그의 선조가 18세기부터 2차 세계대전 이후까지 살았던 섬이다. 그는 자기의 최근 발표한 장편 '혁명(Revolutions)'에서도 그 섬에 정착한 선조들의 이야기를 장장 5대에 걸쳐 묘사할 만큼 모리셔스는 그의 정신적 모태로서 작용한다.

그가 제주도를 정의하는 키워드로 'Insularity'라는 단어를 사용하는 이유도 여기에 있다고 하겠다. 그만큼 섬에는 섬만이 간직한 Insularity, 즉 아픈 역사를 이겨낸 '섬의 근성'이 존재의 의미로 남아있기 때문이다.

그렇다. 바로 그가 확인하고 싶은 제주섬의 매력이 오조리에 있음이며 그래서 '오조리'가 있는 제주섬은 그가 껴안아야 할 또 다른 모리셔스섬이기도 한 것이다. 그만큼 그가 접한 오조리는 제주섬의 아픈 역사를 오롯이 껴안고 있음을 느꼈기 때문이다. 나는 지금 그가 보내준 프랑스 제5채널TV 녹화 필름을 보고 있다.

지난 2007년 그가 처음 제주를 방문했을 때 촬영한 "세계 속의 르 클레지오"라는 제목의 다큐멘터리다. 4·3양민학살현장인 오조리마을 앞 터진목 바닷가에 앉아 역사적 이데올로기에 대한 반성과 자유와 평등과 가치에 관한 생각 등을 담은 다큐다. 그는 4·3학살의 현장에서 이곳에서 숨을 거둔 영혼들과는 아무런 인연도 없으면서도 그들과 함께 담담히 역사를 소화해 내고 있었다. 평화를 갈구하는 그의 조용하고 차분한 음성과 표정이 터진목 물살에 젖는 모래톱에 차곡차곡 스며든다. 그가 제주를 사랑하고 오조리마을을 가슴에 껴안듯 오조리 마을 역시 그의 정신적 고향으로 남을 것이다.

(제주신문 '해연풍' 2009.1.13.)

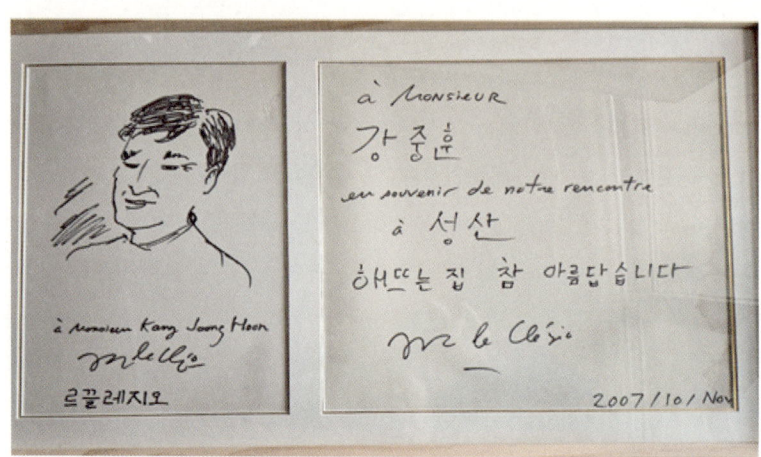

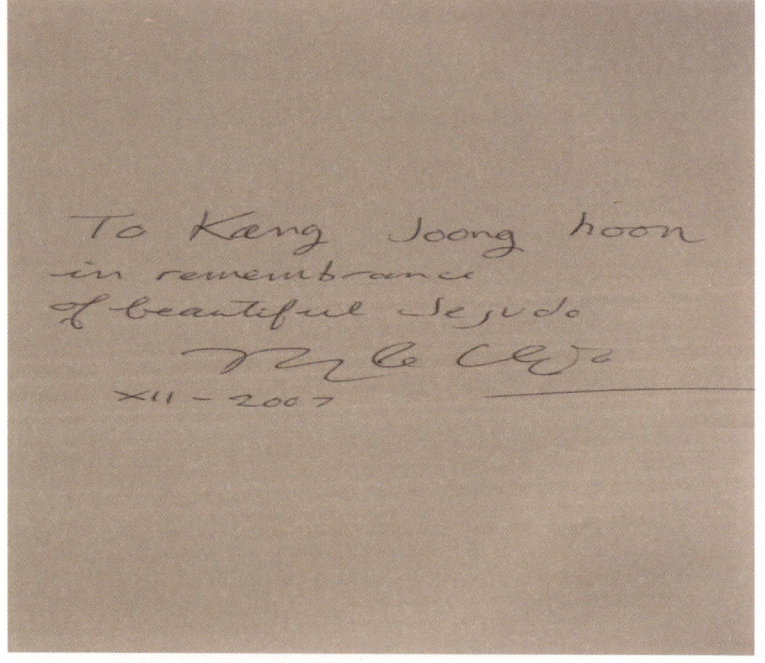

'르 클레지오'가 그려준 필자의 초상화와 친필 싸인

필자의 집(해뜨는집) 정원에서 필자의 가족과 함께

'르 클레지오' 그는 제주인에게 누구인가

...

    2007년 11월 중순, 서울 누군가로부터 전화 한 통이 걸려왔다. "르 클레지오를 아느냐"는 것이다. 물론 나는 그를 모른다. 그렇다고 모른다고 할 수는 없었다. 걸려온 쪽이 프랑스 문화원인지 대사관이라고 했기 때문에 만만한 사람은 아닌 듯해서다. 왜 그러시냐고 되물었다. 그분과 그분 일행이 내가 운영하는 민박집을 이용하고 싶다는 것이다. 그 일행은 프랑스 제5채널TV에서 나온 촬영 팀이다. 「세계 속의 르 클레지오」라는 다큐를 제주에서 촬영하기 위해서란다. 르 클레지오(J.M.G.Le Clézio)와 함께한 일행 중에는 현재 프랑스 언론인이자 다큐멘터리 감독인 프랑스 영화계의 거장 앙뜨완 드 고드마르(Antoine de Gaudemare)도 함께였다.

    그들이 나의 집을 왜 선택했는지에 관해서 나는 아직도 모른다. 내게 그것은 그렇게 중요한 것이 아니다. 오직 세계적인 작가를 비롯한 훌륭한 언론인, 영화인들을 나의 집에서 비록 며칠간일지라도 지낼 수 있게 됐다는 것이 중요할 뿐이다. 그와 나는 인문학을 함께하는 동시대의 사람이라는 의미에서도 쉽게 가까워질 수 있었다. 그의 나이는 나보다 한 살이 많다. 그래서 누가 먼저랄 것도 없이 한국적인 예의에 따라 어렵지 않게 형과 아우가 되기로 했다. 그는 그림 솜씨도 보통을 넘었다. 즉석에서 나의 얼굴을 스케치해 주기도 했다.

신세 진 것에 대해서는 꼭 갚는다는 서양적 예절이 깊었다. 우리집의 초대로 저녁을 함께한 것에 대한 답으로 이튿날에는 그가 직접 자신의 룸에서 쉐이프(chef)가 되어 프랑스식 요리를 만들고 3층의 우리 주택까지 끙끙대며 들고 오는 순수도 보여줬다. 그렇게 체류한 기간은 5일간이었다(08/11/'09~12/11/'09). 그가 떠나면서 다시 온다고 했다. 그리고 두 달 후인 다음 해 1월 18일에 통역사만 대동하고 역시 5일간 체류했다. 그는 그동안 처음 방문했을 때 듣고 기억했던 제주의 자연, 문화, 역사 특히 4·3평화공원과 제주4·3의 아픈 역사에 깊은 관심을 가졌다.

2차 방문이 끝나고 떠나는 날 그는 또다시 방문하겠노라는 말을 남기고 떠났다. 그리고 그해 (2009년9월26일~9월30일) 1차 방문 때 함께 했던 드 고드마르와 동행함으로써 제주도의 제3차 방문이 이루어졌다. 드 고드마르가 편집인으로 있는 유럽 최대잡지「GEO」의 창간 30주년 기념특집으로 제주여행기를 다루기 위함에서다. 그의 기행문은 이듬해인 2009년 3월「GEO」의 창간 30주년기념특집호에 발표됨으로써 지난해 프랑스제5채널TV가 제주특집방영 불과 1년도 되지 않은 사이에 2대 방송과 잡지에서 유럽 전역에 제주도를 소개하는 역할을 해주었다. 이는 1653년 네덜란드 선원 하멜이 제주섬에 표류되어 13년간 한국에 억류 경험을 기록으로 남긴「하멜표류기」이후 실로 4세기 반 만에 제주도를 유럽 세계에 특집으로 알리는 계기를 만들었다.

「하멜표류기」를 말하던 르 클레지오는 불쑥 하멜에 대해서 우스갯소리 비슷한 몇 마디를 내게 던진다. '하멜은 잘생긴 남자였을까. 그때 하멜을 처음 본 제주여인들은 파랑 눈의 서양인 하멜을 어떤 감정으로 바라봤을까. 혹시 그가 좋아했거나 그를 좋아했던 제주여인은 없었을까.

제주에는 네덜란드인처럼 생긴 사람은 없을까. 어쩌면 그가 하멜이 사랑한 제주여인의 후손일 수도 있지 않을까'… 참으로 '르 클레지오'만이 가질 수 있는 작가적 상상력이다. 그날 이후 나 역시 그 같은 재미있는 상상을 해보면서 '르 클레지오'를 추억함으로써 그와의 관계를 즐긴다. 그래서 그럴까. 2008년도 노벨문학상 수상작가인 '르 클레지오' 그는 섬을 좋아한다.

그의 고향은 '니스 카니발'로 유명한 프랑스의 세계적 관광지 '니스'다. 프랑스 최대의 휴양 도시 니스는 모나코 및 이탈리아에서 가까운 지중해의 항만 도시이다. 마티스, 샤갈 등 많은 화가가 사랑한 도시이자, 리비에라(Riviera) 혹은 코트다쥐르(Cote d'Azur)라고 불리는 지중해 해안 지역의 거점이기도 하다. 그렇지만 그는 나의 정신적 고향은 '모리셔스공화국'이라고 서슴없이 말한다. 국적 역시 프랑스 말고도 모리셔스를 국적으로 갖고 있다. 그만큼 그는 섬의 사람이다. 아프리카의 마다가스카라에서 동쪽 9백km, 인도양 남서부에 위치해 있다. 제주도보다 조금 크다. 해저 화산폭발로 생겨난 섬이라는 점에서도 우리와 닮았다. '모리셔스가 먼저 탄생했고, 천국은 이곳을 본떠 만들어졌다'라는 말이 있을 만큼 천국 같은 섬이다.

그가 제주를 사랑하는 것은 모리셔스를 사랑하는 것과 같다고 했다. 모리셔스섬의 아픔이 제주섬의 아픔과도 같기 때문이란다. 그가 섬을 말할 때면 모리셔스의 모른(Morne)산을 이야기한다. 섬이 갖고 있는 역사성 혹은 바다를 품은 자연과 바위산이라는 성산포 일출봉을 닮았기 때문이란다. 더구나 그곳 노예들이 해방을 외치다 '모른'이라는 해안가 바위산 모래사장으로 몸을 던진 장소와 성산포4 · 3양민학살현장 역시 성산포 해안 일출봉이라는 바위산 모래밭에서 집단학살당한 장소가 그 이데올로기적 차원에서 죽음의 동기와 사연이 같기 때문에 더더욱 그렇단다. 그 실낙원의 아픈 기억들을 이겨내고자 하는 노력들이 닮았다는 것이다.

그는 이 참혹한 학살의 현장에 나와 함께 앉아 한동안 역사적 이데올로기로 파괴된 실낙원에 대한 반성과 자유·평등·평화로의 회귀에 관한 생각들을 담담하게 실토한다. 나는 그의 그러한 표정 속에서 그 특유의 가느다란 우수를 느낄 수 있었다. 그 우수 속에 염색되지 않은 미소도 함께 찾아낸다. 그의 잔잔한 미소는 인간 본연의 아름다움이며 순수다.

그는 그렇게 제주섬을 사랑한다. 그가 제주를 사랑하는 것은 그가 영원히 '제주인'이기를 소망하는 뜻일 거다. 그는 또다시 제주를 찾겠다고 했다. 제주 바다와 제주의 산과 오름들과 검은 바위와 지칠 줄 모르는 바람과 그 속에서 소리 지르는 파도와 파도 속으로 숨비질하는 제주의 아픈 역사와 또 오늘을 사는 제주사람들을 만나기 위해서란다. 그렇다면 우리는 그에게 누구여야 할까.

(제주신문 '칼럼' 2009.12.10.)

…여행자는 우수에 젖는다

...

A Seogwipo, au sud de Jeju, la côte rocheuse est rongée par l'océan et jonchée d'îlots aux formes fantasmagoriques.

J.M.G. Le Clézio sous le charme de l'île de
JEJU

Ecrivain nomade, le prix Nobel de littérature 2008 a une prédilection pour la Corée du Sud, où il a séjourné plusieurs fois. Paysages, chamans et fantômes... Dans cette île – appelée aussi Cheju –, la plus méridionale du pays, il a été frappé par la mélancolie des gens et des lieux.

PHOTOS DE **KIM JUNG MAN** ET D'**ANTOINE DE GAUDEMAR**

«Ils découvrent les premières
odeurs, l'acide de la forêt proche,
l'odeur de soufre de la lave,
le parfum des cannas et
des orchidées sauvages»

I y a une mélancolie dans les îles. On ne sait à quoi cela tient, ce qui vous étreint. Le vent, peut-être, et puis cette teinte vert-de-grisée qui imprègne tout, les roches, les troncs des arbres, l'eau des étangs et même la mer. A Jeju, c'est un sentiment plus puissant. Vous êtes au bout du monde, comme on dit, à la porte du connu, entre l'infini de l'océan Pacifique et le socle continental le plus peuplé et le plus étendu de la planète.
Une porte, ou une muraille. J'imagine le sentiment qui s'est emparé de Hendrik Hamel, l'un des premiers navigateurs à venir dans ces parages, quelques instants avant son naufrage sur cette île qu'il appellera, on ne sait pourquoi, Quelpaert. La tempête, le vent, la mer poussant ses vagues géantes, et dans une éclaircie, entre deux bourrasques, la silhouette massive du volcan Halla, haut de près de deux mille mètres, dominant les rivages de basalte noir. Sans doute a-t-il pensé, et son équipage avec lui, qu'il se trouvait devant la porte de l'enfer. Plus tard, après le naufrage, les rescapés marchent sur la plage grise. Ils ont dû faire un tour d'horizon et conclure, un peu hâtivement, qu'ils avaient échoué sur une île déserte, comme le marin Selkirk qui inspirera Robinson Crusoé. Rochers noirs usés par l'eau et le vent, dressant des silhouettes fantasmagoriques, et sur la côte la masse végétale, fourrure plutôt que forêt sur laquelle les nuages de la tempête s'accrochaient. Et le silence rempli du bruissement doux des oiseaux qui est la première musique qu'on entend à l'approche des îles. J'imagine les traces que laissent les pas des Hollandais sur la grève noire, leur regard abasourdi de vent et de vagues, tandis que peu à peu les entoure une tiédeur végétale et qu'ils découvrent les premières odeurs, l'acide de la forêt proche, l'odeur de soufre de la lave, le parfum des cannas et des orchidées sauvages. C'est un moment de grâce, puisqu'ils ont frôlé la mort –et certains d'entre eux ont péri noyés– que la porte de l'enfer ne s'est pas ouverte pour eux. Ils se croient seuls. Ils vont comprendre leur erreur. Du haut du temple, l'alerte a été donnée, et arrive sur la plage, montée sur les petits chevaux mongols, une armée portant lances et épées nues.
Hendrik Hamel et son équipage resteront prisonniers de la Corée pendant plus de dix ans. Exilés au sud, ils s'échapperont avec la complicité des pêcheurs et retrouveront leur Hollande natale. Mais je ne peux pas croire que, malgré la dureté des traitements parfois (fessées et rations congrues), ils n'auront pas gardé pour le restant de leur vie la nostalgie de ces premiers instants à Jeju, la beauté de la baie, la majesté du volcan, et les maisons de pêcheurs où ils ont passé leurs premières nuits, rondes et chaudes comme des carapaces de tortues, et le goût du riz bouillant cuit dans les écorces de bambou. ▶

위의 글은 프랑스 잡지 『GEO』 창간 30주년 특집호(2009년 3월)에 게재된 J.M.G.Le Clézio의 기행문 일부다.

그 내용 중 필자에 관한 글 일부를 아래에 요약 번역해서 옮겼다. 2007년도 필자와 첫 만남으로 비롯된 글이다. 그때 그는 60년 전 제주사회의 Genocide, 제주4·3에 관한 이야기를 처음 듣고 충격을 받은 듯했다. 학살 현장의 한 곳인 '성산포터진목'도 둘러봤다. 그때 느낌을 프랑스로 돌아가서 남긴 기행문이다.

…여행자는 우수에 젖는다

섬에는 우수가 있다. 이게 어디서 나오는지 알 수 없다. 그것이 마음 갑갑하게 만드는 이유다. 오늘날 제주에는 달콤함과 떫음, 슬픔과 기쁨이 뒤섞여 있다. 나와 마주해 있는 바위는 떠오르는 태양과 마주한 검은 절벽이다. 한국 전역에서 순례자들이 첫 해돋이의 마술적인 광경의 축제에 참석하러 오는 곳이 바로 여기다.

1948년 9월 25일(음력) 아침에 군인들이 성산포사람들을 총살하기 위하여 트럭에서 해변으로 내리게 했을 때 그들의 눈앞에 보였던 것이 이 바위다. 나는 그들이 이 순간에 느꼈을, 새벽의 노르스름한 빛이 하늘을 비추는 동안에 해안선에 우뚝 서 있는 바위의 친숙한 모습으로 향한 그들의 눈길을 상상할 수 있다. 냉전의 가장 삭막한 한 대목이 펼쳐진 곳이 여기 일출봉 앞이기 때문이다. 이 모든 것은 1948년 4월 3일에 제주에서 군대와 경찰이 양민학살(인구의 10분의 1)을 자행한 진부한 사건으로 시작되었다.

오늘날 이 잔인한 전쟁의 기억은 지워지고 있다. 아이들은 바다에서 헤엄치고 자신들 부모의 피를 마신 모래에서 논다. 매일 아침 휴가를 맞는 여행객들은 가족들과 함께 바위 너머로 솟는 일출을 보러 이 바위를 오른다. 숙청 때 아버지 할아버지 할머니 삼촌들을 잃은 시인 강중훈 씨조차 시간의 흐름에 굴복했다. <u>그가 아무것도 잊어버리지 않았다면 - 그의 시 한 편 한 편이 그 9월 25일의 끔찍한 흔적을 지니고 있다. - 그걸 뛰어넘을 필요성도 알고 있다.</u>

제주문인협회 사무실 앞에서
르 클레지오(좌측)와 프랑스 자유기고가 앙뜨완 드 고드마르(우측)

비통한 추억을 말하기 위하여 4·3이라 이름 지은 곳

...

ture vis-à-vis de la Corée du Nord.

nombreux à assister, sur Jindo, au «miracle de Moïse».

PS.4 OÙ L'ON DIT «QUATRE-TROIS» POUR NOMMER UN FUNESTE SOUVENIR

Kang Joong-hoon avait sept ans quand son père a été assassiné, le 25 septembre 1948, sur une plage de Jeju. Pendant très longtemps, personne en Corée du Sud n'a eu le droit d'évoquer publiquement la terrible «chasse aux rouges» qui a ensanglanté Jeju cette année-là. Mais il y a une quinzaine d'années, avec l'installation progressive de la démocratie dans le pays, la chape de plomb a commencé à se fissurer. Des familles de victimes se sont mises à parler, des journalistes à écrire des articles, des historiens à étudier les faits. Un film a même été tourné par un cinéaste coréen célèbre et a résonné dans tout le pays. En octobre 2003, le président de la République, Roh Moo-hyun, a présenté des excuses officielles aux familles des victimes. Et, en 2008, un mémorial a été inauguré à Jeju. Un bâtiment imposant et ultramoderne sur les pentes du volcan Halla, auquel on accède, à la manière des monuments mémoriels contemporains, en longeant des murs de pierre sur lesquels ont été gravés des milliers de noms de victimes : 13 500 officiellement reconnues sur les 30 000 morts estimés. Impossible de parvenir à un chiffrage plus précis : trop de traces effacées, trop d'archives lacunaires, trop de familles exilées sans retour ou n'osant toujours rien réclamer.

La tragédie ne porte toutefois pas de nom. La vox populi lui a donné celui de Sa-Sam, en coréen «quatre-trois», qui renvoie à une date, le 3 avril 1948, jour de la manifestation indépendantiste à l'origine du massacre. Cette question du nom n'est pas anodine. Elle témoigne des contorsions sud-coréennes lorsque l'on évoque la division du pays. Il s'agit de ménager l'avenir en n'attribuant la responsabilité de la tragédie ni au Nord ni au gouvernement de Séoul. Nulle part, dans les explications très pédagogiques du mémorial, on ne dit clairement que les rebelles étaient sous la coupe des communistes du Nord ni que les forces de répression à Jeju agissaient sur ordre de Séoul. En revanche, on met en avant le rôle néfaste des conseillers militaires américains alors présents dans le pays, ou le patriotisme des habitants de Jeju, fiers d'avoir chassé l'occupant japonais au point de demander l'indépendance. La violence de la répression est aussi bien montrée, ainsi que le boycottage massif par la population des élections séparées de 1948, qui entérinaient de fait la division du pays. Bref, on attendrait la réunification du pays avant de donner un nom définitif à ce mémorial. ■

Antoine de Gaudemar

En 2003, Kang Joong-hoon, comme des milliers d'enfants de victimes de 1948, a reçu des excuses officielles.

위의 기사는 프랑스 문화전문 잡지 'GEO' 30주년특집을 위한 르 클레지오의 제주방문기간 동안 동행 취재했던 프랑스 자유기고가 앙뜨완 드 고드마르Antonine de Gaudemar의 글이다. 그는 프랑스 언론인이자 다큐멘터리 감독인 프랑스 영화계의 거장이다. 그의 글을 우리 글로 옮긴다.

강중훈은 제주 해변에서 1948년 9월에 자신의 아버지가 살해되었을 때 일곱 살이었다. 무척 오랫동안 한국에서는 아무도 이 해에 제주를 피로 물들인 그 끔찍한 '빨갱이 사냥'에 대해 공공연하게 언급할 권리가 없었다. 하지만 십여 년 전부터 이 나라에 민주주의의 진보적인 정착과 더불어 납땜은 갈라지기 시작했다. 희생자 가족들이 말하고, 기자들이 기사를 쓰고, 역사가들이 사실을 연구하기 시작했다. 영화도 유명한 한국 영화인에 의해 촬영되어 나라 전역에 반향을 일으켰다.

2003년 노무현 대통령은 희생자 가족들에게 공식적인 사과를 표명했다. 그리고 2008년에 기념관이 제주에 건립되었다. 한라산 산허리의 위엄 있고 초현대적인 건물. 사람들은 현대 기념관의 방식으로, 수많은 희생자의 이름이 새겨진 돌담을 따라서 그곳으로 들어간다. 30,000명이 죽었다는 평가 가운데 13,500명이 공식적으로 인정되었다. 더 정확한 숫자를 측정하기가 불가능하다. 너무나 많은 흔적이 지워지고, 너무나 많은 고문서가 비었으며, 너무나 많은 가족이 피난하여 돌아오지 않거나 여전히 아무것도 탄원할 엄두를 못 내고 있다.

비극은 어쨌든 이름이 없다. 민중의 소리가 한국어로 학살의 근원인 독립주의자들의 데모 날인 1948년 4월 3일을 지칭하는 '사삼'이라는 이름을 붙였다. 이 명칭의 문제는 대수롭지 않은 게 아니다. 이 문제는 우리가 이 나라의 분단을 상기할 때 남한의 왜곡을 증명한다. 비극의 책임을 북에도 서울 정부에도 돌리지 않음으로써 미래를 준비하는 게 관건이다.

기념관의 무척 교육적인 설명 어디에도 폭도는 북쪽 공산당의 지배하에 있었다거나 제주의 제압 세력이 서울의 명령에 따랐다고 명백히 말하지는 않는다. 반대로 당시 이 나라에 주둔하던 미국 군사 고문의 해로운 역할이나 독립을 요구할 만큼 일본의 점령자들을 몰아냈다는 자부심을 가진 제주 주민들의 애국주의를 앞세운다. 나라의 분단을 인가한 1948년의 단독 선거에 대한 대중의 집단적 반대뿐만 아니라 제압의 폭력성도 잘 보여준다. 결국 우리는 이 기념관에 결정적인 이름을 붙이기 전에 이 나라의 통일을 기다릴 것이다.

앙뜨완 드 고드마르(Antoine de Gaudemar)

'르 클레지오'의 장편「혁명」
- 차별·편견 없는 세상으로의 '회귀의 꿈'

...

　지난해 노벨문학상을 받은 '르 클레지오'와는 개인적 인연이 있다. 프랑스 '제5채널TV'에서 그를 대상으로 한 다큐멘터리 촬영차 제주를 찾았을 때 그의 일행은 나의 조그만 민박집을 찾았다. 그는 그때 한 권의 책을 나에게 선물했다. 〈혁명〉(열음사)이라는 장편소설이다.

　자신의 선조를 모델로 한 〈혁명〉은 300년간의 프랑스 격동사를 중심으로 엮은 작품이다. 책을 건네는 손만큼이나 하얗고 부드러운 그의 얼굴엔 잔잔한 미소와 실핏줄 같은 얇고 가느다란 우수가 함께했다. 그의 우수는 잔잔한 호수 같고, 그의 미소는 평화 그 자체다. 마치 소설 속 '마로가'의 주인공인 '장'이 추구하는 꿈의 세계와도 닮았다.

　'장'은 일기를 쓴다. 그의 조상이 그랬던 것처럼 그는 그 일기 속에서 꿈을 꾼다. 그 꿈은 조상이 그려왔던 세계로의 회귀이며, 그 꿈은 죽은 '상토스'의 영혼과 혼인한 '잔 오딜르'의 배 속 아이에게서도, 흑인 해방운동가로 암약하다 처형당한 '라치타탄'의 아내 '키앙베'의 배 속 아이에게서도 회귀 되기를 바라는 꿈이다.

　전쟁과 파괴와 약탈과 질병과 고통과 굶주림과 편견과 차별, 겁탈과 능욕으로 빼앗기고 잃어버린 실낙원을 본래의 모습으로 회귀시키고 싶은 꿈, 자유와 평등과 형화로의 회귀가 그것이다.

  나는 이제 그의 저서 〈혁명〉의 끝장을 덮으며 그가 왜 〈혁명〉을 내게 선물했는지, 코코넛 씨처럼 부유하는 제주섬을 그가 왜 찾았는지를 알 것 같다. 언제나 변방일 수밖에 없었던, 그래서 아직도 그 상처가 아물지 못한 이 섬에도 실낙원 이전의 모습으로 회귀 되기를 바라는 간절함이 있었기 때문일 거라는, 내게도 그걸 일깨워 주기 위함일 거라는.

('책읽는 경향' 경향신문. 2009.2.12.)